敦煌研究院
DUNHUANG ACADEMY

1944-2024
敦煌研究院80周年
DUNHUANG ACADEMY 80th

敦煌研究院 80 年

敦煌研究院　编

文物出版社

图书在版编目（CIP）数据

敦煌研究院80年 / 敦煌研究院编. -- 北京：文物出版社, 2024.12. -- ISBN 978-7-5010-8572-9

Ⅰ. K870.6-242

中国国家版本馆CIP数据核字第202440YN30号

敦煌研究院80年

编　　者：敦煌研究院

责任编辑：许海意
责任印制：张　丽

出版发行：文物出版社
社　　址：北京市东城区东直门内北小街2号楼
邮　　编：100007
网　　址：http://www.wenwu.com
邮　　箱：wenwu1957@126.com
经　　销：新华书店
印　　刷：北京荣宝艺品印刷有限公司
开　　本：889mm×1194mm　1/16
印　　张：22.75
版　　次：2024年12月第1版
印　　次：2024年12月第1次印刷
书　　号：ISBN 978-7-5010-8572-9
定　　价：400.00元

在敦煌研究院座谈时的讲话

习近平

2019 年 8 月 19 日

很高兴来到敦煌研究院。这次来，我实地察看了莫高窟，察看了珍藏文物和学术成果展示，听取了研究院在石窟文物保护研究、弘扬优秀历史文化等方面的情况介绍。敦煌文化集建筑艺术、彩塑艺术、壁画艺术、佛教文化于一身，历史底蕴雄浑厚重，文化内涵博大精深，艺术形象美轮美奂，给我留下了很深的印象。

第一，敦煌文化保护研究工作很有意义、很有成效。敦煌文化延续近两千年，是世界现存规模最大、延续时间最长、内容最丰富、保存最完整的艺术宝库，是世界文明长河中的一颗璀璨明珠，也是研究我国古代各民族政治、经济、军事、文化、艺术的珍贵史料。

1944 年，国立敦煌艺术研究所成立，结束了敦煌石窟近 400 年无人管理、任凭损毁、屡遭破坏偷盗的历史。新中国成立以来，党和国家高度重视、大力支持敦煌文化的保护传承工作。70 年来，一代又一代的敦煌人秉承"坚守大漠、甘于奉献、勇于担当、开拓进取"的莫高精神，在极其艰苦的物质生活条件下，在敦煌石窟资料整理和保护修复、敦煌文化艺术研究弘扬、文化旅游开发和遗址管理等方面做了大量工作，取得了不少重要研究成果。在这里，我向大家表示诚挚的慰问！

第二，敦煌文化是各种文明长期交流融汇的结晶。我在亚洲文明对话大会上讲过："文明因多样而交流，因交流而互鉴，因互鉴而发展。"敦煌作为中国通向西域的重要门户，古代中国文明同来自古印度、古希腊、古波斯等不同国家和地区的思想、宗教、艺术、文化在这里汇聚交融。中华文明以海纳百川、开放包容的广阔胸襟，不断吸收借鉴域外优秀文明成果，造就了独具特色的敦煌文化和丝路精神。季羡林先生说过："敦煌文化的灿烂，正是世界各族文化精粹的融合，也是中华文明几千年源远流长不断融会贯通的典范。"

回顾历史，只有中华民族这样的具有开放包容胸怀的民族，才会容纳世界不同文明在此交融交汇。今天，我们要铸就中华文化新辉煌，就要以更加博大的胸怀，更加广泛地开展同各国的文化交流，更加积极主动地学习借鉴世界一切优秀文明成果。

第三，敦煌文化展示了中华民族的文化自信。只有充满自信的文明，才会在保持自己民族特色的同时包容、借鉴、吸收各种不同文明。我讲过，文化自信是更基础、更广泛、更深厚的自信，是更基本、更深沉、更持久的力量。中华文明5000多年绵延不断、经久不衰，在长期演进过程中，形成了中国人看待世界、看待社会、看待人生的独特价值体系、文化内涵和精神品质，这是我们区别于其他国家和民族的根本特征，也铸就了中华民族博采众长的文化自信。

研究和弘扬敦煌文化，既要深入挖掘敦煌文化和历史遗存背后蕴含的哲学思想、人文精神、价值理念、道德规范等，推动中华优秀传统文化创造性转化、创新性发展，更要揭示蕴含其中的中华民族的文化精神、文化胸怀和文化自信，为新时代坚持和发展中国特色社会主义提供精神支撑。要加强对国粹传承和非物质文化遗产保护的支持和扶持，加强对少数民族历史文化的研究，铸牢中华民族共同体意识。

第四，推动敦煌文化研究服务共建"一带一路"。我提出共建"一带一路"，加强文明对话，倡导"和平合作、开放包容、互学互鉴、互利共赢"的丝路精神，就是在新的历史条件下加强同世界各国的合作交流、促进各国文明对话和文化交流的重要举措。

民心相通是政策沟通、设施联通、贸易畅通、资金融通的基础和支撑。在共建"一带一路"过程中，我们要积极传播中华文化，加强同沿线国家的文化交流，增进民心相通，共同构建亚洲命运共同体、人类命运共同体，共同创造更多更优秀的人类文明成果。研究院在这方面已经做了大量工作、取得了不少成果，要继续努力、更进一步，做新时代中华文化的继承者、创新者、传播者。

第五，加强敦煌学研究。敦煌文化属于中国，但敦煌学是属于世界的。把莫高窟保护好，把敦煌文化传承好，是中华民族为世界文明进步应负的责任。希望大家再接再厉，努力把研究院建设成为世界文化遗产保护的典范和敦煌学研究的高地。

敦煌学是当今一门国际性显学，世界上许多国家如英国、法国、俄罗斯、日本、德国、美国、印度等国不少学者都在从事敦煌学研究。研究院要坚持"引进来"和"走出去"相结合，开展多种形式的国际性展陈活动和文化交流对话，展示我国敦煌文物保护和敦煌学研究的成果，努力掌握敦煌学研究的话语权。要通过数字化、信息化等高技术手段，推动流散海外的敦煌遗书等文物的数字化回归，实现敦煌文化艺术资源在全球范围内的数字化共享。要引导支持各国学者讲好敦煌故事，传播中国声音。

我了解到，你们这里的博士生数量是全国文物保护单位中最多的，很不容易。敦煌文物保护和敦煌学研究博大精深，需要毕生精力才能见成效、出成果。择一事、终一生。希望大家把研究保护工作当作终身事业和无悔追求。要关心爱护我们的科研工作者，完善人才激励机制，支持和鼓励更多优秀专业人才从事这项工作。要持续加大投入，运用先进技术加强文物保护和研究，不断改善工作生活条件，为科研工作者开展研究、学习深造、研修交流搭建更好平台，提高科研队伍专业化水平。地方机构改革完成后，要继续加强基层文物保护和研究队伍建设，保持队伍稳定。

最后，祝大家身体健康、工作顺利、阖家幸福！祝敦煌研究院越办越好！

前言

2024 年，是敦煌研究院建院 80 周年。80 年来，敦煌事业各方面发生了翻天覆地的变化：敦煌莫高窟的保护研究从最初的基础性保护到今天的科技保护；敦煌学研究从落后于国外到今天的飞速发展、成果累累；敦煌石窟艺术从当初不为世人了解到今天的举世皆知；敦煌研究院从最初的数十人发展到今天的 1500 多人。这些巨大变化的背后，皆是因为以常书鸿、段文杰、樊锦诗为代表的时代领跑者们秉持"坚守大漠、甘于奉献、勇于担当、开拓进取"的莫高精神，不断推动文化遗产保护、研究、弘扬、管理事业的全面发展，才赢得了今天敦煌事业的辉煌成就。

2019 年 8 月 19 日，习近平总书记考察敦煌莫高窟，在敦煌研究院主持召开座谈会并发表重要讲话，对敦煌研究院 70 多年来所做的工作给予了充分的肯定，并提出要把敦煌研究院建设成为世界文化遗产保护的典范和敦煌学研究的高地。2024 年 9 月 11 日，习近平总书记在甘肃考察时，再次亲临敦煌研究院管理的麦积山石窟考察，叮嘱文物工作者要赓续"莫高精神"，潜心为国护宝，为传承创新中华优秀传统文化、增强中华文化影响力作出更大贡献。殷殷嘱托，催人奋进，为敦煌研究院的未来发展指明了前进方向。今天，敦煌文化作为中华优秀传统文化的重要代表之一，以其突出的连续性、创新性、统一性、包容性、和平性特征和丰富的文化内涵，充分展示了中华民族的文化自信，在当前的文化建设乃至"一带一路"建设中正发挥着越来越重要的作用。敦煌研究院必将牢记嘱托，勇担使命，沿着习近平总书记指引的方向，踔厉奋发、锐意进取，埋头苦干、勇毅前行，以高度的文化自觉担负起新的文化使命，努力把敦煌研究院建设成为世界文化遗产保护的典范和敦煌学研究的高地。

在敦煌研究院建院 80 周年之际，我们决定编辑出版《敦煌研究院 80 年》，把全院 80 年来在保护、研究、弘扬和管理方面的重大标志性工作成果和珍贵而又难忘的人物、事件场景汇集起来，为全院广大干部职工和关心支持敦煌文化遗产事业的朋友们留下一份珍贵的历史记忆，并激励全院干部职工继承和发扬莫高精神，不忘初心、牢记使命，不断开创新时代文化遗产保护、研究、弘扬事业平衡协调高质量发展新局面，为书写中国式现代化时代篇章做出更大贡献。

《敦煌研究院 80 年》编委会

2024 年 12 月

目录

第一章　机构建制和历史沿革 / 001

1.1 基本情况 / 002

1.2 机构沿革 / 012

1.3 历届领导班子 / 019

第二章　石窟保护 / 025

2.1 看守时期 / 026

2.2 抢险加固时期 / 027

2.3 科学保护时期 / 032

2.4 国际合作 / 074

2.5 保护研究专著 / 082

2.6 研究课题 / 084

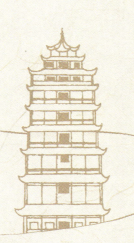

第三章　学术研究 / 097

　3.1 艺术研究 / 098

　3.2 考古研究 / 127

　3.3 文献与史地研究 / 135

　3.4 研究课题 / 144

　3.5 学术会议 / 151

　3.6 平台建设 / 158

　3.7 学术期刊 / 162

　3.8 信息资源建设 / 170

　3.9 学术研究专著 / 179

第四章　文化弘扬 / 199

　4.1 旅游管理与开放服务 / 200

　4.2 石窟讲解与培训 / 216

　4.3 文化展陈展览 / 226

　4.4 社会公众教育 / 250

　4.5 文化研学研修 / 259

　4.6 文化弘扬与传承创新 / 266

第五章　管理服务 / 277

　5.1 安全保卫 / 280

　5.2 科研管理 / 289

　5.3 人才建设 / 294

　5.4 基础设施 / 298

　5.5 制度建设 / 314

第六章　党的建设 / 321

第一章

机构建制和历史沿革

1.1
基本情况

敦煌研究院是负责管理世界文化遗产敦煌莫高窟、天水麦积山石窟、永靖炳灵寺石窟和全国重点文物保护单位瓜州榆林窟、敦煌西千佛洞、庆阳北石窟寺的综合性研究型事业单位。前身是 1944 年成立的敦煌艺术研究所，1950 年更名为敦煌文物研究所，1984 年扩建为敦煌研究院，2016 年省政府决定将麦积山石窟、炳灵寺石窟、北石窟寺整建制划归敦煌研究院管理，形成了"一院六地"管理和运行格局。2022 年，甘肃省人民政府和国家文物局共同签署合作共建敦煌研究院协议。

图 1.1.1　敦煌研究院办公区外景

图 1.1.2　敦煌莫高窟

图 1.1.3　天水麦积山石窟

图 1.1.4　庆阳北石窟寺

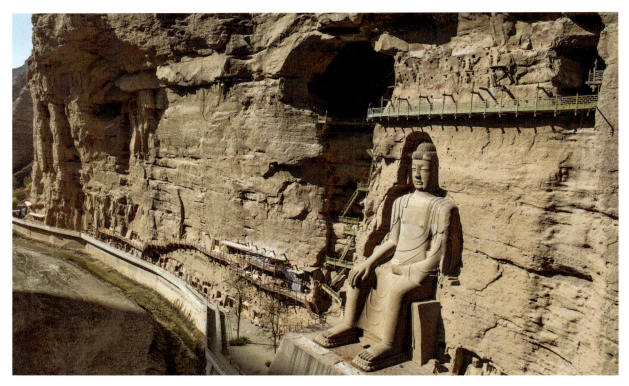

图 1.1.5　永靖炳灵寺石窟

图 1.1.6　瓜州榆林窟

图 1.1.7　敦煌西千佛洞

敦煌研究院现有业务部门 13 个、管理服务部门 10 个、直属单位 5 个、文化科技与创意企业 7 个和关联机构 1 个，目前已发展成为我国拥有世界文化遗产数量最多、跨区域范围最广的文博管理机构，是国家一级博物馆和最大的敦煌学研究实体，也是国家古代壁画和土遗址保护工程技术研究中心、古代壁画保护国家文物局重点科研基地、国家文化和科技融合示范基地、丝绸之路文化遗产保护国际科技合作基地、国家引才引智示范基地、国家文物局文博人才培训基地、甘肃省敦煌文物保护研究中心、甘肃省古代壁画和土遗址保护标准化技术委员会的依托单位。

截至 2024 年 8 月，敦煌研究院共有职工 1548 人，其中在编职工 441 人，合同制职工 1107 人。在编职工中，博士研究生 51 人、硕士研究生 123 人、大学本科生 238 人，本科及以上学历占全院在编职工总数的 90% 以上；专业技术人员中，研究馆员 34 人、副研究馆员 92 人、馆员 148 人、助理馆员 63 人，专业技术人员占在编职工总数的 76.87%。在合同制职工中，全院聘用石窟讲解、游客服务、安全保卫、后勤保障等合同制职工 804 人，院属文化科技与创意企业聘用文物修复、文物数字化、展览展陈、专业技术辅助等合同制职工 303 人。目前，敦煌研究院已经拥有一支包含众多学科门类、老中青结合的专业人才队伍，其中既有绘画、雕塑、摄影等艺术专业人才，也有历史、考古、文学、宗教、图书馆学等人文社会科学人才，又有化学、物理、地质、环境、生物、计算机等自然科学技术人才，还有日语、英语、法语、德语、韩语等外语讲解人才。

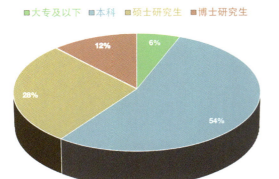

■ 大专及以下 ■ 本科 ■ 硕士研究生 ■ 博士研究生

■ 助理馆员 ■ 馆员 ■ 副研究馆员 ■ 研究馆员

图 1.1.8 学历层次结构图　　　　　　　　图 1.1.9 专业技术人员职称结构图

　　敦煌研究院文物保护利用群体被授予"时代楷模"称号，敦煌研究院文物保护团队被授予"国家卓越工程师团队"称号；敦煌研究院先后被授予"全国文化先进集体""全国文物系统先进集体"等称号，荣获"甘肃省敦煌文物保护研究特殊贡献奖"及"感动甘肃·陇人骄子"称号等。同时，也先后涌现出"敦煌守护神"常书鸿、"敦煌艺术导师"段文杰、"敦煌的女儿"樊锦诗等一大批默默耕耘的"莫高儿女"。段文杰被授予"敦煌文物和艺术保护研究终身成就奖"，名誉院长樊锦诗被授予"文物保护杰出贡献者"国家荣誉称号，荣获"改革先锋""最美奋斗者""全国道德模范""感动中国年度人物""何梁何利基金科学与技术成就奖"等荣誉，李云鹤荣获"大国工匠"称号。

图 1.1.10 1951 年 7 月，中央人民政府政务院文化教育委员会为敦煌文物研究所颁发的奖状

图 1.1.11　2020 年 1 月，敦煌研究院文物保护利用群体被授予"时代楷模"称号

图 1.1.12　2024 年 1 月，敦煌研究院文物保护团队被授予"国家卓越工程师团队"称号

图 1.1.13　1995 年 4 月，敦煌研究院被授予"全国文化先进集体"称号

图 1.1.14　2007 年 6 月，敦煌研究院被授予"全国文物系统先进集体"

图 1.1.15　2007 年 8 月，段文杰荣获"敦煌文物和艺术保护研究终身成就奖"

图 1.1.16 2019 年 9 月，名誉院长樊锦诗荣获"文物保护杰出贡献者"国家荣誉称号

图 1.1.17 2018 年 12 月，名誉院长樊锦诗荣获"改革先锋"称号

图 1.1.18 2019 年 9 月，名誉院长樊锦诗荣获"最美奋斗者"称号

图 1.1.19 2019 年 1 月，李云鹤荣获 2018 年"大国工匠年度人物"

1.2
机构沿革

1943 年，国民政府批准设立敦煌艺术研究所，隶属国民政府教育部。

1944 年 1 月 1 日，敦煌艺术研究所正式成立。下设考古组、美术室、总务室。

1946 年 7 月，敦煌艺术研究所改隶中央研究院。

1950 年，敦煌艺术研究所更名为敦煌文物研究所，隶属中央人民政府文化部。

1951 年，设考古组、美术室、行政组。

1952 年冬，由常书鸿所长兼组长，孙儒僴、霍熙亮、王去非三人组成保管组，负责石窟的文物保护管理和维修工作。

1953 年，建立共青团组织。

1955 年，成立工会。

1957 年，设美术室、考古组、总务室、警卫班，新设

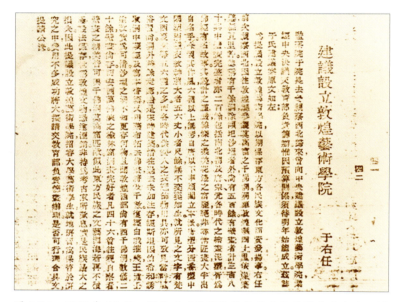

图 1.2.1　1941 年 10 月，国民政府监察院院长于右任考察莫高窟后，撰写《建议设立敦煌艺术学院》提案

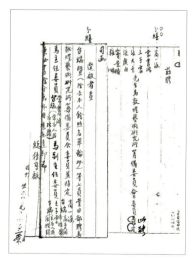

图 1.2.2　1942 年 2 月，敦煌艺术研究所筹备委员会名单

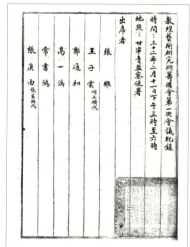

图 1.2.3　1943 年 2 月，敦煌艺术研究所筹备会第一次会议记录

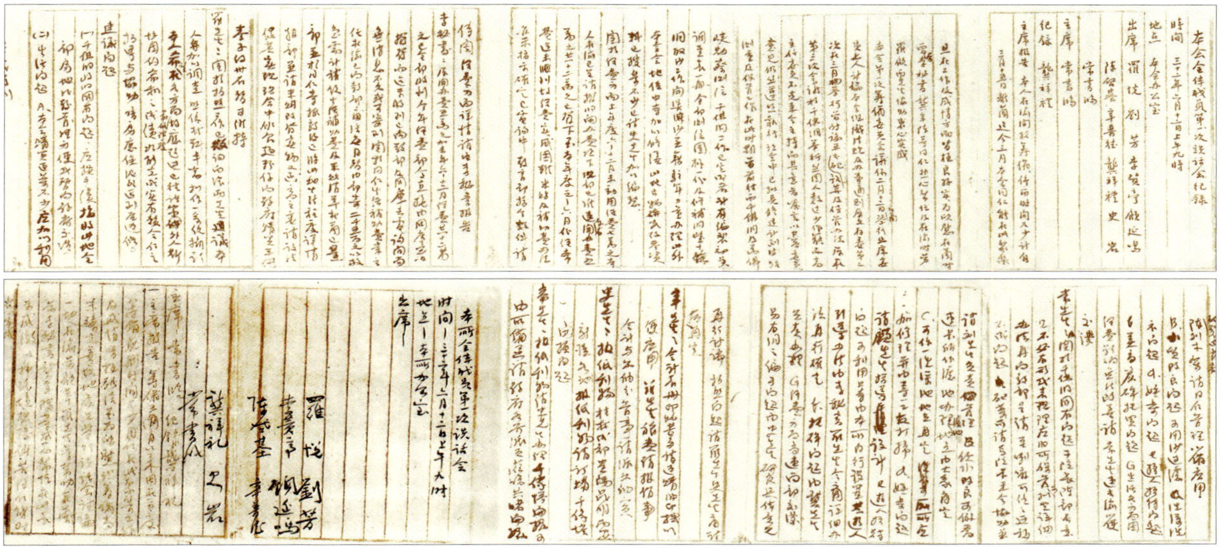

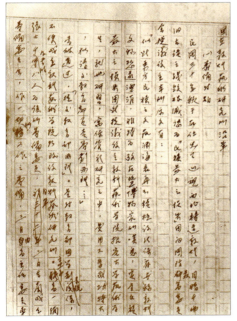

图 1.2.4　1943 年 6 月，敦煌艺术研究所全体职员第一次谈话会记录

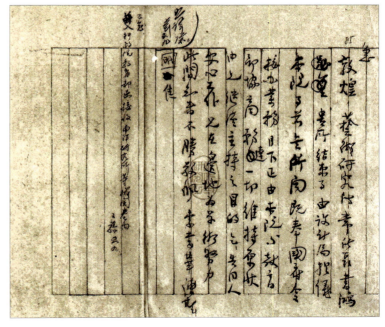

图 1.2.5　1944 年，常书鸿所长记录筹所经过《敦煌艺术研究所沿革》的手稿

图 1.2.6　1946 年 7 月，敦煌艺术研究所改隶中央研究院后，中央研究院致常书鸿所长的急件

研究室、群工组，改行政组为文书室。

1958 年，敦煌文物研究所交由甘肃省领导，业务受文化部指导。

1966 年，研究室更名为资料室，增设摄录组；保管组更名为保护组，群工组更名为管理组，二组构成保管部；办公室内含总务组（原文书室）；增设政治工作组、业务组、办事组。

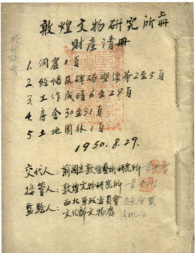

图 1.2.7　1950 年 8 月 29 日，西北军政委员会文化部文物处赵望云、张明坦与敦煌文物研究所工作人员的合影和敦煌文物研究所财产清册（上册）

1966～1978 年，设政治工作组、业务组和办事组。

1979 年，业务组下设学术委员会（新设）、考古室（原考古组）、资料室、摄录组（原摄影组）、美术室（原美术组）、文物保管室（原保护组），办事组下设讲解组、办公室。

1979 年 10 月，经中共甘肃省委批准同意，将中共敦煌文物研究所支部委员会改为中共敦煌文物研究所委员会，所内实行党委领导下的所长负责制。

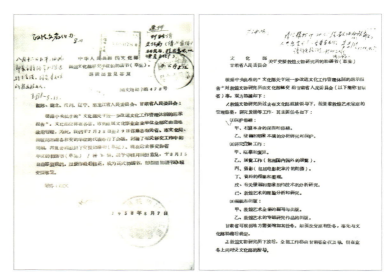

图 1.2.8　1958 年 8 月，文化部与甘肃省人民委员会印发《关于交接敦煌文物研究所的协议书（草案）》，敦煌文物研究所交由甘肃省领导，业务受文化部指导

1981 年，设美术研究室、考古研究室、遗书研究室、保护研究室、接待室、资料室。

1984 年，经甘肃省人民政府批准，敦煌文物研究所扩建为敦煌研究院，设保护研究所、考古研究所、遗书研究所、美术研究所、资料中心、编辑部、接待部。在美术研究所下设音乐舞蹈研究室。

图 1.2.9 1984 年 8 月，甘肃省人民政府印发《关于同意筹建敦煌研究院的批复》

图 1.2.10 1986 年 8 月，甘肃省文化厅印发《关于榆林窟文物保管所由敦煌研究院代管的通知》

1986 年，成立榆林窟文物保管所，由敦煌研究院代为管理。

1988 年，成立工艺美术服务公司。

1989 年，设保卫处。

1993 年，成立敦煌艺术公司。

1994 年 2 月，经甘肃省机构编制委员会同意，成立敦煌研究院敦煌石窟文物保护研究陈列中心。

1994 年 4 月，经中国人民银行批复，同意成立中国敦煌石窟保护研究基金会。

1994 年 12 月，遗书研究所更名为敦煌文献研究所。

1995 年，中国敦煌石窟保护研究基金会完成民政部注册登记。

1998 年，设党委办公室、行政办公室、保卫处、保护研究所、美术研究所、考古研究所、敦煌文献研究所、敦煌石窟文物保护研究陈列中心、资料中心、编辑部、摄录部、接待部、学术委员会。

1999 年 10 月，成立敦煌文物保护技术服务中心。

2001 年，成立西千佛洞文物保管所。

2005 年，设院长办公室、计划财务处、总务处、科研管理处、民族宗教文化研究所。

2006 年 4 月，将摄录部与保护所数字室合并，设立数字中心。

2006 年 12 月，经甘肃省机构编制委员会办公室批准，设党委办公室（加挂人事处牌子）、院长办公室、科研管理处、计划财务处、总务处、外事处、保卫处 7 个行政处室。

2007 年，成立甘肃敦煌魂文化艺术传播有限公司，资料中心更名为信息资料中心。

2012 年 7 月，成立甘肃恒真数字文化科技有限公司。

2013 年，甘肃省教育厅同意恢复"敦煌艺术国际研修中心"办学，定名为"甘肃敦煌艺术研修中心"。

2014 年，增设网络中心、敦煌莫高窟数字展示中心、监测中心，成立甘肃莫高窟文化遗产保护设计咨询有限公司，数字中心更名为文物数字化研究所，信息资料中心更名为敦煌学信息中心，甘肃敦煌艺术研修中心更名为甘肃鸿文敦煌艺术研修中心，工艺美术服务公司更名为敦煌莫高窟旅游服务公司。

2016 年 1 月，成立文化创意研究中心，外事处更名为国际合作与交流处。

2016 年 3 月，成立中共敦煌研究院纪律检查委员会，设立监察室。

2016 年 8 月，经甘肃省机构编制委员会批准，同意将由甘肃省文物局管理的天水麦积山石窟艺术研究所、永靖炳灵寺石窟保护研究所、庆阳北石窟寺保护研究所整建制划归敦煌研究院统一管理。榆林窟文物保管所更名为榆林窟文物保护研究所，西千佛洞文物保管所更名为西千佛洞文物保护研究所。

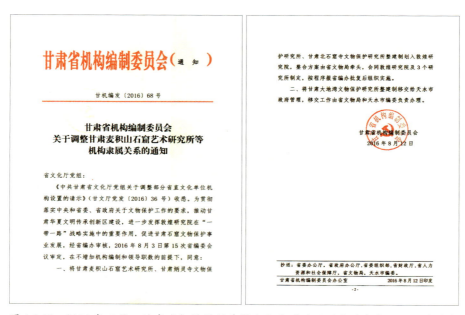

图 1.2.11　2016 年 8 月，甘肃省机构编制委员会印发《关于调整甘肃麦积山石窟艺术研究所等机构隶属关系的通知》

2016 年 12 月，经甘肃省机构编制委员会办公室批准，撤销党委办公室、院长办公室，设立办公室、审计处，人事处更名为人力资源处，国际合作与交流处加挂港澳台处牌子。

2017 年 3 月，中共敦煌研究院委员会组织关系整建制转移，隶属中共甘肃省文物局直属机关委员会管理。

2018 年，将民族宗教文化研究所和敦煌文献研究所合并，成立敦煌文献研究所，增设新媒体中心。

2018 年 11 月，成立保护研究部、艺术研究部、人文研究部、文化弘扬部。

2020 年 6 月，中国敦煌石窟保护研究基金会通过民政部慈善组织认定，9 月获民政部慈善组织公开募捐资格证书。

2020 年 12 月，撤销文化弘扬部下设的莫高窟数字展示中心、接待部。

2021 年 2 月，增设档案馆。

2021 年 8 月，新媒体中心更名为融媒体中心，将网络中心原有职能并入文物数字化研究所。

2022 年 1 月，设立兰州院部综合管理办公室。

2023 年 11 月，将保护研究部、艺术研究部、人文研究部升格为院级科研学术平台，确定文化弘扬部为院属业务部门。

2024 年 1 月，经甘肃省委机构编制委员会办公室批准，设立敦煌研究院纪检室，撤销监察室。

2024 年 10 月，甘肃敦煌魂文化艺术传播有限公司更名为甘肃敦煌博古文化有限公司。

至此形成一院六处石窟、13 个业务部门、10 个管理服务部门、5 个直属单位、7 个文化科技与创意企业、6 个国家级科研平台（基地）、3 个省级科研平台、5 个院级科研平台和 1 个关联机构的组织体系。

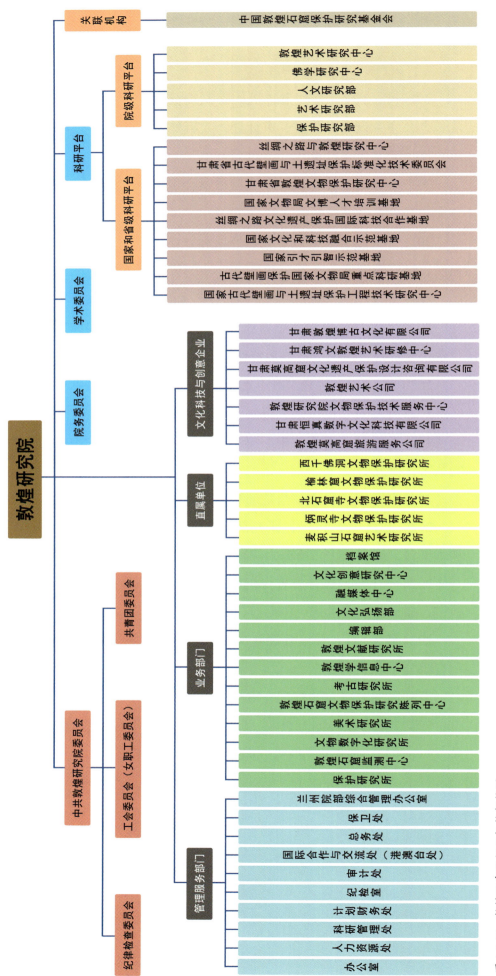

图 1.2.12 敦煌研究院组织机构图

1.3
历届领导班子

1943 年，成立敦煌艺术研究所筹备委员会，委员有高一涵、常书鸿、王子云、张大千、张维、张庚由、窦景椿，其中高一涵任主任，常书鸿任副主任。

1944 年 1 月 1 日，常书鸿任敦煌艺术研究所所长。

1950 年，常书鸿任敦煌文物研究所所长。

1960 年，张力冲任党支部书记（1960 年调入，1961 年调出）。

1966 年，李承仙任党支部书记。

1972~1979 年，赵凤林（军代表）任党支部书记，钟圣祖任党支部副书记。

1980 年，段文杰、樊锦诗、尹淑任副所长，刘鲽任党委副书记。

1982 年，常书鸿任名誉所长，段文杰任所长。

1984 年 8 月，吴坚为筹建敦煌研究院首席顾问，常书鸿任敦煌研究院名誉

图 1.3.1　常书鸿

图 1.3.2　段文杰

图 1.3.3　樊锦诗

院长，段文杰任院长，樊锦诗、赵友贤任副院长，刘鲽任党委副书记。

1986 年，马正乾任副院长。

1991 年，赵友贤不再担任副院长职务。

1993 年，刘会林、孟繁新任副院长。

1994 年，孟繁新任党委副书记，刘鲽不再担任党委副书记职务。

1998 年，段文杰任名誉院长，樊锦诗任院长，李最雄任副院长。

2001 年，纪新民任党委副书记。

2003 年，马正乾不再担任副院长职务。

2005 年，纪新民任党委书记，王旭东任副院长。

图 1.3.4　1998 年，敦煌研究院领导班子合影（左起：李最雄、孟繁新、樊锦诗、马正乾、刘会林）

图 1.3.5　2007 年，敦煌研究院领导班子合影（左起：李金寿、刘会林、樊锦诗、段文杰、纪新民、李最雄、王旭东）

2006 年，李金寿任党委副书记。

2007 年，李最雄不再担任副院长职务。

2009 年，罗华庆任副院长。

2013 年，王旭东任副院长、党委书记，纪新民不再担任党委书记职务。

2014 年，王旭东任党委书记、院长，樊锦诗不再担任院长职务。

2015 年，樊锦诗任名誉院长，马世林任党委副书记。

2016 年，张先堂、赵声良任副院长。

2018 年，廖士俊任纪委书记。

2019 年，赵声良任院长、党委副书记，马世林任党委书记，苏伯民任副院长。

2020 年，程亮任副院长。

2021 年，赵声良任党委书记，苏伯民任院长，张元林、郭青林任副院长，廖士俊任党委副书记，程亮不再担任副院长职务。

2022 年，罗华庆不再担任副院长职务，廖士俊不再担任党委副书记职务。

2023 年，张小刚、赵林毅任副院长，王建党任纪委书记。

2024 年，郭青林任党委副书记，俞天秀任副院长。

图 1.3.6　2018 年 12 月，敦煌研究院召开第一届职工代表暨第二届工会会员代表大会第三次会议（前排左起：韩延军、赵声良、罗华庆、王旭东、马世林、张先堂、廖士俊、宋真）

图 1.3.7 2021 年 2 月，敦煌研究院召开 2021 年度第一次党委理论学习中心组学习（扩大）会（左起：苏伯民、罗华庆、赵声良、马世林、张先堂、程亮）

图 1.3.8 2024 年 1 月，敦煌研究院召开第二届职工代表暨第三届工会会员代表大会第三次会议（左起：韩延军、王建党、张小刚、张元林、赵声良、樊锦诗、苏伯民、郭青林、赵林毅、汪万福）

第二章

石窟保护

敦煌研究院作为六处石窟寺的保护管理机构，始终坚持将保护置于全院各项工作的首位。在 80 年的发展历程中，敦煌研究院的保护工作分为看守时期、抢险加固时期和科学保护时期三个阶段。

2.1
看守时期

1944 年，敦煌艺术研究所成立，保护工作主要围绕清除流沙、修建洞窟间的临时栈道、安装少量洞窟窟门、制定洞窟管理规则等工作展开，1944～1945 年修筑了莫高窟中寺至下寺的保护围墙。

图 2.1.1　敦煌艺术研究所在莫高窟上、中寺修筑的围墙

图 2.1.2　1946 年，清理莫高窟危岩体

2.2
抢险加固时期

1951 年，中央文化部委托清华大学、北京大学和古代建筑修整所的古建、考古专家勘察莫高窟保护现状，制定保护规划，对 5 座唐宋窟檐作了详细勘察测绘，并进行了复原整修，使几座珍贵的古代木构建筑得到了初步的保护。

1956 年，对莫高窟南区第 248～260 窟段约 60 米长的岩体，以块石柱支顶建造木栈道的工程措施进行了实验加固。

1962 年，经文化部报请国务院申请对莫高窟实施抢险加固工程，周恩来总理亲自批准划拨 100 多万元专项资金用于莫高窟崖体加固。加固工程分第一、二、三期，从 1963 年开始，到 1966 年秋完成。工程采用重力挡墙"挡"、梁柱"支顶"和清除危岩"刷"的工程措施，对莫高窟的崖体进行了全面加固，共加固崖壁 576 米、洞窟 354 个。

图 2.2.1 1966 年，莫高窟抢险加固工程第 85 窟以南工段现场

图 2.2.2 莫高窟第 85 窟以南加固后的洞窟外貌

　　1984 年，经国家文物局批准，进行了莫高窟南区南段的第四期加固工程，加固了第 130～155 窟共 26 个洞窟长达 172 米的崖面，加上 50 年代进行的试验性加固工程，总计加固崖壁 798 米、洞窟 407 个，分别占南区崖壁的 84% 和洞窟总数的 82%。

图 2.2.3　1959 年，工作人员加固莫高窟第 196 窟内因地震坠落的岩体及壁画

图 2.2.4　1964 年，李贞伯与孙纪元修补唐代塑像

图 2.2.5　1965 年，窦占彪修复莫高窟第 427 窟菩萨

图 2.2.6 1965 年，工作人员搭架修复莫高窟第 130 窟壁画

图 2.2.7 1972 年，工作人员修复莫高窟第 159 窟壁画

图 2.2.8 1975 年 10 月，工作人员对莫高窟第 220 窟甬道重层壁画进行整体搬迁

图 2.2.9 1955 年，工作人员在莫高窟崖顶挖防沙沟

图 2.2.10 1965 年，进行草方格试验

图 2.2.11 1979 年 10 月，工作人员运用合成醇酸树脂清漆对莫高窟 4 座唐宋木构窟檐进行涂刷保护

图 2.2.12 1986 年，加固莫高窟九层楼

同年，国家文物局批准了西千佛洞加固工程方案，采用与莫高窟相同的挡墙支顶的方式进行加固，工程历时 3 年，共加固长 174 米的崖面，架设连接 15 个洞窟的崖面通道和水泥栏杆。

从 20 世纪 60 年代初开始，敦煌文物研究所采用边沿加固等方法有效防止了大量濒危壁画的脱落，共抢修莫高窟、西千佛洞和榆林窟等石窟起甲、酥碱壁画 1250 多平方米，加固倾倒和骨架腐朽的彩塑 260 多身，使濒临坍塌的石窟、即将大面积脱落的壁画和可能倾倒的彩塑脱离了危险，得到了有效保护。

此外，为了防止风沙对壁画和塑像的磨蚀，这一时期还在崖顶开展铺设草方格的挡沙栅栏试验，在莫高窟窟顶建立气象观测站，主要监测窟区的气温、相对湿度、降雨量、日照、风速、风向等。

1979 年初，在国务院副总理方毅的支持下，敦煌文物研究所与化工部涂料工业研究所合作开展了"敦煌莫高窟壁画、泥塑用彩色颜料的剖析研究""中国古代颜料发展史的研究""敦煌莫高窟壁画修复粘接剂的研究"和"敦煌莫高窟木质结构的保护涂层研究"等 4 个重点科研项目。20 世纪 80 年代初，对莫高窟标志性建筑九层楼进行了维修。

图 2.2.13 "莫高窟第 220 窟甬道重层壁画的整体揭取迁移技术"获文化部"1985～1986 年度科技成果奖四等奖"

2.3
科学保护时期

2.3.1 第一阶段（1984~1998）

这一时期，敦煌石窟的保护工作进入到科技保护阶段。随着改革开放的深入，敦煌研究院加强与国内外科研机构的交流与合作，特别是 1987 年敦煌莫高窟被联合国教科文组织列入《世界遗产名录》之后，莫高窟受到了世界的广泛关注。敦煌研究院先后与美国、日本、加拿大、澳大利亚等国的科研机构开展合作与交流，形成了针对莫高窟文物保护的国际科研机制。通过国际合作，解决了莫高窟壁画保护的一系列重大科技问题，从窟内壁画保护修复到洞窟内外环境监测，再到实施防沙治沙工程，逐渐形成了莫高窟全方位科学保护体系。同时，这一时期还派遣大量年轻学者到国外学习先进的文物保护科技知识，培养了一大批科研骨干力量。

图 2.3.1　1993 年，丝绸之路古遗址保护国际学术会议在敦煌莫高窟举办

图 2.3.2 1992～1995 年，在榆林窟实施崖体加固工程

图 2.3.3 1997 年，开展新疆克孜尔新 1 窟保护项目

图 2.3.4 "敦煌莫高窟起甲壁画修复技术"获文化部 "1985～1986 年度科技成果奖一等奖"

图 2.3.5 "应用PS-C加固风化砂岩石雕的研究"获文化部 "1988 年度科技进步奖二等奖"

20 世纪 90 年代初，敦煌研究院实施榆林窟保护工程。针对榆林窟特殊的地质条件和岩土工程问题，选择了与莫高窟加固工程不同的技术手段，通过锚索技术加固裂隙基岩，有效地保护了石窟壁画彩塑，同时也基本保持了石窟的自然外貌，与周围环境协调一致。除了完成莫高窟、榆林窟和西千佛洞壁画与塑像的修复任务外，敦煌研究院还帮助新疆、青海、西藏等省、自治区文物单位完成了大量的壁画和塑像修复工作。

这一时期，敦煌研究院在全面调查研究敦煌石窟壁画各类病害的基础上，针对不同类型的病害，采取相应的治理措施，使壁画保护修复技术取得了长足的发展。其中李云鹤主持的"敦煌莫高窟起甲壁画修复技术"获文化部1985～1986 年度文化部科技成果奖一等奖，李最雄主持的"应用PS-C加固风化砂岩石雕的研究"项目获文化部 1988 年度科技进步奖二等奖。

20 世纪 80 年代，敦煌研究院与兰州化工研究院环境保护研究所合作，针对莫高窟崖面不同层位、窟型、大小的 4 个洞窟内外环境进行了监测，这是对莫高窟洞窟小环境比较全面、系统的监测。此外，敦煌研究院还与兰州大学地质系合作，开展"敦煌莫高窟崖体及附加构筑物抗震稳定性研究"，与国家地震局兰州地震研究所合作，进行了"甘肃省敦煌莫高窟文物保护区地震安全性的评价"研究，并开展敦煌莫高窟区域环境演化研究及莫高窟区域水环境的调查研究。

风沙是严重影响莫高窟壁画、彩塑长久保存的自然因素之一。20世纪40年代，石窟最底层洞窟大部分被埋没在积沙之中。从20世纪80年代末开始，敦煌研究院与中科院兰州沙漠研究所、美国盖蒂保护研究所等国内外机构合作，开展了风沙危害性质及其防治等一系列研究工作，取得了显著效果。20世纪90年代开始在莫高窟窟顶实施大规模的治沙工程，通过麦草方格固沙、种植沙生植物的生物固沙和"A"字形尼龙网栅栏拦沙，逐步建立起多道屏障，使窟区的积沙减少了85%，有效阻止了流沙对莫高窟的危害。

在数字化保护方面，1993～1996年，开展"敦煌壁画计算机存贮与管理系统研究"课题，该项目是敦

图 2.3.6 麦草方格固沙

图 2.3.7 沙生植物的生物固沙

图 2.3.8 "A"字形尼龙网栅栏拦沙

图 2.3.9　文物数字化早期探索研究

图 2.3.10　《濒危珍贵文物信息的计算机存储与再现系统》课题验收会

煌壁画数字化保存的初步实践。1996 年，"濒危珍贵文物的计算机存储与再现系统研究"被列为国家科委的"九五"科技攻关课题，同期国家"863"项目资助实施了"曙光天演Power PC工作站在文物保护中的应用"课题。1997 年，在国家自然科学基金委员会的支持下，立项"多媒体与智能技术集成及艺术复原"项目。1998 年底，敦煌研究院与美国梅隆基金会、美国西北大学共同开展"数字化敦煌壁画合作研究"项目，这是敦煌研究院建立的有关敦煌壁画数字化研究领域中的国际合作项目。

2.3.2 第二阶段（1998～2018）

1998～2004 年，敦煌研究院制定了《敦煌莫高窟保护总体规划（2005-2025）》，对莫高窟价值及其本体和环境的保护、保存、利用、管理和研究做了系统、科学的评估，制定了总体规划的目标、原则和实施细则。由甘肃省政府颁布实施《规划》以来，敦煌研究院始终以《规划》为指导和依据，开展莫高窟的保护、研究、利用和管理等各项工作。

2002 年 12 月，经甘肃省第九届人民代表大会通过并颁布实施《甘肃敦煌莫高窟保护条例》。这项专项法规的颁布，为莫高窟的保护、利用和管理提供了有力的法律支撑与保障。

2004 年，古代壁画保护国家文物局重点科研基地依托敦煌研究院成立。基

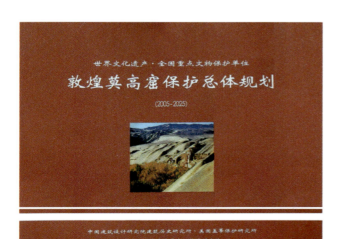

图 2.3.11　《敦煌莫高窟保护总体规划（2005-2025）》

图 2.3.12 《甘肃敦煌莫高窟保护条例》

图 2.3.13 2005 年 11 月,古代壁画保护国家文物局重点科研基地正式揭牌

地以古代壁画保护研究为重点,兼顾土遗址的保护研究,加强文物赋存环境的监测与预警研究,加强文物数字化技术的研究,提出科学、有效、先进的古代壁画与土遗址保护方面的技术标准与规范,为国家制定壁画和土遗址保护规划提供了科学依据。

图 2.3.14 国家古代壁画与土遗址保护工程技术研究中心科研楼

2008 年,敦煌研究院联合中科院上海硅酸盐研究所、兰州大学、浙江大学,依托敦煌研究院,共同组建国家古代壁画与土遗址保护工程技术研究中心。该中心以古代壁画和土遗址保护领域的关键技术创新与集成创新为主要研发方向,重点进行保护材料与修复

图 2.3.15 文物出土现场保护移动实验室研发——移动保护实验室

图 2.3.16 保护材料与工艺的系统评价方法及其应用示范——新型合成材料实验研究

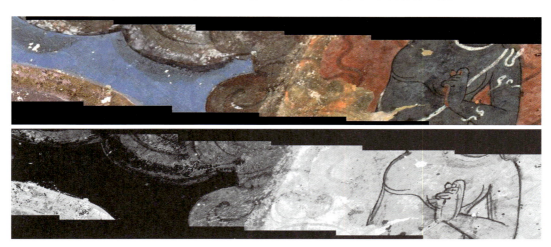

图 2.3.17 高精度原位、无损表征体系的构建——远程高光谱获取的莫高窟第465窟东披彩色图像、红外图像

图 2.3.18 潮湿环境土遗址考古现场预防性保护关键技术研发——杭州浙大紫金港校区开挖模拟考古发掘实验坑

加固工艺、文物数字化、环境监测和控制等关键技术的工程化研发，是我国文化遗产保护领域首个国家级工程技术研究中心。

　　这两个国家级科研平台的建立，不仅加强了敦煌石窟文物保护的力量，而且推动了敦煌文物保护科技成果向全国文物单位推广应用。敦煌研究院联合国内外专家共同攻关，承担和参与了大量的国家级、省部级科研课题，其中国家973课题4项、国家科技支撑计划课题20项、国家自然科学基金项目8项。多项工程被评为"年度全国十佳文物保护工程"和"全国优秀文物维修工程"，"产学研用"融合发展模式得到广泛推广。此外，敦煌研究院还依托平台成功举办"2014敦煌论坛：古遗址保护国际研讨会""文物的生物退化与防护国际学术研讨会"等国际会议10余次。

图 2.3.19 "敦煌莫高窟风沙灾害预防性保护体系构建与示范"获"'十二五'文物保护科学和技术创新奖二等奖"

图 2.3.20 "文物出土现场保护移动实验室研发与应用"获"2012年度国家科学技术进步奖二等奖"

图 2.3.21 "干旱环境下土遗址保护关键技术研发与应用"获"2017年度国家科学技术进步奖二等奖"

图 2.3.22 "风沙灾害防治理论与关键技术应用"获"2018年度国家科学技术进步奖二等奖"

图 2.3.23　2007 年 11 月，全国世界文化遗产监测工作会议在敦煌举办

图 2.3.24　2008 年 9 月，古遗址保护国际学术研讨会暨国际岩石力学学会区域研讨会在敦煌举办

图 2.3.25　2009 年 9 月，文化和自然遗产地旅游可持续发展国际研讨会在敦煌举办

图 2.3.26 2014 年 10 月，"敦煌论坛：2014 丝绸之路古遗址保护国际学术研讨会"在敦煌举办

图 2.3.27 2014 年 8 月，文物的生物退化与防护国际学术研讨会在敦煌举办

图 2.3.28 2015 年 8 月，"敦煌论坛：大数据环境下的数字图书馆和世界文化遗产的保存与使用国际学术会议"在敦煌举办

图 2.3.29 "敦煌莫高窟第 85 窟保护修复研究"获"2004 年度文物保护科学和技术创新奖二等奖"

在石窟文物保护方面，敦煌研究院与美国盖蒂保护研究所合作对莫高窟第 85 窟壁画进行了全面病害治理和修复工作。这个洞窟持续十多年的壁画保护修复工程执行《中国文物古迹保护准则》的范例，形成了一个科学的文物修复流程："文物价值评估—环境监测—保存现状调查—病害分析研究—修复实施方案制订—修复实施及总结"。这一科学程序的建立，为以后的石窟文物修复工程树立了典范。在文物本体的保护工程方面，完成莫高窟第 130 窟壁画彩塑保护修缮、榆林窟第 6 窟大佛抢救性保护、西千佛洞 7 个洞窟保护修复等院辖石窟文物保护工程，并承接西藏、新疆、宁夏等地文物保护项目 60 余项。

图 2.3.30 2004 年，莫高窟第 85 窟中外修复工作人员合影

图 2.3.31 2003 年，西藏布达拉宫壁画保护修复项目现场

图 2.3.32 2003 年，西藏萨迦寺壁画保护修复项目现场

图 2.3.33 2005 年，西藏罗布林卡壁画保护修复项目现场

图 2.3.34 2007 年，新疆交河故城第一期加固工程现场

图 2.3.35 2010 年，宁夏银川西夏陵六号陵保护工程现场

图 2.3.36 2014 年，山东泰安岱庙天贶殿壁画保护修复工程现场

图 2.3.37 2014 年，云冈石窟五华洞壁画及泥塑彩绘抢救性保护修复工程现场

图 2.3.38 2014 年，山西蒲县东岳庙行宫外斗眼壁画修复

图 2.3.39 2016 年，河北正定隆兴寺摩尼殿壁画保护项目现场

图 2.3.40 2017 年，青海瞿昙寺壁画保护修复工程现场

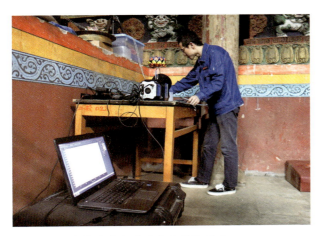

图 2.3.41 内蒙古乌素图召壁画保护项目

图 2.3.42 山西平遥镇国寺万佛殿壁画彩塑保护修缮项目

图 2.3.43 数字中心成立初期壁画数字化图像拼接场景

2006 年 4 月，敦煌研究院在摄录部和保护研究所数字室的基础上成立了数字中心，主要承担敦煌石窟及相关文物的数字化技术研究与应用工作。2014 年更名为文物数字化研究所，主要承担不可移动文物和可移动文物的数据采集、加工、存储、传输、交换和展示等方面数字化关键技术研究。

2014 年，敦煌石窟监测中心成立，中心运用物联网、传感器等技术手段，对洞窟内的温度、湿度等环境因子进行实时监测，及时掌握洞窟小环境的变化，自此敦煌文物的保护工作逐步由"抢救性"保护进入"预防性"保护时代。

2.3.3 第三阶段（2019 年以来）

2019 年以来，敦煌研究院保护团队聚焦古代壁画、土遗址、石窟寺保护和文物数字化等方面的关键瓶颈问题，开展国家重点研发计划项目"墓葬壁画原位保护关键技术研究"等 120 多项国家级和省部级课题，其中包括国家重点研发"重大自然灾害监测预警与防范"重点专项 3 项，承担课题 11 项；国家重点研发"文化科技与现代服务业"重点专项 1 项，承担课题 2 项；出版专著 14 部，发表论文 270 余篇，授权专利 50 余件，编制技术标准 13 项；2 项成果获"国家科技进步奖二等奖"，1 项获"'十二五'文物保护科学和技术创新奖二等奖"，3 项获"甘肃省科技进步奖一等奖"。

国家重点研发计划项目：

国家重点研发"重大自然灾害监测预警与防范"专项
· 墓葬壁画原位保护关键技术研究（项目）
· 多场耦合下土遗址风化机理与防控技术研究（项目）
· 丝路文物数字复原关键技术研究（项目）
· 平顶窟顶板岩岩体加固技术研发（课题）
· 石窟寺本体劣化风险因素监测技术研究及装置研发（课题）
· 文物健康评估方法体系构建（课题）
· 数字文化遗产安全保护与利用关键技术集成应用示范（课题）

图 2.3.44 墓葬壁画原位保护关键技术研究——打虎亭汉墓工作现场

图 2.3.45 多场耦合下土遗址风化机理与防控技术研究——通缝砌筑原位实验墙振动台试验

图 2.3.46 丝路文物数字复原关键技术研究

图 2.3.47 平顶窟顶板岩岩体加固技术研发——平顶窟顶板锚杆拉拔测试

图 2.3.48 石窟寺本体劣化风险因素监测技术研究及装置研发课题绩效评价会

图 2.3.49 文物健康评估方法体系构建——西安高陵明代壁画墓工作现场

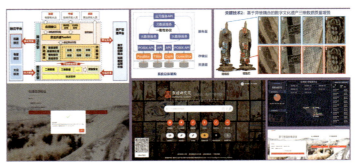

图 2.3.50 数字文化遗产安全保护与利用关键技术集成应用示范

国家重点研发"文化科技与现代服务业"重点专项

·土遗址冻融破坏机理与监测技术研究（项目）

图 2.3.51　土遗址冻融破坏机理与监测技术研究

承担国家自然科学基金项目 12 项：

·壁画保护高分子材料的抗菌性及其环境适应性研究

·极干旱地区地气活动规律与形成机理研究

·敦煌莫高窟古代壁画烟熏病害的分析研究

·石窟寺壁画突发性微生物病害成因机制及防治对策研究

·植物对甘肃境内土长城遗址的影响及防护研究

·敦煌石窟壁画颜料变色机理及色彩复原研究

·降雨过程中干旱环境砂砾岩石窟水汽运移机制研究

·麦积山石窟地震灾害风险评价及防治研究

·基于激光诱导击穿光谱技术的敦煌壁画可溶盐原位检测方法研究

·生物结皮对土长城表面风化病害作用机理研究

·土遗址剥离病害的热力学机制研究

·地气活动对敦煌莫高窟壁画的影响

图 2.3.52　"多元异构的敦煌石窟数字化保护关键技术研发与应用推广"获2020年度"甘肃省科技进步奖一等奖"

图 2.3.53　"基于传统工艺科学认知的夯土遗址劣化机制与保护技术"获2022年度"甘肃省科技进步奖一等奖"

图 2.3.54　"极端环境微生物生态适应机制与应用示范"获2022年度"甘肃省科技进步奖一等奖"

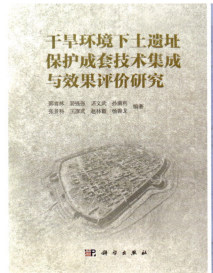

图 2.3.55　部分出版著作

在科研平台建设方面，2020年敦煌研究院联合兰州大学、甘肃省文物考古研究所和中铁西北科学研究院有限公司，依托敦煌研究院，组建"甘肃省敦煌文物保护研究中心"，该中心以文物保护中的科学问题为牵引，开展文化遗产学基础理论，病害科学表征与劣化机理，基于风险理论的预防性保护和保护材料与技术、数字化保护技术等 8 个方向的研究。中心拥有仪器和设备总数近 900 台（套），有力地支持了石窟寺和土遗址保护研究。

图 2.3.56　2020 年 8 月，甘肃省敦煌文物保护研究中心正式揭牌成立

图 2.3.57　2022 年 1 月，甘肃省敦煌文物保护研究中心第一届学术委员会会议在兰州召开

　　2020年建成并启用国内文物保护领域首座多场耦合实验室，2023年建成国内首个石窟寺监测预警省级平台（一期），实现院属六处石窟气象预警发布、监测信息共享。

图 2.3.58　多场耦合实验室实验舱内部

图 2.3.59　正在建设中的遗址物理仿真实验室

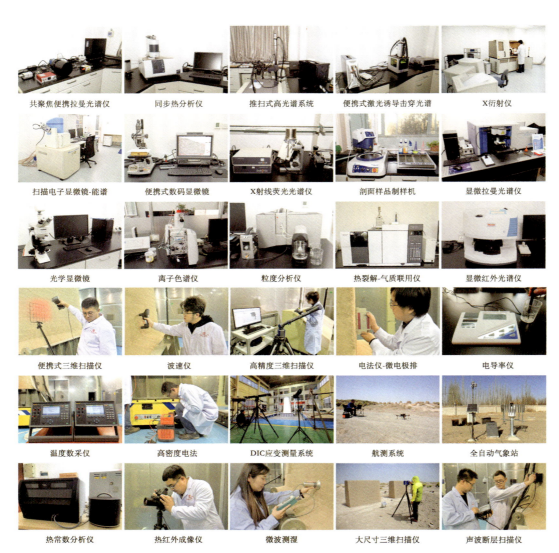

共聚焦便携拉曼光谱仪　　同步热分析仪　　推扫式高光谱系统　　便携式激光诱导击穿光谱　　X衍射仪

扫描电子显微镜-能谱　　便携式数码显微镜　　X射线荧光光谱仪　　剖面样品制样机　　显微拉曼光谱仪

光学显微镜　　离子色谱仪　　粒度分析仪　　热裂解-气质联用仪　　显微红外光谱仪

便携式三维扫描仪　　波速仪　　高精度三维扫描仪　　电法仪-微电极排　　电导率仪

温度数采仪　　高密度电法　　DIC应变测量系统　　航测系统　　全自动气象站

热常数分析仪　　热红外成像仪　　微波测湿　　大尺寸三维扫描仪　　声波断层扫描仪

图 2.3.60　部分科研设备

图 2.3.61　甘肃省石窟寺监测预警平台（一期）

　　持续开展院属石窟保护条例和规划修编工作，推动制定《甘肃炳灵寺石窟保护条例》并获得颁布，推进《甘肃麦积山石窟保护条例》编制，开展了包括《莫高窟保护总体规划》《麦积山石窟保护规划》《甘肃北石窟寺石窟文物保护规划》《西千佛洞保护总体规划》在内的院属石窟保护规划的制定和修编工作。

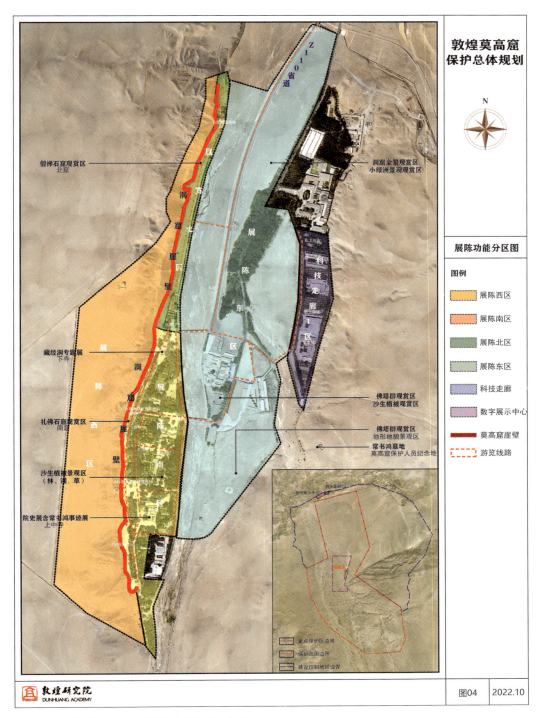

图 2.3.62 《敦煌莫高窟保护总体规划》（修编）

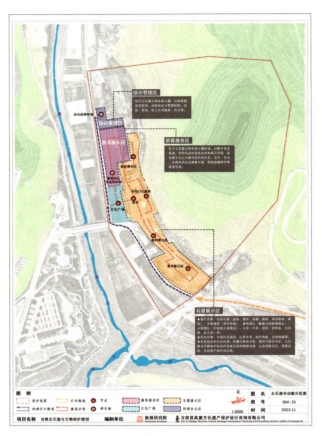

图 2.3.63 《甘肃炳灵寺石窟保护条例》　　图 2.3.64 《甘肃北石窟寺文物保护规划》（修编）

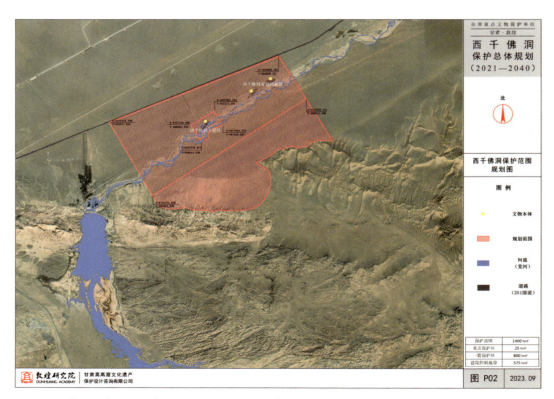

图 2.3.65 《西千佛洞保护总体规划（2021～2040）》

　　在数字化研究方面，经过近 30 年的探索和研究，敦煌研究院形成了一整套不可移动文物数字化关键技术和工作流程，承担了多项国家及省部级项目和课题，建立了一支超过百人的文物数字化专业团队，构建了"数字敦煌"平台，积累了大量数字资源。

图 2.3.66　丝绸之路中国段世界文化遗产多媒体数字展示与交流平台

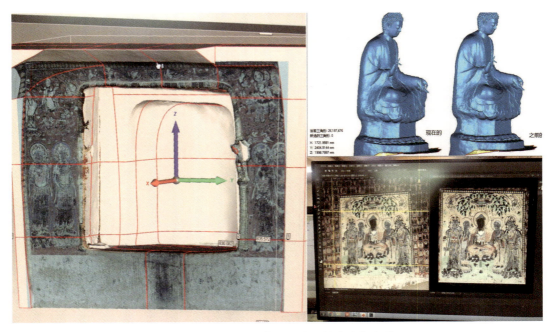

图 2.3.67　文化遗产数字成果展示与研发——洞窟与彩塑三维重建与完善

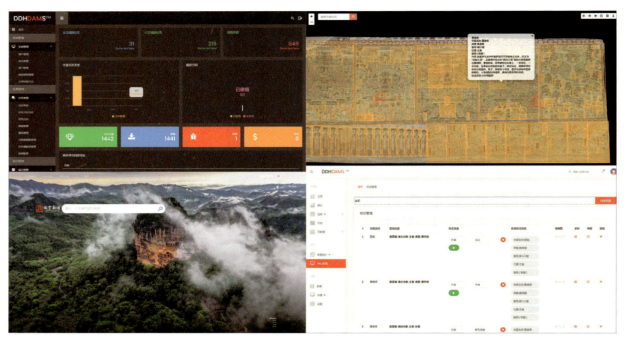

图 2.3.68　敦煌石窟数字资产管理平台构建与应用

　　截至 2023 年底，已完成敦煌石窟 295 个洞窟的壁画数字化采集，186 个洞窟的图像拼接处理，162 个洞窟的全景漫游节目制作，7 处大遗址三维重建，45 身彩塑三维重建，5 万张历史档案底片的数字化扫描工作，形成了海量的数字化成果，这些成果广泛应用于敦煌石窟保护、研究、弘扬工作中。"敦煌莫高窟数字化保护项目"获评"甘肃省示范性文物保护项目"。

图 2.3.69　2023 年，"敦煌莫高窟数字化保护项目"获评"甘肃省示范性文物保护项目"

图 2.3.70　莫高窟第 130 窟壁画数字化采集现场

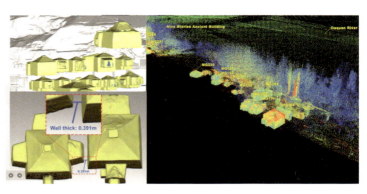

图 2.3.71　莫高窟第 130 窟三维重建　　图 2.3.72　莫高窟三维重建

图 2.3.73　莫高窟第 45 窟彩塑三维重建　　图 2.3.74　榆林窟第 23 窟壁画数字化

图 2.3.75　西千佛洞第 4 窟壁画数字化　　图 2.3.76　麦积山石窟第 135 窟壁画数字化

图 2.3.77　炳灵寺石窟第 3 窟壁画数字化　　图 2.3.78　北石窟寺第 165 窟彩塑数字化

图 2.3.79　大遗址三维重建-莫高窟

图 2.3.80　彩塑三维重建-莫高窟第 45 窟

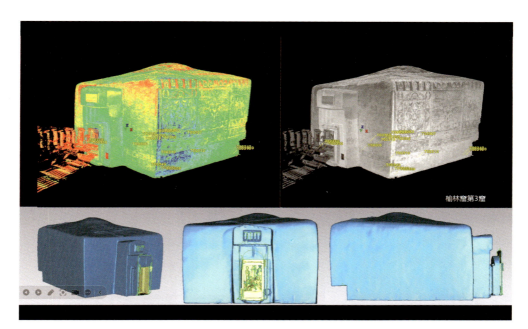

图 2.3.81 洞窟空间结构三维重建—榆林窟第 3 窟

图 2.3.82 洞窟全景漫游—莫高窟第 61 窟

图 2.3.83 "数字敦煌"平台

图 2.3.84 "数字敦煌"被评为 "2022年携手构建网络空间命运共同体精品案例"

图 2.3.85 2016 年 5 月 1 日, "数字敦煌"资源库正式上线

图 2.3.86 2022 年 12 月 8 日, "数字敦煌"开放素材库正式上线

图 2.3.87 "数字敦煌"开放素材库入选"文物事业高质量发展十佳案例"

　　在标准化建设方面，敦煌研究院总结研究成果和工作实践经验，在古代壁画保护修复、土遗址保护加固、石窟壁画数字化、文物保护工程管理、石窟环境监测、石窟寺开放管理等方面参与编制修订了一批国家、行业和地方标准，已颁布实施和在编标准共计 28 项，其中国家标准 2 项、行业标准 10 项、地方标准 16 项。

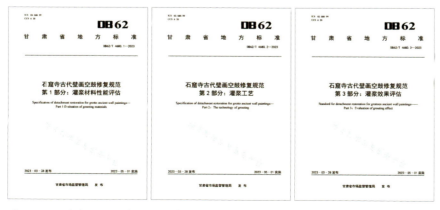

图 2.3.88 参与编制的部分石窟寺文物保护相关地方标准

图 2.3.90　2024 年 5 月，第二届"莫高窟—兵马俑"文化遗产保护利用青年论坛在敦煌召开

图 2.3.91　2024 年 6 月，文物的生物退化与防护国际学术研讨会在敦煌召开

图 2.3.89　参与编制的不可移动文物数字化保护相关行业标准

图 2.3.92　2024 年 8 月 19 日，"2024·石窟寺保护国际论坛"在敦煌召开

　　近 5 年来，实施莫高窟第 465 窟壁画保护修复、北石窟寺抢救性保护等院辖石窟保护工程 64 项，承接四川、浙江、陕西等地文物保护项目 183 项，2 项入选"全国十佳文物保护维修工程"。

图 2.3.93　石窟寺与土遗址保护研究成果技术推广应用分布图

图 2.3.94　莫高窟第 55 窟壁画保护修复现场

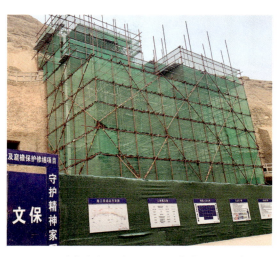

图 2.3.95　莫高窟佛塔保护修缮工程　　　图 2.3.96　莫高窟部分崖体抢险及窟檐保护修缮项目

图 2.3.97　榆林窟第 2、29、39 窟壁画彩塑保护修复工程

图 2.3.98　榆林窟西崖崖体加固工程

图 2.3.99　西千佛洞第 3、4、5、6、7、9、10、13 窟壁画保护修缮项目

图 2.3.100　麦积山石窟第 80 窟西壁部分壁面修复前后对比

图 2.3.101　炳灵寺石窟第 128、132、134 窟等 12 个洞窟抢险保护修复

图 2.3.102　北石窟寺抢救性保护工程保护雨棚搭建

图 2.3.103　定县开元寺塔壁画保护修复项目

图 2.3.104　天祝藏族自治县乌鞘岭长城 1 段、2 段保护修缮工程

图 2.3.105　焉耆博格达沁古城遗址保护修缮工程

图 2.3.106　西藏罗布林卡达旦明久颇章等四个殿堂部分壁画抢修工程项目

图 2.3.107　内蒙古阿尔寨石窟壁画修复现场

图 2.3.108　青海省瞿昙寺壁画保护修复工程

图 2.3.109　山西省阳高县云林寺彩塑壁画保护修复工程

图 2.3.110　山西省太原王家峰北齐徐显秀墓保护修复工程

图 2.3.111　山西省芮城永乐宫龙虎殿、重阳殿壁画保护修复工程

图 2.3.112　甘肃省武山水帘洞石窟群壁画彩塑浮雕保护修复工程

图 2.3.113　四川省大渡河双江口水电站甲扎尔甲山洞窟壁画本体迁移保护

图 2.3.114　浙江省金华太平天国侍王府壁画保护工程（一期）

石窟数字化技术为新疆克孜尔石窟、山西芮城永乐宫等 9 省市 22 处文物保护单位提供了数字化技术支撑和工程实施。2023 年承担国际援助项目——援缅甸蒲甘他冰瑜寺修复项目壁画保护信息提取技术合作项目。

图 2.3.115　鲁土司衙门旧址建筑、彩画及砖雕数字化项目

图 2.3.116　甘肃省博物馆藏魏晋 5 号墓数字化项目

图 2.3.117　库木吐喇石窟新 1 窟（第 20 窟）和阿艾石窟的数字化复制仿制项目

图 2.3.118　援缅甸蒲甘他冰瑜寺修复项目——壁画保护信息提取

表 2.5.1 文物保护技术服务中心 2010~2024 年文保项目列表

序号	项目名称	文物类型	省份	合作单位名称	开始日期	完成日期
1	莫高窟第 85 窟壁画、彩塑修复工程	壁画及彩塑	甘肃	敦煌研究院	2009 年 4 月 21 日	2010 年 11 月 30 日
2	莫高窟 272 窟壁画、彩塑修复工程	壁画及彩塑	甘肃	敦煌研究院	2010 年 4 月 1 日	2010 年 12 月 30 日
3	莫高窟 98 窟壁画修复工程	壁画及彩塑	甘肃	敦煌研究院	2010 年 4 月 1 日	2012 年 12 月 30 日
4	靖远寺儿湾石窟寺壁画、塑像保护修复工程	壁画及彩塑	甘肃	靖远县文化体育局	2010 年 4 月 15 日	2010 年 11 月 30 日
5	西藏夏鲁寺（重要壁画）数字化项目	壁画及彩塑	西藏	故宫博物院	2010 年 4 月 30 日	2010 年 12 月 31 日
6	新疆库木吐喇千佛洞新 1 新 2 窟抢修工程	壁画及彩塑	新疆	新疆维吾尔自治区龟兹研究院	2010 年 6 月 20 日	2010 年 9 月 30 日
7	新疆北庭西大寺现存壁画、塑像抢救性保护修复工程	壁画及彩塑	新疆	吉木萨尔县文物局	2010 年 8 月 25 日	2012 年 10 月 30 日
8	银川西夏陵六号陵保护工程	古文化遗址	宁夏	银川西夏陵区管理处	2010 年 10 月 15 日	2011 年 10 月 31 日
9	麦积山石窟塑像及壁画保护修复工程	壁画及彩塑	甘肃	麦积山石窟艺术研究所	2011 年 3 月 1 日	2011 年 11 月 30 日
10	克孜尔尕哈烽燧抢险加固工程	古文化遗址	新疆	新疆重点文物保护项目领导小组执行办公室	2011 年 4 月 15 日	2011 年 10 月 15 日
11	克孜尔尕哈石窟抢险加固工程	石窟寺	新疆	新疆重点文物保护项目领导小组执行办公室	2011 年 4 月 15 日	2011 年 10 月 15 日
12	元上都遗址穆青阁、大安阁等展示、保护工程（第二包）	古文化遗址	内蒙古	内蒙古博物院	2011 年 5 月 11 日	2011 年 6 月 25 日
13	甘谷大像山大佛殿（第六窟）保护维修项目	壁画及彩塑	甘肃	甘谷县大像山文物管理所	2011 年 5 月 30 日	2011 年 12 月 31 日
14	甘肃炳灵寺 171 龛大佛保护修复工程	壁画及彩塑	甘肃	甘肃炳灵寺文物保护研究所	2011 年 6 月 15 日	2011 年 12 月 31 日
15	山西太原王家峰北齐徐显秀墓保护修复工程	古墓葬	山西	太原市徐显秀墓文物保管所	2011 年 6 月 27 日	2012 年 10 月 31 日
16	居延遗址（金塔境内）抢险加固工程	古文化遗址	甘肃	金塔县文化体育局	2011 年 6 月 28 日	2011 年 11 月 30 日
17	北庭故城部分城墙抢险加固工程	古文化遗址	新疆	吉木萨尔县文物局	2011 年 8 月 15 日	2011 年 11 月 12 日
18	玉树州藏娘佛塔及桑周寺和小经堂壁画抢险保护修复工程	壁画及彩塑	青海	青海省文物管理局	2011 年 8 月 20 日	2012 年 9 月 30 日
19	莫高窟部分洞窟壁画抢修工程	壁画及彩塑	甘肃	敦煌研究院	2012 年 1 月 1 日	2012 年 12 月 31 日
20	甘肃武威馆藏天梯山壁画保护修复项目	壁画及彩塑	甘肃	敦煌研究院	2012 年 4 月 1 日	2013 年 12 月 30 日
21	河北省石家庄市毗卢寺博物院壁画数字化	壁画及彩塑	河北	石家庄市毗卢寺博物院	2012 年 5 月 20 日	2012 年 9 月 30 日

序号	项目名称	文物类型	省份	合作单位名称	开始日期	完成日期
22	西藏阿里古格遗址壁画保护修复工程	壁画及彩塑	西藏	敦煌研究院	2012年5月23日	2013年12月31日
23	银川西夏陵四号陵抢险加固工程	古文化遗址	宁夏	银川西夏陵区管理处	2012年5月25日	2013年6月25日
24	莫高窟第386窟壁画、彩塑保护修复工程	壁画及彩塑	甘肃	敦煌研究院	2012年6月1日	2013年6月30日
25	莫高窟第360窟壁画保护修复工程	壁画及彩塑	甘肃	敦煌研究院	2012年6月1日	2013年6月30日
26	丝绸之路新疆段重点文物保护项目——交河故城遗址三期抢险加固工程	古文化遗址	新疆	新疆重点文物保护项目领导小组执行办公室	2012年6月30日	2013年11月30日
27	北庭故城二期抢险加固工程	古文化遗址	新疆	吉木萨尔县文物局	2012年7月22日	2013年10月19日
28	银川西夏陵六号陵保护工程考古发掘区保护项目	古文化遗址	宁夏	银川西夏陵区管理处	2012年8月20日	2012年9月10日
29	2013年度敦煌石窟莫高窟文物保护抢修工程	壁画及彩塑	甘肃	敦煌研究院	2013年1月1日	2013年12月31日
30	莫高窟第061窟壁画保护修复工程	壁画及彩塑	甘肃	敦煌研究院	2013年3月1日	2013年5月31日
31	瓜州榆林窟抢险加固工程	石窟寺	甘肃	敦煌研究院	2013年3月15日	2014年12月31日
32	敦煌西千佛洞抢险加固工程	石窟寺	甘肃	敦煌研究院	2013年3月15日	2014年12月31日
33	敦煌莫高窟九层楼抢险修缮工程	古建筑	甘肃	甘肃省永靖古典建筑工程总公司仿古一公司	2013年4月1日	2013年11月25日
34	新疆柏孜克里克千佛洞17、34窟壁画抢救性保护工程	壁画及彩塑	新疆	新疆维吾尔自治区文物古迹保护中心	2013年4月20日	2013年10月30日
35	北庭故城西寺遗址抢险加固工程	古文化遗址	新疆	吉木萨尔县文物局	2013年6月6日	2013年10月31日
36	银川西夏陵三号陵保护维修工程	古文化遗址	宁夏	银川西夏陵区管理处	2013年7月20日	2013年10月31日
37	云冈石窟五华洞壁画及泥塑彩绘抢救性保护修复工程	壁画及彩塑	山西	云冈石窟研究院	2014年4月15日	2015年11月15日
38	麦积山石窟监测预警体系	石窟寺	甘肃	麦积山石窟艺术研究所	2014年4月18日	2014年8月18日
39	文殊山石窟群壁画保护修复项目	壁画及彩塑	甘肃	肃南裕固族自治县文物局	2014年5月1日	2015年10月20日
40	蒲县东岳庙彩塑壁画保护修复工程	壁画及彩塑	山西	山西省蒲县文物旅游局	2014年5月2日	2015年11月15日
41	银川市西夏陵一号、二号及三十九号陪葬墓抢险加固工程	古文化遗址	宁夏	银川西夏陵区管理处	2014年6月1日	2016年8月23日
42	嘉峪关文化遗产保护工程—嘉峪关长城墙体（夯土）保护维修工程	古文化遗址	甘肃	甘肃省嘉峪关市文物局	2014年6月10日	2015年11月10日

序号	项目名称	文物类型	省份	合作单位名称	开始日期	完成日期
43	西藏阿里玛囊寺壁画保护修复工程	壁画及彩塑	西藏	西藏阿里地区文物局	2014年7月15日	2014年10月20日
44	瓜州榆林窟空鼓壁画抢修工程	壁画及彩塑	甘肃	敦煌研究院	2014年8月1日	2016年10月30日
45	敦煌西千佛洞空鼓壁画抢修工程	壁画及彩塑	甘肃	敦煌研究院	2014年8月1日	2015年10月30日
46	世界文化遗产地莫高窟监测预警体系建设	石窟寺	甘肃	敦煌研究院	2014年9月25日	2016年9月30日
47	甘肃瓜州锁阳城遗址抢险加固工程	古文化遗址	甘肃	瓜州县文物局	2014年10月13日	2015年9月30日
48	新疆吐鲁番交河故城遗址四期抢险加固工程	古文化遗址	新疆	新疆重点文物保护项目领导小组执行办公室	2014年10月20日	2016年10月20日
49	泰安岱庙天贶殿壁画保护修复工程	壁画及彩塑	山东	泰安市博物馆	2014年10月20日	2015年11月30日
50	温州博物馆藏宋代漆器保护修复工程	可移动文物	浙江	温州博物馆	2014年12月20日	2015年3月19日
51	温州博物馆藏宋代彩绘木雕保护修复工程	可移动文物	浙江	温州博物馆	2014年12月20日	2015年3月19日
52	新疆吐鲁番雅尔湖石窟崖体抢险加固工程	石窟寺	新疆	吐鲁番地区文物局	2015年3月15日	2016年4月15日
53	夏河县拉卜楞寺壁画保护修复项目	壁画及彩塑	甘肃	夏河县文化体育广播影视局	2015年4月1日	2017年11月9日
54	大地湾F901遗址保护展示建筑工程	古文化遗址	甘肃	甘肃大地湾文物保护研究所	2015年4月1日	2015年5月30日
55	海藏寺保护修缮工程（第三标段）	壁画及彩塑	甘肃	凉州区文化体育广播影视局	2015年5月8日	2016年9月6日
56	敦煌莫高窟第96、95、228、229、230窟壁画彩塑保护修复工程	壁画及彩塑	甘肃	敦煌研究院	2015年6月1日	2016年10月31日
57	甘肃景泰永泰城址抢险加固工程（二期）第一标段	古文化遗址	甘肃	景泰县文化体育和广播影视局	2015年6月10日	2016年5月31日
58	武威天梯山石窟搬迁壁画彩塑保护修复项目	壁画及彩塑	甘肃	武威天梯山石窟管理处	2015年6月10日	2018年6月10日
59	永登县南湾长城保护工程	古文化遗址	甘肃	兰州新区铁路建设投资有限责任公司	2015年7月10日	2015年8月10日
60	甘肃省山丹培黎学校艾黎故居维修项目	古文化遗址	甘肃	甘肃省山丹培黎学校	2015年8月20日	2015年10月28日
61	麦积山石窟部分洞窟保护修复施工	壁画及彩塑	甘肃	麦积山石窟艺术研究所	2015年9月25日	2017年9月25日
62	雅尔湖古城之雅尔湖千佛洞壁画保护修复工程	壁画及彩塑	新疆	吐鲁番地区文物局	2015年11月1日	2016年11月1日
63	敦煌研究院可移动文物预防性保护项目	可移动文物	甘肃	敦煌研究院	2015年12月1日	2016年12月31日
64	莫高窟第87窟壁画彩塑保护修缮工程	壁画及彩塑	甘肃	敦煌研究院	2016年3月1日	2016年10月31日

序号	项目名称	文物类型	省份	合作单位名称	开始日期	完成日期
65	莫高窟第130窟壁画彩塑保护修缮工程	壁画及彩塑	甘肃	敦煌研究院	2016年3月1日	2017年12月31日
66	敦煌市博物馆馆藏陶质彩绘文物保护修复项目	可移动文物	甘肃	敦煌市文物管理局	2016年3月20日	2017年12月31日
67	甘肃敦煌西云观壁画保护项目	壁画及彩塑	甘肃	敦煌市文物管理局	2016年3月20日	2017年12月31日
68	西夏陵8、9号陵保护工程	古文化遗址	宁夏	银川西夏陵区管理处	2016年4月1日	2017年7月31日
69	西夏陵5、7号陵及陪葬墓保护工程	古文化遗址	宁夏	银川西夏陵区管理处	2016年4月1日	2017年7月31日
70	河北正定隆兴寺摩尼殿壁画保护项目	壁画及彩塑	河北	河北省正定县文物保管所	2016年4月30日	2017年11月30日
71	甘肃临潭县红堡子抢险加固工程	古文化遗址	甘肃	临潭县文化体育广播影视局	2016年6月30日	2017年6月29日
72	甘肃酒泉肃州区三十里大墩烽火台临护工程	古文化遗址	甘肃	酒泉市肃州区文体广电和旅游局	2016年9月12日	2016年9月16日
73	新疆吐鲁番胜金口石窟寺壁画保护修复工程	壁画及彩塑	新疆	新疆吐鲁番市文物管理局	2016年9月15日	2017年9月14日
74	礼县大堡子山遗址及墓群本体保护工程	古文化遗址	甘肃	礼县文物局	2016年10月12日	2017年9月10日
75	广济寺大雄宝殿塑像壁画保护工程	壁画及彩塑	山西	五台县博物馆	2016年10月15日	2017年10月15日
76	大同市关帝庙大殿壁画保护修复服务	壁画及彩塑	山西	大同市壁画雕塑保护研究中心	2016年12月20日	2017年10月31日
77	额济纳旗居延遗址大同城遗址抢险加固维修工程	古文化遗址	内蒙古	额济纳旗文化新闻出版广电局	2017年3月15日	2019年3月14日
78	平凉市博物馆馆藏书画、壁画保护修复项目（二包）	壁画及彩塑	甘肃	平凉市博物馆	2017年3月15日	2017年10月30日
79	石家庄市毗卢寺博物院壁画保护修复工程	壁画及彩塑	河北	石家庄市毗卢寺博物院	2017年4月1日	2018年3月31日
80	汾阳太符观彩塑壁画修复工程	壁画及彩塑	山西	汾阳市文物旅游局	2017年4月1日	2018年10月31日
81	瓜州榆林窟第六窟塑像抢救性保护工程	壁画及彩塑	甘肃	敦煌研究院	2017年5月10日	2018年5月10日
82	嘉峪关丝路（长城）文化研究院果园—新城墓群六、七号墓日常监测项目	壁画及彩塑	甘肃	嘉峪关丝路（长城）文化研究院	2017年5月25日	2017年12月31日
83	酒泉市肃北县文化馆石包城遗址抢险加固工程采购项目	古文化遗址	甘肃	肃北蒙古族自治县文化馆	2017年6月5日	2018年6月4日
84	东千佛洞石窟壁画彩塑修复工程	壁画及彩塑	甘肃	瓜州县文物局	2017年7月1日	2018年11月30日
85	甘肃永靖炳灵寺石窟第16、90、133窟已揭取壁画保护修复项目	壁画及彩塑	甘肃	敦煌研究院	2017年8月1日	2017年12月31日
86	洮州卫城加固维修工程第一标段	古文化遗址	甘肃	临潭县文化体育广播影视局	2017年8月22日	2019年2月21日

序号	项目名称	文物类型	省份	合作单位名称	开始日期	完成日期
87	全国重点文物保护单位瞿昙寺壁画保护修复工程	壁画及彩塑	青海	海东市乐都区文化旅游体育局	2017年10月20日	2020年10月31日
88	敦煌莫高窟第465窟壁画保护修缮工程	壁画及彩塑	甘肃	敦煌研究院	2017年10月21日	2019年10月1日
89	草沟井城址城墙遗迹本体保护工程	古文化遗址	甘肃	肃南裕固族自治县文物管理局	2017年10月23日	2019年10月31日
90	新津观音寺文殊菩萨塑像抢救性保护修复项目	壁画及彩塑	四川	成都市新津区文化体育和旅游局	2018年1月10日	2018年7月31日
91	炳灵寺石窟第173窟壁画塑像保护修缮工程	壁画及彩塑	甘肃	敦煌研究院	2018年3月1日	2018年12月31日
92	莫高窟第8窟壁画保护修缮工程	壁画及彩塑	甘肃	敦煌研究院	2018年4月27日	2020年4月26日
93	莫高窟第84窟壁画保护修缮工程	壁画及彩塑	甘肃	敦煌研究院	2018年4月27日	2020年4月26日
94	莫高窟第88窟壁画彩塑保护修缮工程	壁画及彩塑	甘肃	敦煌研究院	2018年4月27日	2020年4月26日
95	莫高窟第245窟壁画彩塑保护修缮工程	壁画及彩塑	甘肃	敦煌研究院	2018年4月27日	2020年4月26日
96	莫高窟第254窟壁画彩塑保护修缮工程	壁画及彩塑	甘肃	敦煌研究院	2018年4月27日	2020年4月26日
97	阿尔寨石窟壁画修复服务采购项目	壁画及彩塑	内蒙古	鄂托克旗阿尔寨石窟研究院	2018年8月15日	2021年10月30日
98	罗布林卡达旦明久颇章等四个殿堂部分壁画抢修工程项目	壁画及彩塑	西藏	西藏自治区罗布林卡管理处	2018年8月15日	2021年10月30日
99	莫高窟第231窟壁画彩塑保护修复工程	壁画及彩塑	甘肃	敦煌研究院	2018年8月25日	2020年8月24日
100	莫高窟日常维护与保养（2019年度）	壁画及彩塑	甘肃	敦煌研究院	2019年1月1日	2019年12月31日
101	嘉峪关西长城、野麻湾长城重点段落保护范围环境恢复工程	古文化遗址	甘肃	嘉峪关丝路（长城）文化研究院	2019年3月1日	2019年5月29日
102	嘉峪关长城石关峡口墩、大红泉堡和双井子堡日常保养维护工程	古文化遗址	甘肃	嘉峪关丝路（长城）文化研究院	2019年3月1日	2019年8月31日
103	甘肃省酒泉市瓜州县破城子遗址东墙、北墙保护维修工程项目	古文化遗址	甘肃	瓜州县文物局	2019年3月15日	2019年9月30日
104	通渭县战国秦长城（李家川村段）保护修复工程	古文化遗址	甘肃	通渭县博物馆	2019年3月15日	2019年7月15日
105	炳灵寺石窟何灌题记保护与展示项目	石刻	甘肃	敦煌研究院	2019年3月20日	2019年12月31日
106	庆阳北石窟寺清代戏楼保护修缮工程	壁画及彩塑	甘肃	敦煌研究院	2019年4月1日	2019年9月30日
107	伯西哈石窟壁画保护修复工程	壁画及彩塑	新疆	新疆吐鲁番市文物管理局	2019年4月1日	2019年11月1日

序号	项目名称	文物类型	省份	合作单位名称	开始日期	完成日期
108	永乐宫龙虎殿东间东壁壁画试验性保护修复项目	壁画及彩塑	山西	山西省永乐宫壁画保护研究院	2019年6月20日	2019年8月31日
109	森木塞姆千佛洞玛扎伯哈石窟第1、8号窟壁画修缮项目	壁画及彩塑	新疆	新疆龟兹研究院	2019年7月1日	2019年11月1日
110	克孜尔千佛洞温巴什石窟第11号窟壁画修缮项目	壁画及彩塑	甘肃	新疆龟兹研究院	2019年7月1日	2019年11月1日
111	阳高县云林寺彩塑壁画保护修复工程	壁画及彩塑	山西	云冈石窟研究院	2019年7月20日	2020年11月1日
112	莫高窟12窟壁画彩塑保护修复项目	壁画及彩塑	甘肃	敦煌研究院	2019年8月1日	2021年10月31日
113	明长城甘州区人峻口烽火台保护修缮工程	古文化遗址	甘肃	张掖市文物保护研究所	2019年9月20日	2019年11月18日
114	榆林窟第2、29、39号窟壁画彩塑保护修复工程	壁画及彩塑	甘肃	敦煌研究院	2019年11月25日	2021年7月20日
115	莫高窟第3、4、5、28号佛塔保护修缮工程	古文化遗址	甘肃	敦煌研究院	2019年11月25日	2021年7月20日
116	莫高窟日常保养与维护（2020年度）	壁画及彩塑	甘肃	敦煌研究院	2020年3月1日	2020年12月30日
117	甘肃省酒泉市瓜州县桥湾城城址保护维修工程项目	古文化遗址	甘肃	瓜州县文物局	2020年3月15日	2021年7月27日
118	天梯山石窟第13窟大佛足部与局部危岩体抢救性保护项目	石窟寺	甘肃	武威市天梯山石窟保护研究所	2020年3月30日	2020年12月19日
119	长城瓜州段部分烽火台保护工程项目	古文化遗址	甘肃	瓜州县文物局	2020年5月1日	2020年8月28日
120	塔院寺金塔保护修缮工程	古文化遗址	甘肃	金塔县文物局	2020年5月9日	2020年6月7日
121	瓜州县文物局瓜州锁阳城遗址—外城东墙保护修缮工程（一期）项目	古文化遗址	甘肃	瓜州县文物局	2020年5月15日	2021年12月15日
122	灵石县资寿寺殿堂壁画及塑像保护修复工程	壁画及彩塑	山西	灵石县文化和旅游开发服务中心	2020年7月1日	2022年12月18日
123	榆林窟西崖崖体加固工程	石窟寺	甘肃	敦煌研究院	2020年10月30日	2023年3月1日
124	良渚遗址老虎岭、南部城墙考古剖面保护工程	古文化遗址	浙江	杭州良渚古城文旅集团有限公司	2020年12月15日	2022年12月15日
125	甘肃省博物馆馆藏魏晋五号壁画墓抢救性保护项目	古墓葬	甘肃	甘肃省博物馆	2020年12月22日	2021年12月21日
126	敦煌石窟日常保养维护工程项目（2021年2023年度）	壁画及彩塑	甘肃	敦煌研究院	2021年1月1日	2023年12月31日
127	天梯山石窟搬迁壁画彩塑保护修复项目	壁画及彩塑	甘肃	武威市天梯山石窟保护研究所	2021年1月13日	2021年10月30日
128	二道井子遗址保护修缮工程	古文化遗址	内蒙古	二道井子遗址博物馆	2021年4月1日	2023年3月31日
129	山西芮城永乐宫龙虎殿、重阳殿壁画保护修复工程	壁画及彩塑	山西	山西省永乐宫壁画保护研究院	2021年4月6日	2023年4月5日

序号	项目名称	文物类型	省份	合作单位名称	开始日期	完成日期
130	麦积山石窟第 80 窟塑像壁画保护项目	壁画及彩塑	甘肃	敦煌研究院	2021 年 4 月 25 日	2021 年 10 月 31 日
131	莫高窟佛塔保护修缮工程项目	古文化遗址	甘肃	敦煌研究院	2021 年 5 月 1 日	2022 年 10 月 31 日
132	炳灵寺石窟 128、132、134 等 12 个洞窟抢险保护修复项目	壁画及彩塑	甘肃	敦煌研究院	2021 年 5 月 15 日	2023 年 5 月 14 日
133	锁阳城遗址塔尔寺抢险加固工程	古文化遗址	甘肃	瓜州县博物馆	2021 年 6 月 1 日	2022 年 11 月 30 日
134	大地湾 F901 遗址环境监测评估及微生物病害防治公开招标采购项目	古文化遗址	甘肃	甘肃大地湾文物保护研究所	2021 年 8 月 3 日	2022 年 8 月 3 日
135	麦积山石窟鼯鼠污染清洗及趋避防护工程	石窟寺	甘肃	敦煌研究院	2021 年 9 月 15 日	2022 年 9 月 15 日
136	肃南县佘年寺护法堂壁画抢救性保护项目	壁画及彩塑	甘肃	肃南裕固族自治县文物管理局	2021 年 11 月 9 日	2022 年 11 月 9 日
137	莫高窟部分崖体抢险及窟檐保护修缮项目	石窟寺	甘肃	敦煌研究院	2022 年 3 月 1 日	2023 年 3 月 1 日
138	榆林窟下洞子壁画修复及保护性设施项目	壁画及彩塑	甘肃	敦煌研究院	2022 年 3 月 1 日	2023 年 10 月 30 日
139	北石窟寺第 294 窟壁画彩塑保护修缮工程	壁画及彩塑	甘肃	敦煌研究院	2022 年 5 月 25 日	2023 年 10 月 25 日
140	北石窟寺第 32 窟顶板保护修缮工程	石窟寺	甘肃	敦煌研究院	2022 年 5 月 25 日	2023 年 10 月 25 日
141	莫高窟第 27 窟壁画彩塑保护修复工程	壁画及彩塑	甘肃	敦煌研究院	2022 年 5 月 30 日	2023 年 10 月 31 日
142	莫高窟千像塔彩塑保护修复项目	壁画及彩塑	甘肃	敦煌研究院	2022 年 6 月 15 日	2023 年 12 月 31 日
143	西千佛洞第 3 窟、5 窟、6 窟、7 窟等七个洞窟壁画保护修复项目	壁画及彩塑	甘肃	敦煌研究院	2022 年 6 月 15 日	2023 年 10 月 31 日
144	甲扎尔甲山洞窟壁画迁移异地保护工程勘察设计 - 施工总承包（EPC）	壁画及彩塑	四川	四川大渡河双江口水电开发有限公司	2022 年 10 月 1 日	2023 年 7 月 31 日
145	敦煌研究院莫高窟第 196 窟壁画彩塑保护修复项目	壁画及彩塑	甘肃	敦煌研究院	2022 年 12 月 23 日	2024 年 12 月 16 日
146	敦煌研究院莫高窟第 55 窟壁画彩塑保护修复项目	壁画及彩塑	甘肃	敦煌研究院	2022 年 12 月 23 日	2024 年 12 月 16 日
147	太原市文物保护研究院多福寺塑像壁画保护修缮项目	壁画及彩塑	山西	太原市文物保护研究院	2023 年 3 月 1 日	2024 年 10 月 1 日
148	北石窟寺抢救性保护工程	石窟寺	甘肃	敦煌研究院	2023 年 3 月 15 日	2024 年 9 月 15 日
149	锁阳城遗址内城东墙保护修缮工程	古文化遗址	甘肃	瓜州县文物保护与开发利用中心	2023 年 4 月 21 日	2024 年 11 月 21 日
150	金华太平天国侍王府壁画保护工程（一期）施工项目	壁画及彩塑	浙江	金华市文物保护与考古研究所	2023 年 5 月 23 日	2024 年 12 月 31 日

序号	项目名称	文物类型	省份	合作单位名称	开始日期	完成日期
151	长城—卯来泉城堡瓮城及东墙保护修缮工程	古文化遗址	甘肃	肃南裕固族自治县文体广电和旅游局	2023年7月1日	2024年10月31日
152	乌素图召壁画保护修复工程	壁画及彩塑	内蒙古	呼和浩特市回民区文体旅游广电局	2023年7月20日	2025年7月18日
153	三星堆遗址保护展示和环境整治项目第二标段三星堆遗址东城墙保护和环境整治工程	古文化遗址	四川	德阳市广汉三星堆遗址管理委员会	2023年9月28日	2025年12月25日
154	西夏陵遗址日常保养维护	古文化遗址	宁夏	银川西夏陵区管理处	2024年1月1日	2026年12月31日
155	莫高窟上、中、下寺保护利用工程—本体修缮工程	古文化遗址	甘肃	敦煌研究院	2024年3月1日	2024年12月31日
156	麦积山石窟第4窟1龛和第32窟塑像壁画保养维护项目	壁画及彩塑	甘肃	敦煌研究院	2024年3月1日	2024年12月31日
157	敦煌研究院院属石窟日常维护修缮项目（2024～2026年度）	壁画及彩塑	甘肃	敦煌研究院	2024年3月18日	2026年12月31日
158	紫金庵罗汉塑像彩绘泥塑保护项目	壁画及彩塑	江苏	苏州市吴中区文化体育和旅游局	2024年4月1日	2025年9月12日
159	黑水国遗址南城遗址东北角楼保护修缮工程	古文化遗址	甘肃	甘州区文体广电和旅游局	2024年4月1日	2025年4月30日
160	莫高窟第12、16、17、21号土塔壁画彩塑保护工程	壁画及彩塑	甘肃	敦煌研究院	2024年4月10日	2024年12月31日
161	破城子遗址南墙、西墙保护维修工程（二期）	古文化遗址	甘肃	瓜州县文物保护与开发利用中心	2024年4月20日	2025年11月20日
162	中国文化遗产研究院永佑寺舍利塔保护修复项目	壁画及彩塑	河北	中国文化遗产研究院	2024年4月22日	2025年10月31日
163	炳灵寺石窟灾后危岩体加固工程	石窟寺	甘肃	敦煌研究院	2024年5月1日	2025年12月31日
164	交河故城保护修缮（第五期）工程	古文化遗址	新疆	吐鲁番市文物局	2024年5月25日	2025年5月31日
165	榆林窟第16窟、33窟、34窟、35窟壁画彩塑保护修复工程	壁画及彩塑	甘肃	敦煌研究院	2024年7月5日	2026年11月1日
166	鲁土司衙门旧址妙因寺万岁殿壁画保护修复工程	壁画及彩塑	甘肃	甘肃省永登县鲁土司衙门博物馆	2024年7月18日	2025年11月14日
167	莫高窟洞窟保护利用展示工程	壁画及彩塑	甘肃	敦煌研究院	2024年7月31日	2026年7月31日
168	战国秦长城通渭段植物处置及防护体系构建工程	古文化遗址	甘肃	通渭县城投项目咨询管理有限责任公司	2024年9月1日	2025年11月28日
169	莫高窟第454窟壁画保护修复项目	壁画及彩塑	甘肃	敦煌研究院	2024年10月15日	2027年4月13日
170	武当山建筑群南岩宫两仪殿和复真观大殿壁画保护修复项目	壁画及彩塑	湖北	武当山世界文化遗产管理中心	2024年11月1日	2025年11月30日
171	麦积山石窟第28、29、51窟塑像壁画保护修复工程	壁画及彩塑	甘肃	敦煌研究院	2024年11月20日	2026年11月19日
172	麦积山石窟第30窟塑像壁画保护修复工程	壁画及彩塑	甘肃	敦煌研究院	2024年11月20日	2026年11月19日

2.4

国际合作

　　敦煌研究院长期与美国、日本、澳大利亚、英国等国家的有关保护研究机构和高校在文化遗产科技保护研究领域保持着长期而稳定的合作关系。其中与美国盖蒂保护研究所、日本东京文化财研究所的合作持续 30 余年，堪称国际合作的典范。通过国际合作，敦煌研究院获得了国际先进的文化遗产保护理念、保护技术和管理经验，培养了一支多学科文物保护专业团队，整体提升了石窟壁画、土遗址保护和文物数字化等方面的科技水平。发展至今，我们的文物保护技术不仅服务于全国 20 个省市的 200 余个项目，还走出国门，为吉尔吉斯斯坦、缅甸等"一带一路"沿线国家的文化遗产保护提供技术支撑和中国方案。

与日本东京文化财研究所合作

　　1990 年 12 月，敦煌研究院与日本东京国立文化财研究所正式签订《中日合作保护敦煌莫高窟第 194、53 窟协议书、合作计划、实施细则》，此后分别

图 2.4.1　1988 年 3 月，滨田隆率日本文化厅考察团对莫高窟进行考察，与敦煌研究院达成中日合作科学保护莫高窟协议

图 2.4.2　1999 年 7 月，中日双方工作人员在莫高窟第 53 窟进行保护修复材料试验

图 2.4.3　2002 年，敦煌研究院与日本东京文化财研究所签订第四期合作协议

图 2.4.4　2006 年，敦煌研究院与日本东京文化财研究所签订第五期合作协议

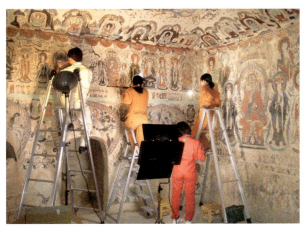

图 2.4.5　2008 年，中日工作人员在莫高窟第 285 窟开展现状调查

于 1996、1999、2002、2006 年签订了第二、三、四、五期合作项目。主要进行了洞窟小环境监测、病害调查、病害形成机理研究、修复材料筛选、第 53 窟壁画修复、《敦煌莫高窟壁画修复档案管理系统》研制开发和数据库制作、壁画颜料光学调查、《中日英壁画修复用语集》编撰等工作。

与美国盖蒂保护研究所合作

自 1988 年以来，敦煌研究院与美国盖蒂保护研究所持续合作开展文物保护研究，从莫高窟的环境监测、壁画和彩塑颜色监测、风沙治理、石窟崖壁裂隙位移观测、薄顶洞窟加固、莫高窟第 85 窟壁画保护、《敦煌莫高窟保护总体规划》编制、游客承载量研究、莫高窟遗产地管理和人才培养、《甘肃省石窟寺保护管理导则》编制、Arches遗产地管理系统开发等方面开展多层次、多方位的深度合作。其中"敦煌莫高窟第85窟保护修复研究"项目，经过7年探索实践，摸索出一套完整、科学、规范的文物保护理念和方法。

图 2.4.6　1989 年，敦煌研究院和美国盖蒂保护研究所专家在莫高窟窟顶安装全自动气象站

图 2.4.7　1998 年 9 月，中外专家在莫高窟第85 窟讨论保护工作方案

图 2.4.8　2002 年，美国盖蒂保护研究所专家内维尔·阿根纽、玛莎等在实验室进行第 85 窟空鼓灌浆材料试验

图 2.4.9　2014 年，在莫高窟第 85 窟进行监测点讨论

图 2.4.10　敦煌研究院与美国盖蒂保护研究所"莫高窟第85 窟壁画合作保护项目"团队合影

图 2.4.11 2023 年，敦煌研究院工作团队赴澳大利亚悉尼，在美国盖蒂保护研究所 Arches 7.0 发布会上发表成果演讲

图 2.4.12 2017 年，《中国文物古迹保护准则》培训班在麦积山举办

图 2.4.13 2023 年，《甘肃省石窟寺保护管理导则》研讨会在敦煌召开

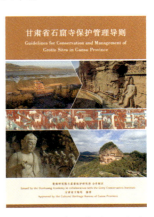

图 2.4.14 《甘肃省石窟寺保护管理导则》

与澳大利亚遗产委员会合作

从 1996 年开始，敦煌研究院与中国ICOMOS、美国盖蒂保护研究所和澳大利亚遗产委员会合作制订《中国文物古迹保护准则》，其中将莫高窟第 85 窟的保护修复作为实施准则的一个范例，2015 年对该准则进行了修订。

图 2.4.15　1998 年，中国文物古迹保护准则研讨会在承德召开

与美国安德鲁W·梅隆基金会、西北大学合作

从 1999 年开始，在美国梅隆基金会支持下，敦煌研究院和美国芝加哥西北大学合作完成了莫高窟（包括榆林窟第 25 窟）22 个洞窟壁画的数字图像采集。

图 2.4.16　1999 年，敦煌研究院与美国安德鲁W·梅隆基金会签订合作协议

与英国伦敦大学考陶尔德艺术学院合作

敦煌研究院与美国盖蒂保护研究所、英国考陶尔德艺术学院和美国敦煌基金会合作培养壁画保护专业人才，2004～2017 年，联合举办 5 期壁画保护硕士研究生班，共培养了 58 名文物保护专业技术骨干。

图 2.4.17　2005 年，第一届壁画保护硕士研究生班洞窟内现场教学

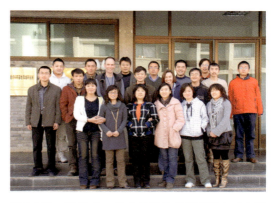

图 2.4.18　2009 年，第二届壁画保护研究生班合影

2024 年，敦煌研究院与考陶尔德学院签署合作备忘录，共同开展跨学科深度研究，在开办壁画保护培训班的基础上，将合作领域拓展到敦煌学、文物监测技术、数字化保护等研究领域。

图 2.4.19　2024 年 5 月，敦煌研究院院长苏伯民、英国考陶尔德艺术学院保护部主任 Austin Nevin 代表双方签订合作备忘录

与日本大阪大学合作

1999～2013 年，敦煌研究院与大阪大学开展合作，主要对莫高窟周边地质环境及水环境进行监测，研究莫高窟水环境特征及水盐运移对壁画造成危害的规律，为探索莫高窟壁画盐害的产生机理和保护修复提供了科学依据。

图 2.4.20　中日双方工作人员在莫高窟窟顶做崖顶物理勘查实验

与英国牛津大学合作

2016 年至今，敦煌研究院与英国牛津大学先后合作开展了锁阳城土遗址保护和北石窟寺风化石雕保护研究项目，并利用牛津大学在碳十四年代测定方面的世界领先技术优势，对莫高窟建造年代有争议的洞窟进行测年研究。

图 2.4.21　牛津大学教授威尔斯女士荣获"2022 年度甘肃省外国专家'敦煌奖'"

图 2.4.22　2017 年 1 月，敦煌研究院研究人员赴英国牛津大学交流

图 2.4.23　2019 年，敦煌研究院人员赴英国牛津大学参加中英合作保护文化遗产论坛

2.5
保护研究专著

表 2.5.1　保护研究专著一览表

序号	专著名称	作者	出版社	出版年份
1	敦煌研究文集·石窟保护篇（上、下）	敦煌研究院编	兰州：甘肃民族出版社	1993
2	丝绸之路石窟壁画彩塑保护研究	李最雄编著	北京：科学出版社	2005
3	敦煌石窟保护与建筑	孙儒僩著	兰州：甘肃人民出版社	2007
4	西藏布达拉宫壁画保护修复工程报告	李最雄、汪万福、王旭东、陈锦、强巴格桑等著	北京：文物出版社	2008
5	交河故城保护加固技术研究	李最雄、王旭东、孙满利编著	北京：科学出版社	2008
6	中国大同雕塑全集·云冈石窟	吴健摄影	北京：中华书局	2010
7	敦煌石窟	吴健摄影	北京：中国旅游出版社	2012
8	萨迦寺壁画保护修复工程报告	段修业、王旭东、李最雄、傅鹏、格桑编著	北京：文物出版社	2013
9	中国古代壁画保护规范研究	王旭东、苏伯民、陈港泉、汪万福编著	北京：科学出版社	2013
10	土遗址保护关键技术研究	王旭东、李最雄、谌文武、张虎元、郭青林、孙满利、王思敬、张秉坚著	北京：科学出版社	2013
11	岩土质文物保护名词术语	王旭东主编，谌文武、韩文峰副主编	北京：科学出版社	2014
12	土遗址锚固机理初探	张景科、郭青林、李最雄、谌文武著	兰州：兰州大学出版社	2014
13	西北地区土遗址周边植物图册	汪万福、潘建斌、冯虎元主编	北京：科学出版社	2015
14	潮湿环境下考古现场土遗址保护探索性研究	王旭东、郭青林、谌文武、张虎元、孙满利、张明泉、王思敬、周双林、张秉坚著	北京：科学出版社	2015
15	中国古代石灰类材料研究	李黎、赵林毅著	北京：文物出版社	2015
16	西藏罗布林卡壁画保护修复工程报告	李最雄、汪万福、杨韬、马赞峰、陈锦、马宜刚编著	北京：文物出版社	2015

序号	专著名称	作者	出版社	出版年份
17	敦煌莫高窟壁画病害水盐来源研究	郭青林、王旭东、杨善龙、李最雄著	北京：科学出版社	2016
18	岩土类遗址保护工程档案编写初探	裴强强、郭青林、杨善龙、赵林毅编著	北京：科学出版社	2016
19	丝绸之路重要古迹遗址赋存环境图集	王旭东主编，郭进京、谌文武副主编	北京：中国地图出版社	2016
20	长安街与中国建筑的现代化	于水山著，程博、于水山译	北京：生活·读书·新知三联书店	2016
21	北齐徐显秀墓壁画保护修复研究	汪万福、武光文、赵林毅、裴强强、武发思、郑秀清、刘涛、李铁著	北京：文物出版社	2016
22	*Environmental Atlas for Important Monuments and Sites along the Silk Road*	王旭东主编，郭进京、谌文武副主编	北京：科学出版社	2017
23	敦煌莫高窟风沙危害及防治	汪万福著	北京：科学出版社	2018
24	馆藏壁画保护修复技术培训理论与实践研究	王旭东、汪万福、俄军主编，赵林毅、裴强强副主编	兰州：甘肃民族出版社	2018
25	光化学与热加速老化	罗伯特·L.费勒（Robert L.Feller）著，陈海玲译	北京：科学出版社	2019
26	干旱环境下古代壁画保护成套技术集成与应用示范研究	陈港泉、李燕飞、樊再轩、李茸、周启友、靳治良、董亚波、朱万煜、冯伟著	北京：科学出版社	2019
27	莫高窟和月牙泉景区水环境	张明泉、曾正中、王旭东、郭青林著	兰州：兰州大学出版社	2021
28	*Conservation and Painting Techniques of Wall Paintings on the Ancient Silk Road*	Shigeo Aoki，Yoko Taniguchi，Stephen Rickerby，Michiyo Mori，Takayasu Kijima，Su Bomin，Fumiyoshi Kirino	Singapore: Springer Nature Singapore Pte Ltd.	2021
29	干旱环境下土遗址保护成套技术集成与效果评价研究	郭青林、裴强强、谌文武、孙满利、张景科、王彦武、赵林毅、杨善龙编著	北京：科学出版社	2021
30	甘肃长城印象	王旭东主编，郭青林、仇健、裴强强、张顺、闫永强副主编	兰州：兰州大学出版社	2022
31	古格遗址壁画保护项目竣工报告	傅鹏、唐伟、黄伟、乔兆广、郝尚飞著	北京：文物出版社	2022
32	敦煌莫高窟保存环境	张明泉、王旭东、郭青林编著	兰州：兰州大学出版社	2023
33	颜色科学和视觉艺术——文物修复师、策展人和好奇者指南	罗伊·S.伯恩斯（Roy S.Berns）著，张文元译	北京：科学出版社	2023

2.6

研究课题

表 2.6.1　科研课题一览表

序号	课题名称	课题编号	课题类别	课题来源	课题负责人	课题起止时间
1	古代珍贵壁画数字化保护与临摹技术研究	2003AA119020	国家高技术研究发展计划（863）	科技部	潘云鹤 樊锦诗	2003～2005 年
2	大遗址保护关键技术研究与开发项目 课题：土遗址保护关键技术研究	2006BAK30B02	国家科技支撑计划课题	科技部	王旭东	2006 年 12 月～2008 年 12 月
3	大遗址保护关键技术研究与开发项目 课题：古代壁画脱盐关键技术研究	2006BAK30B03	国家科技支撑计划课题	科技部	陈港泉	2006 年 12 月～2008 年 12 月
4	大遗址保护关键技术研究与开发项目 课题：文物出土现场保护移动实验室研发	2006BAK30B04	国家科技支撑计划课题	科技部	苏伯民	2006 年 12 月～2008 年 12 月
5	中华文明探源及相关文物保护技术研究项目 课题：文物移动实验室在考古发掘现场应用支撑研究	2006BAK30B09	国家科技支撑计划课题	科技部	苏伯民	2010 年 6 月～2012 年 6 月
6	中华文明探源及相关文物保护技术研究项目 课题：潮湿环境下考古现场史前土遗址保护关键技术研究	2010BAK67B16	国家科技支撑计划课题	科技部	王旭东	2010 年 6 月～2012 年 6 月
7	文化遗产数字化公共服务平台与产业化应用示范项目 课题：文化遗产动态表现与影视系统技术研究	2012BAH03F03	国家科技支撑计划 973 课题	科技部	罗华庆	2012 年 1 月～2014 年 12 月
8	脆弱性硅酸盐质文化遗产保护关键科学与技术基础研究项目 课题：保护材料与工艺的系统评价方法及其应用示范	2012CB720905	国家科技支撑计划 973 课题	科技部	吴永琪	2012 年 1 月～2016 年 8 月

续表

序号	课题名称	课题编号	课题类别	课题来源	课题负责人	课题起止时间
9	脆弱性硅酸盐质文化遗产保护关键科学与技术基础研究项目 课题：高精度原位、无损表征体系的构建	2012CB720906	国家科技支撑计划973课题	科技部	樊锦诗	2012年1月～2016年8月
10	丝绸之路（中国段）文化遗产资源地理信息系统及文化旅游服务集成技术研发与示范项目 课题：丝绸之路（中国段）文化遗产价值发掘与文化旅游信息资源标准规范研究	2012BAH43F01	国家科技支撑计划973课题	科技部	谈星东	2012年12月～2015年9月
11	丝绸之路（中国段）文化遗产资源地理信息系统及文化旅游服务集成技术研发与示范项目 课题：面向文化旅游的丝绸之路（中国段）文化遗产数字化及关键技术集成研究	2012BAH43F02	国家科技支撑计划973课题	科技部	吴健	2012年11月～2015年12月
12	丝绸之路（中国段）文化遗产资源地理信息系统及文化旅游服务集成技术研发与示范项目 课题：基于丝绸之路（中国段）主要文化遗产资源的文化旅游服务系统应用示范	2012BAH43F06	国家科技支撑计划973课题	科技部	孙志军	2012年11月～2015年12月
13	世界文化遗产地风险预控关键技术研究与示范项目 课题：敦煌莫高窟风险监测与评估关键技术研究	2013BAK01B01	国家科技支撑计划课题	科技部	王旭东	2013年1月～2015年12月
14	世界文化遗产地风险预控关键技术研究与示范项目 课题：敦煌莫高窟微环境控制关键技术研发	2013BAK01B04	国家科技支撑计划课题	科技部	苏伯民	2013年1月～2015年12月
15	世界文化遗产地风险预控关键技术研究与示范项目 课题：世界文化遗产地风险管理和决策支持系统研究与集成示范	2013BAK01B05	国家科技支撑计划课题	科技部	王明明	2013年1月～2015年12月
16	中华文明探源及相关文物保护技术研究项目 课题：考古发掘现场遗存鉴别与保护关键技术研究	2013BAK08B08	国家科技支撑计划课题	科技部	李青会	2013年1月～2015年12月
17	中华文明探源及相关文物保护技术研究项目 课题:潮湿环境土遗址考古现场预防性保护关键技术研究	2013BAK08B011	国家科技支撑计划课题	科技部	谌文武	2013年1月～2015年12月

续表

序号	课题名称	课题编号	课题类别	课题来源	课题负责人	课题起止时间
18	干旱环境下古代壁画和土遗址保护成套技术集成与应用示范项目 课题：干旱环境下古代壁画保护成套技术集成与应用示范	2014BAK16B01	国家科技支撑计划课题	科技部	陈港泉	2014 年 1 月～ 2016 年 12 月
19	干旱环境下古代壁画和土遗址保护成套技术集成与应用示范项目 课题：干旱环境下土遗址保护成套技术集成与应用示范	2014BAK16B02	国家科技支撑计划课题	科技部	郭青林	2014 年 1 月～ 2016 年 12 月
20	文物数字化保护标准体系及关键标准研究与示范项目 课题：文物数字化保护元数据标准研究	2014BAK07B02	国家科技支撑计划课题	科技部	夏生平	2014 年 1 月～ 2016 年 12 月
21	文物出土现场应急保护技术体系研究项目 课题：文物健康评估方法体系构建	2019YFC1520103	国家重点研发计划课题	科技部	于宗仁	2020 年 1 月～ 2022 年 12 月
22	石窟寺岩体稳定性预测及加固技术研究项目 课题：平顶窟顶板岩岩体加固技术研发	2019YFC1520604	国家重点研发计划课题	科技部	裴强强	2020 年 1 月～ 2022 年 12 月
23	重大自然灾害监测预警与防范重点专项文化遗产保护利用专题 – 墓葬壁画原位保护关键技术研究项目	2019YFC1520700	国家重点研发计划项目	科技部	苏伯民	2020 年 1 月～ 2022 年 12 月
24	墓葬壁画原位保护关键技术研究项目 课题：墓葬壁画制作材料和工艺特征及典型病害机理研究	2019YFC1520701	国家重点研发计划课题	科技部	苏伯民	2020 年 1 月～ 2022 年 12 月
25	墓葬壁画原位保护关键技术研究项目 课题：墓葬壁画原位保护关键技术应用示范	2019YFC1520705	国家重点研发计划课题	科技部	赵林毅	2020 年 1 月～ 2022 年 12 月
26	不可移动文物本体劣化风险监测分析技术和装备研发项目 课题：石窟寺本体劣化风险因素监测技术研究及装置研发	2019YFC1520903	国家重点研发计划课题	科技部	陈港泉	2020 年 1 月～ 2022 年 12 月
27	丝路文物数字复原关键技术研发项目	2020YFC1523000	国家重点研发计划项目	科技部	吴健	2020 年 10 月～ 2023 年 9 月

续表

序号	课题名称	课题编号	课题类别	课题来源	课题负责人	课题起止时间
28	丝路文物数字复原关键技术研发项目 课题：丝路相关文物数字复原关键技术集成研究与示范应用	2020YFC1523005	国家重点研发计划课题	科技部	吴健	2020年10月～2023年9月
29	数字文化遗产安全保护与利用关键技术研究和示范项目 课题：数字文化遗产安全保护与利用关键技术集成应用示范	2020YFC1522705	国家重点研发计划课题	科技部	俞天秀	2020年10月～2023年9月
30	多场耦合下土遗址劣化过程及保护技术研究项目	2020YFC1522200	国家重点研发计划项目	科技部	郭青林	2020年10月～2023年9月
31	多场耦合下土遗址劣化过程及保护技术研究项目 课题：多场耦合下土遗址风化机理与防控技术研究	2020YFC1522202	国家重点研发计划课题	科技部	郭青林	2020年10月～2023年9月
32	多场耦合下土遗址劣化过程及保护技术研究项目 课题：静动荷载作用下土遗址结构失稳机制与控制技术研究	2020YFC1522203	国家重点研发计划课题	科技部	杨善龙	2020年10月～2023年9月
33	文化科技与现代服务业专项土遗址冻融破坏机理与监测技术研究项目	2023YFF0905900	国家重点研发计划项目	科技部	裴强强	2023年11月～2026年10月
34	土遗址冻融破坏机理与监测技术研究项目 课题：典型冻融环境下土遗址水－盐－热－力耦合演化机制	2023YFF0905902	国家重点研发计划课题	科技部	裴强强	2023年11月～2026年10月
35	土遗址冻融破坏机理与监测技术研究项目 课题：土遗址冻融劣化宏－微观表征方法与关系研究	2023YFF0905903	国家重点研发计划课题	科技部	王彦武	2023年11月～2026年10月
36	莫高窟水－盐运移的环境动力过程及对壁画影响研究	40940005	国家自然科学项目	国家自然科学基金	汪万福	2008年
37	昆虫对敦煌莫高窟壁画损害机理与防治研究	31070344	国家自然科学项目	国家自然科学基金	汪万福	2011年1月～2013年12月
38	莫高窟壁画地仗层盐的迁徙及壁画盐害损坏机制研究	21177021	国家自然科学项目	国家自然科学基金	苏伯民	2012年1月～2013年12月
39	敦煌莫高窟微生物时空分布特征及对壁画腐蚀机理研究	31260136	国家自然科学项目	国家自然科学基金	汪万福	2013年1月～2016年12月
40	基于图像分析的古代壁画病害演变监测技术的研究	61272266	国家自然科学项目	国家自然科学基金	孙济洲	2013年1月～2016年12月

续表

序号	课题名称	课题编号	课题类别	课题来源	课题负责人	课题起止时间
41	敦煌莫高窟洞窟内水分来源及其驱动机理研究	41363009	国家自然科学项目	国家自然科学基金	李红寿	2014 年 1 月～2017 年 12 月
42	微生物介导的敦煌莫高窟壁画色变机理研究	31440031	国家自然科学项目	国家自然科学基金	汪万福	2015 年 1 月～2015 年 12 月
43	丝绸之路甘肃段石窟壁画色变的微生物学机制研究	31560160	国家自然科学项目	国家自然科学基金	汪万福	2016 年 1 月～2019 年 12 月
44	壁画保护高分子材料的抗菌性及其环境适应性研究	31500430	国家自然科学项目	国家自然科学基金	武发思	2016 年 1 月～2018 年 12 月
45	基于大尺度仿真模拟试验的夯土遗址 Na_2SO_4-NaCl 盐风化机理研究	41807236	国家自然科学项目	国家自然科学基金	杨善龙	2019 年 1 月～2021 年 12 月
46	极干旱区地气活动规律与形成机理研究	41967029	国家自然科学项目	国家自然科学基金	李红寿	2020 年 1 月～2023 年 12 月
47	敦煌莫高窟古代壁画烟熏病害的分析研究	51962001	国家自然科学项目	国家自然科学基金	李娜	2020 年 1 月～2023 年 12 月
48	植物对甘肃长城遗址的影响及防护研究	32060277	国家自然科学项目	国家自然科学基金	汪万福	2021 年 1 月～2024 年 12 月
49	石窟寺壁画突发性微生物病害成因机制及防治对策研究	32060258	国家自然科学项目	国家自然科学基金	武发思	2021 年 1 月～2024 年 12 月
50	降雨过程中敦煌石窟围岩水汽运移机制研究	42102330	国家自然科学项目	国家自然科学基金	王彦武	2022 年 1 月～2024 年 12 月
51	敦煌石窟壁画颜料变色机理及色彩复原研究	U21A20282	国家自然科学项目	国家自然科学基金	苏伯民	2022 年 1 月～2025 年 12 月
52	基于激光诱导击穿光谱的敦煌壁画可溶盐原位检测方法研究	12204103	国家自然科学项目	国家自然科学基金	殷耀鹏	2023 年 1 月～2025 年 12 月
53	生物结皮对土长城表面风化病害作用机理研究	32260292	国家自然科学项目	国家自然科学基金	杨小菊	2023 年 1 月～2026 年 12 月
54	土遗址剥离病害的热力学机制研究	42267023	国家自然科学项目	国家自然科学基金	刘洪丽	2023 年 1 月～2026 年 12 月
55	地气活动对敦煌莫高窟壁画的影响	42277094	国家自然科学项目	国家自然科学基金	李红寿	2023 年 1 月～2026 年 12 月
56	麦积山石窟地震灾害风险评价与防治研究	U22A20599	国家自然科学项目	国家自然科学基金	裴强强	2023 年 1 月～2026 年 12 月
57	魏晋墓砖壁画保护研究和鲁土司衙门妙因寺壁画保护研究	GSC-7542-CN	世界银行贷款项目	世界银行	王旭东	2010 年
58	敦煌莫高窟壁画数字化及其专题资源库建设		2015 年中央文化产业发展专项资金项目	财政部	王旭东	2015 年
59	基于互联网的丝绸之路知识库建设与应用（一期）		文化名家暨"四个一批"人才工程项目	中宣部	王旭东	2018 年 1 月～2020 年 12 月

续表

序号	课题名称	课题编号	课题类别	课题来源	课题负责人	课题起止时间
60	莫高窟壁画、塑像中有机材料分析研究		文化名家暨"四个一批"人才自主选题项目	中宣部	苏伯民	2020年4月～2024年3月
61	数字敦煌资源库平台建议深度研发展示与商务运营		2016年中央文化产业发展专项资金项目	文化部	吴健	2016年5月～2018年2月
62	文化遗产数字化成果展示与研发		2017年中央财政文化产业发展专项资金	文旅部	吴健	2017年5月～2019年12月
63	古代壁画突发性微生物病害综合防控技术集成与应用示范		国家高层次人才特殊支持计划——青年拔尖人才项目	中宣部	武发思	2024年1月～2026年12月
64	潮湿环境下古代土建筑遗址研究		文物保护科学技术研究课题	国家文物局	王旭东	2002年6月～2007年6月
65	古代壁画保护规范研究	20040303	文化遗产保护领域科学和技术研究课题	国家文物局	王旭东	2005年1月～2007年6月
66	大遗址保护关键技术研究与开发项目	2006BAK30B00	文化遗产保护领域科学和技术研究课题	国家文物局		2006年12月～2008年12月
67	昆虫对壁画损害机理与防治研究	20070209	文物保护科学技术研究课题	国家文物局	汪万福	2007年
68	多光谱无损分析技术在敦煌壁画中的应用研究	20060207	文物保护科学技术研究课题	国家文物局	范宇权	2007年1月～2009年12月
69	正硅酸乙酯为主剂的潮湿环境下壁画修复材料研究		文化遗产保护领域科学和技术研究课题	国家文物局	苏伯民	2008年11月～2010年10月
70	敦煌莫高窟水盐运移监测及来源研究		文化遗产保护领域科学和技术研究课题	国家文物局	郭青林	2008年
71	中国世界文化遗产地管理研究——以敦煌莫高窟为例		文化遗产保护领域科学和技术研究课题	国家文物局	樊锦诗	2008年
72	大足石刻千手千眼观音保护中修复材料的筛选以及现场修复工艺试验研究		文化遗产保护领域科学和技术研究课题	国家文物局	苏伯民	2008年
73	文化遗产保护领域科技发展总体战略研究	20090204	文化遗产保护领域科学和技术研究课题	国家文物局	樊锦诗	2009年10月～2010年6月
74	不可移动文物保护领域的科技问题研究	20090206	文化遗产保护领域科学和技术研究课题	国家文物局	王旭东	2009年10月～2010年3月

续表

序号	课题名称	课题编号	课题类别	课题来源	课题负责人	课题起止时间
75	文物出土现场保护移动实验室推广应用示范	20100210	文化遗产保护领域科学和技术研究课题	国家文物局	苏伯民	2009 年 9 月～2010 年 11 月
76	世界文化遗产保护的科技问题研究	20090208	文化遗产保护领域科学和技术研究课题	国家文物局	苏伯民	2009 年 10 月～2010 年 3 月
77	敦煌壁画数字图像智能拼接系统	20090122	文化遗产保护领域科学和技术研究课题	国家文物局	吴健	2009 年 10 月～2011 年 10 月
78	莫高窟壁画疱疹病害分布规律及其机理研究	20110207	文化遗产保护领域科学和技术研究课题	国家文物局	陈港泉	2011 年 7 月～2014 年 6 月
79	文物出土现场保护移动实验室技术培训和应用示范	20100210	文化遗产保护领域科学和技术研究课题	国家文物局	苏伯民	2011 年 6 月～2012 年 12 月
80	莫高窟环境控制分隔系统应用研究与示范	20110308	文化遗产保护领域科学和技术研究课题	国家文物局	王旭东	2011～2013 年
81	西北地区土遗址的植物本底调查及其保护对策研究	20110208	文化遗产保护领域科学和技术研究课题	国家文物局	汪万福	2011 年 6 月～2013 年 6 月
82	基于物联网的洞窟微环境智能分隔控制系统应用研究与示范	20110308	指南针计划专项项目	国家文物局	王旭东	2011 年 6 月～2011 年 12 月
83	物联网在敦煌莫高窟保护和开放利用中的应用研究与示范	20100314	指南针计划专项项目	国家文物局	苏伯民	2011 年 1 月～2011 年 12 月
84	传统无机建筑材料的改性及其保护加固岩土质文物的应用研究	20120207	文化遗产保护领域科学和技术研究课题	国家文物局	王旭东	2012 年 6 月～2014 年 6 月
85	动态信息系统和监测预警系统试点项目课题：世界文化遗产——石窟寺类监测方法研究		文化遗产保护领域科学和技术研究课题	国家文物局	苏伯民	2012 年 3 月～2012 年 6 月
86	敦煌莫高窟壁画颜料色彩体系及基本色谱的建立研究	2013-YB-HT-034	文化遗产保护领域科学和技术研究课题	国家文物局	孙志军	2013 年 12 月～2015 年 12 月
87	基于传统材料与工艺科学认知的土遗址保护工程技术研究	20140225	文化遗产保护领域科学和技术研究课题	国家文物局	郭青林	2014 年 9 月～2019 年 8 月
88	原位无损分析技术在古代壁画中的应用	20140224	文物保护科技优秀青年研究计划	国家文物局	于宗仁	2014 年 9 月～2018 年 8 月
89	向自然学习：中国西北地区土遗址保护新方法研究（一期）			国家文物局	王旭东	2016～2019 年

续表

序号	课题名称	课题编号	课题类别	课题来源	课题负责人	课题起止时间
90	基于教育的敦煌石窟艺术价值挖掘和应用示范		文化遗产保护领域科学和技术研究课题	国家文物局	吴健	2017 年 7 月～2019 年 7 月
91	中印石窟、壁画和石刻保护研究	HSB19D-047-021	政府采购合同（技术服务合同）	国家文物局	罗华庆	2019 年 11 月～2020 年 12 月
92	向自然学习：中国西北地区土遗址保护新方法研究（二期）		国际合作项目	国家文物局	王旭东	2020 年 3 月～2022 年 12 月
93	基于 Arches 平台的石窟寺群文化遗产管理与风险监测系统研发及应用示范	2020ZCK108	重点科研基地自筹经费项目	国家文物局	王小伟	2021 年 2 月～2023 年 1 月
94	"十五五"文物领域科技发展战略研究		国家文物局委托项目	国家文物局	苏伯民	2024 年 3 月～2025 年 3 月
95	甘肃石窟寺壁画制作材料和工艺比较研究		中央引导地方专项资金	中央引导地方	于宗仁	2021 年 8 月～2022 年 7 月
96	甘肃河西地区典型土遗址地震破坏机理与抗震安全性研究	2007GS03286	甘肃省科技支撑计划	甘肃省科学技术厅	王旭东	2007 年 7 月～2009 年 12 月
97	敦煌莫高窟壁画病害水盐来源及防治对策研究	1011FKCF107	甘肃省科技支撑计划	甘肃省科学技术厅	郭青林	2010 年 9 月～2012 年 12 月
98	多场耦合下敦煌莫高窟壁画盐害机理研究	1104F00F179	甘肃省科技重大专项计划项目	甘肃省科学技术厅	于宗仁	2011 年 8 月～2013 年 12 月
99	多场耦合下敦煌石窟围岩风化与壁画盐害机理试验装置研发	1102FKDF014	甘肃省科技重大专项计划项目	甘肃省科学技术厅	王旭东	2011 年 10 月～2013 年 12 月
100	数字媒体技术在文化创意产业中的应用与示范——莫高窟交互式视觉产品研发	1204FKCF116	甘肃省科技计划项目	甘肃省科学技术厅	孙志军	2012 年 11 月～2015 年 12 月
101	基于仰韶水泥的岩土质文物保护加固材料研究	2060202	甘肃省科技计划项目	甘肃省科学技术厅	王旭东	2014 年 7 月～2016 年 6 月
102	我国西北干旱区土遗址盐害防治研究	1506RJYF134	甘肃省科技计划项目	甘肃省科学技术厅	杨善龙	2015 年 7 月～2017 年 6 月
103	甘肃古代壁画有害生物防治药剂的研发与示范	1604WKCA003	甘肃省国际科技合作专项	甘肃省科学技术厅	汪万福	2016 年 6 月～2018 年 7 月
104	古代壁画与土遗址保护国际科技特派员	17JR7WA012	重大专项计划	甘肃省科学技术厅	苏伯民	2017～2020 年
105	强降雨条件下敦煌莫高窟崖顶缓坡冲蚀机制及预警研究	17YF1FF104	省级科技计划项目	甘肃省科学技术厅	刘洪丽	2017 年 8 月～2019 年 7 月
106	"丝绸之路：长安—天山廊道路网"土遗址综合防风化技术研究与示范应用	18YF1WA003	甘肃省科技计划项目（重点研发）	甘肃省科学技术厅	郭青林	2018 年 7 月～2020 年 7 月
107	砂岩石窟寺防风化技术研发与应用示范	18ZD2FA001	甘肃省科技计划项目	甘肃省科学技术厅	王旭东	2018 年 8 月～2020 年 7 月

续表

序号	课题名称	课题编号	课题类别	课题来源	课题负责人	课题起止时间
108	莫高窟第 85 窟壁画修复效果评价	17JR7WA012	甘肃省科技计划项目	甘肃省科学技术厅	苏伯民	2018 年 6 月～2020 年 5 月
109	砂岩文物的微生物风化作用机理研究 —— 以甘肃北石窟寺为例	18JR3RA004	甘肃省科技计划（创新基地与人才）	甘肃省科学技术厅	武发思	2018 年 7 月～2020 年 6 月
110	甘肃省古代壁画与土遗址保护重点实验室	18JR2RF001	重点实验室（研究中心）建设项目	甘肃省科学技术厅	郭青林	2018 年 12 月～2020 年 12 月
111	基于广义全变分扩散方法的图像分割与图像增强问题研究	20JR5RA050	甘肃省科技计划（创新基地与人才）青年科技基金	甘肃省科学技术厅	王春雪	2020 年 11 月～2022 年 10 月
112	敦煌莫高窟大气颗粒物来源解析及其危害壁画机理研究	20JR5RA051	甘肃省科技计划（创新基地与人才）青年科技基金	甘肃省科学技术厅	杨小菊	2020 年 11 月～2022 年 10 月
113	古代壁画中天然染料的多技术综合分析研究	20JR5RA052	甘肃省科技计划（创新基地与人才）青年科技基金	甘肃省科学技术厅	张文元	2020 年 11 月～2022 年 10 月
114	莫高窟第 254 窟壁画烟熏病害研究	20JR5RA053	甘肃省科技计划（创新基地与人才）青年科技基金	甘肃省科学技术厅	李娜	2020 年 11 月～2022 年 10 月
115	莫高窟开放新模式下游客承载量测算方法研究	20JR5RA054	甘肃省科技计划（创新基地与人才）自然科学基金	甘肃省科学技术厅	王小伟	2020 年 11 月～2022 年 10 月
116	古代壁画有机绘画材料多光谱荧光特性标准性研究	20JR5RA055	甘肃省科技计划（创新基地与人才）自然科学基金	甘肃省科学技术厅	柴勃隆	2020 年 11 月～2022 年 10 月
117	黄土高原地区地气活动特征与形成机理	20JR5RA056	甘肃省科技计划（创新基地与人才）自然科学基金	甘肃省科学技术厅	李红寿	2020 年 11 月～2022 年 10 月
118	岩土质文物加固材料纳米烧料礓石的研发与应用	20YF8WF014	甘肃省科技计划社会发展类	甘肃省科学技术厅	李燕飞	2021 年 2 月～2023 年 1 月
119	敦煌莫高窟洞窟围岩水－盐运移对壁画作用机制及可视化动态监测体系构建	20YF8WF016	甘肃省科技计划国际科技合作专项	甘肃省科学技术厅	汪万福	2021 年 1 月～2023 年 1 月
120	敦煌石窟数字资产管理平台构建与应用示范	20ZD7WF001	甘肃省科技计划国际科技合作类	甘肃省科学技术厅	吴健	2021 年 1 月～2024 年 1 月

续表

序号	课题名称	课题编号	课题类别	课题来源	课题负责人	课题起止时间
121	敦煌莫高窟洞窟温湿度时空变异规律及对降雨的响应研究	20JR10RA488	甘肃省科技计划（创新基地与人才）青年科技基金	甘肃省科学技术厅	陈海玲	2021年2月~2023年1月
122	基于监测数据的莫高窟典型风险因素分析预测方法研究	21JR1RF370	甘肃省科技计划（创新基地与人才）青年科技基金	甘肃省科学技术厅	巩一璞	2021年5月~2023年4月
123	大气环境作用下夯土遗址水热迁移特性研究	21YF1FF371	甘肃省科技计划社会发展类	甘肃省科学技术厅	张正模	2021年5月~2023年4月
124	古代壁画有机胶结材料的热裂解-气质联用分析	21JR7RA758	甘肃省科技计划（创新基地与人才）青年科技基金	甘肃省科学技术厅	赵金丽	2021年11月~2023年10月
125	红外光谱在莫高窟壁画含铜颜料分析中的应用研究	21JR7RA759	甘肃省科技计划（创新基地与人才）青年科技基金	甘肃省科学技术厅	王卓	2021年11月~2023年10月
126	甘肃省敦煌文物保护研究中心重点实验室	20JR2RF001	重点实验室（研究中心）建设项目	甘肃省科学技术厅	苏伯民	2021年
127	基于生物矿化的土遗址加固保护研究	21JR11RA218	甘肃省科技计划（创新基地与人才）自然科学基金	甘肃省科学技术厅	武发思	2022年1月~2023年12月
128	气候变化背景下甘肃石窟文物劣化风险研究	22JR5RA798	甘肃省科技计划自然科学基金	甘肃省科学技术厅	刘洪丽	2022年10月~2024年9月
129	敦煌莫高窟窟顶戈壁粉尘释放的动力机制与模型研究	22JR5RA799	甘肃省科技计划自然科学基金	甘肃省科学技术厅	张国彬	2022年10月~2024年9月
130	敦煌壁画激光诱导击穿光谱稳定性增强机制研究	22JR5RA800	甘肃省科技计划自然科学基金	甘肃省科学技术厅	殷耀鹏	2022年10月~2024年9月
131	莫高窟拟步甲科昆虫爆发成因及对壁画损害机理研究	22JR5RA801	甘肃省科技计划青年科技基金	甘肃省科学技术厅	朱非清	2022年10月~2024年9月
132	岩土质文物修复材料国产化关键技术创新研究及产业化	22ZD6GA030	甘肃省科技计划	甘肃省科学技术厅	赵林毅	2022年11月~2025年11月
133	多场耦合下岩土质文物仿真模拟技术智能提升与应用示范	23ZDGF001	甘肃省科技计划	甘肃省科学技术厅	郭青林	2023年11月~2026年10月
134	强降水气象条件下炳灵寺石窟环境响应及危害研究	23JRRF005	甘肃省科技计划自然科学基金	甘肃省科学技术厅	刘宗昌	2023年11月~2026年10月
135	麦积山石窟壁画真菌活动的微环境驱动机制研究	23JRRF006	甘肃省科技计划自然科学基金	甘肃省科学技术厅	贺东鹏	2023年11月~2026年10月
136	西北干旱区土遗址浅表层多场耦合仿真模拟物理相似性研究	23JRRF007	甘肃省科技计划青年科技基金	甘肃省科学技术厅	张博	2023年11月~2025年10月

续表

序号	课题名称	课题编号	课题类别	课题来源	课题负责人	课题起止时间
137	麦积山石窟壁画酥碱病害空间分布及其关键影响因子研究	23JRRF008	甘肃省科技计划青年科技基金	甘肃省科学技术厅	徐莉娜	2023 年 11 月~2025 年 10 月
138	莫高窟第 465 窟壁画绘制颜料和技法分析	23JRRF009	甘肃省科技计划青年科技基金	甘肃省科学技术厅	李丹丹	2023 年 11 月~2025 年 10 月
139	极干旱区深埋潜水蒸发特征与运转机理研究	1308RJZF290	甘肃省自然科学项目	甘肃省自然科学基金	李红寿	2013 年 7 月~2015 年 6 月
140	石窟寺壁画数字化方案编制规范研究		陇原青年创新人才扶持计划项目	甘肃省委组织部	安慧丽	2017 年 8 月~2018 年 12 月
141	"数字敦煌"项目整体框架设计研究		陇原青年创新人才扶持计划项目	甘肃省委组织部	俞天秀	2017 年 8 月~2018 年 12 月
142	中国传统胶凝材料糯米浆改性土特性研究	2020RCXM151	陇原青年创新人才扶持计划项目	甘肃省委组织部	裴强强	2020 年 3 月~2021 年 2 月
143	红外光谱无损检测技术在古代壁画表面涂层分析中的应用研究	2020RCXM150	陇原青年创新人才扶持计划项目	甘肃省委组织部	王卓	2020 年 3 月~2021 年 2 月
144	甘肃石窟壁画颜料分析研究		省级重点人才项目	甘肃省委组织部	于宗仁	2022 年 5 月~2023 年 5 月
145	古代壁画突发性微生物病害防治研究	2022LQTD58	省级重点人才项目	甘肃省委组织部	武发思	2022 年 5 月~2023 年 5 月
146	石窟寺文物风险监测数据治理体系研究	2022LQGR39	陇原青年创新人才扶持计划项目	甘肃省委组织部	巩一璞	2022 年 5 月~2023 年 5 月
147	数字文化遗产众智标注平台的质量评估与控制研究	2022LQGR40	陇原青年创新人才扶持计划项目	甘肃省委组织部	王春雪	2022 年 5 月~2023 年 5 月
148	不同残损状态塑像健康诊断与稳定性评价研究		甘肃省拔尖领军人才项目		裴强强	2024 年 1 月~2026 年 12 月
149	敦煌石窟壁画地仗材料制作研究及修复人才培养		甘肃省委组织部 2024 年省级人才重点项目	甘肃省委组织部	杨善龙	2024 年 1 月~2025 年 12 月
150	莫高窟壁画含砷颜料光降解研究		甘肃省委组织部 2024 年省级人才重点项目	甘肃省委组织部	张文元	2024 年 1 月~2025 年 12 月
151	无损分析技术在莫高窟第 98 窟颜料的分析研究		甘肃省宣传文化系统高层次人才项目资助	甘肃省委宣传部	苏伯民	2018 年 12 月~2019 年 12 月
152	"数字敦煌"开放素材库整体架构设计		甘肃省"四个一批"人才项目	甘肃省委宣传部	俞天秀	2022 年 8 月~2024 年 8 月
153	用于丝绸之路洞窟壁画颜料分析的新型遥测仪器研制	2020C-17	产业支撑引导项目	甘肃省高校	于宗仁	2020 年 7 月~2023 年 6 月

续表

序号	课题名称	课题编号	课题类别	课题来源	课题负责人	课题起止时间
154	敦煌壁画损害的微生物学机制及防护研究	20080430109	中国博士后科学基金课题	中国博士后科学基金	汪万福	2008 年
155	适用于古代壁画保护的新型纳米材料研究与应用	2020M683703XB	中国博士后基金面上资助二等	中国博士后科学基金	韩需泽	2020.11.3～2022 年 10 月 .31
156	干旱区土遗址风沙磨蚀动力机制及磨蚀量估算——以世界遗产锁阳城遗址为例	2022MD713816	甘肃省气象局	中国博士后科学基金	刘洪丽	2022 年 1 月～2023 年 12 月
157	文化遗产与自然遗迹保护技术集成与示范	Y829731004	中国科学院科技服务网络计划	中国科学院	汪万福	2018 年 1 月～2019 年 12 月
158	夯筑支顶加固土遗址动力响应特征研究	21JR7RA757	"西部之光"人才培养计划	中国科学院	裴强强	2021 年 1 月～2023 年 12 月
159	干旱区夯土建筑风蚀模型构建	BSH2022002	兰州大学省科技厅项目	甘肃省博士后科学基金	刘洪丽	2022.1.1～2023 年 12 月 .31
160	敦煌莫高窟地—气耦合对洞窟壁画的影响	GDW2021YB03	开放课题	甘肃省敦煌文物保护研究中心	李红寿	2021 年 9 月～2022 年 12 月
161	面向敦煌石窟壁画的数据集标注质量改善方法研究	GDW2021YB05	开放课题	甘肃省敦煌文物保护研究中心	王春雪	2021 年 9 月～2022 年 12 月
162	基于 RFPA 数据模拟的 THM 多场耦合作用下敦煌莫高窟围岩力学性能劣化规律研究	GDW2021YB07	开放课题	甘肃省敦煌文物保护研究中心	王彦武	2021 年 9 月～2022 年 12 月
163	古代壁画表面鸟粪去除方法研究	GDW2021YB12	开放课题	甘肃省敦煌文物保护研究中心	牛贺强	2021 年 9 月～2022 年 12 月
164	甘肃省河西中小石窟的全景化可视呈现	GDW2021YB14	开放课题	甘肃省敦煌文物保护研究中心	金良	2021 年 9 月～2022 年 12 月

第三章
学术研究

学术研究是敦煌研究院的核心工作。80年来，几代专家学者孜孜矻矻，潜心钻研，在石窟艺术、石窟考古、敦煌文献等诸多学科领域取得了一系列深受国内外学术界关注和好评的成果。

1944年起，敦煌艺术研究所在资料匮乏、生活极其艰苦的条件下，开始了敦煌石窟清理、内容调查、洞窟编号和供养人题记抄录等工作，并刊布了部分资料。20世纪50年代初，敦煌文物研究所初步开展敦煌学基础性研究工作。随着考古、历史等专业人员的增加，敦煌文物研究所在洞窟内容考证、壁画识读、断代分期、敦煌遗书整理、供养人题记抄录和校勘等方面展开进一步调查研究。

1984年以后，敦煌研究院进入敦煌学研究的全面发展阶段。一批又一批的各学科研究人员加入研究队伍，敦煌学研究不断拓展广度和深度，逐步发展到石窟考古、佛教美术、历史地理、民族宗教文化、佛教文学、民俗、音乐、科技、交通等学科领域的专题研究和综合研究，敦煌学学科体系不断完善，学术观点、科研方法不断创新。

80年来，敦煌研究院先后出版了一大批代表不同时代学术水平，在国内外学术界多个学术研究领域具有创新性、开拓性并产生广泛影响的论文、专著。迄今已出版学术专著500余种，发表论文4300余篇。

3.1
艺术研究

20 世纪 40～70 年代，敦煌研究院的艺术研究工作以敦煌壁画和雕塑的临摹为主。80 年代中期以后，逐步确立了"临摹、研究、创新"的工作方针，并延续至今。

3.1.1 美术临摹

80 年来，以常书鸿、段文杰为代表的几代敦煌美术工作者，通过临摹壁画、雕塑，深入解读敦煌艺术，逐步建立了一套敦煌艺术临摹的技法和规范，归纳总结出客观临摹、整理临摹、复原临摹三种基本临摹方法，共完成壁画着色临本 2200 余幅、白描稿 1800 余幅、彩塑 60 余身、整窟临摹 16 个。

敦煌艺术研究所成立之初，开始按专题分类进行临摹，完成着色作品 1100 余幅、线描稿 1100 余幅，并制定《各洞窟壁画临摹暂行规约》，明确了临摹工作的方法和注意事项。

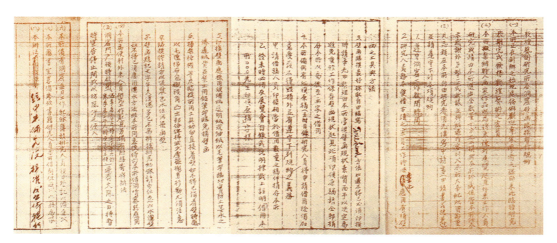

图 3.1.1　1944 年，敦煌艺术研究所制定《各洞窟壁画临摹暂行规约》

　　1950 年开始，美术组的核心工作从单幅临摹逐步发展到整窟临摹，开始进行图案专题整理临摹，并开展相关美术研究。这一时期，开始使用天然矿物颜料，主要临摹了莫高窟第 259、328、159 等窟不同时期具有代表性的彩塑作品，完成了莫高窟第 285 窟整窟临摹。

图 3.1.2　1956 年，常书鸿、李承仙、万庚育、孙纪元讨论壁画临摹工作

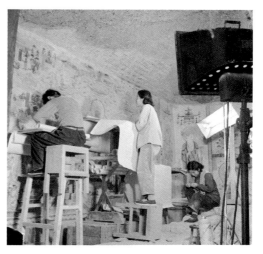
图 3.1.3　1956 年，美术组工作人员在榆林窟第 25 窟临摹壁画

　　1958 年，为北京人民大会堂甘肃厅绘制唐代净土变、莫高窟第 220 窟大型舞乐各一幅；为中国历史博物馆绘制第 159 窟西壁与佛龛、第 156 窟长卷画张议潮出行图和宋国夫人出行图各一幅。

图 3.1.4　1959 年，段文杰在莫高窟第 130 窟复原临摹太原王氏都督夫人礼佛图

图 3.1.5　1959 年，何鄂临摹莫高窟第 159 窟彩塑

图 3.1.6　1956 年，关友惠、史苇湘、霍熙亮在莫高窟
第 249 窟修稿

图 3.1.7　1974 年，孙纪元在莫高窟第 259 窟临摹菩萨彩塑

1984 年，美术组扩建为美术研究所。陆续完成莫高窟第 249、217、3、220、275、419、45、17 窟的整窟客观临摹与整理临摹。

图 3.1.8　莫高窟第 45 窟壁画临摹现场

2000 年后，开始利用数字高清打印稿辅助临摹工作。先后完成莫高窟第 276 窟、榆林窟第 29 窟整窟临摹，其中，榆林窟第 29 窟是首次完全使用矿物颜料进行的整窟客观临摹；2013～2016 年，完成莫高窟第 320、285 窟整窟客观临摹。

图 3.1.9　榆林窟第 29 窟原大临摹窟

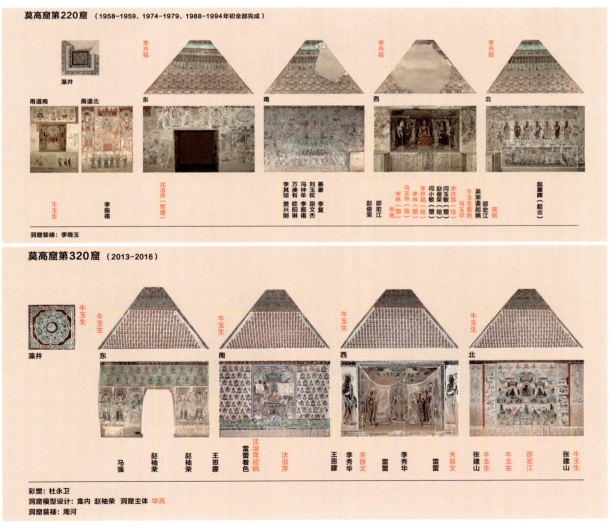

图 3.1.10　整窟临摹范例

2017～2024 年，完成莫高窟第 172 窟临摹项目，首次尝试了整窟研究性复原临摹。项目成果包括复原线描稿、色彩稿、九身彩塑，临摹壁画总面积近百平方米。

图 3.1.11　莫高窟第 172 窟复原临摹白描稿审稿

图 3.1.12　莫高窟第 172 窟复原临摹着色过程

图 3.1.13 李复在装裱壁画临本

1953 年初，美术组成立了专门的装裱工作室；1984 年后，成立了第一、二装裱工作室，同时开展临品修复工作；2019 年，成立纸本保存修复装裱工作室，结合敦煌研究院馆藏纸本文物特点，确定了"装裱、修复、研究"三位一体的发展规划，初步形成工作室规范化修复工作流程。

从 1980 年开始，出版《常书鸿画集》《段文杰画集》《李其琼临摹敦煌壁画选集》《史苇湘 欧阳琳临摹敦煌壁画选集》《万庚育临摹敦煌壁画选集》《敦煌图案》《敦煌手姿》等多部个人绘画作品集。2000 年以后，出版《敦煌壁画线描百图》《敦煌研究院美术创作集》《盛世和光·敦煌艺术》《东方色彩·中国意象：中国岩彩画之学术理想大型学术活动全记录》《敦煌意象·中日岩彩》《中国壁画·敦煌研究院美术卷·临摹篇》《中国壁画·敦煌研究院美术卷·创作篇》等多部临摹与创作作品集。

图 3.1.14 《李其琼临摹敦煌壁画选集》

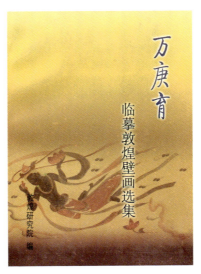

图 3.1.15 《万庚育临摹敦煌壁画选集》

图 3.1.16 《史苇湘 欧阳琳临摹敦煌壁画选集》

图 3.1.17 《段文杰画集》

图 3.1.18 《敦煌壁画线描百图》

图 3.1.19 《敦煌研究院美术创作集》

图 3.1.20 《盛世和光·敦煌艺术》

图 3.1.21 《敦煌意象·中日岩彩》

图 3.1.22 《东方色彩·中国意象：中国岩彩画之学术理想大型学术活动全记录》

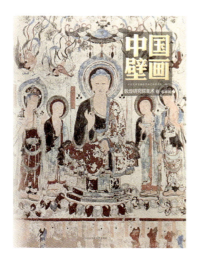

图 3.1.23 《中国壁画·敦煌研究院美术卷·临摹篇》

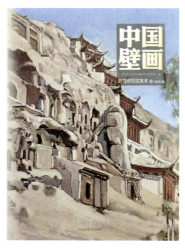

图 3.1.24 《中国壁画·敦煌研究院美术卷·创作篇》

图 3.1.25 《古韵新风》敦煌研究院美术研究所创作作品展

　　近5年，相继出版《常书鸿画集》《石窟面壁：关友惠关晋文敦煌壁画临摹集》《春华秋实："敦煌班"四十周年作品集》《传艺启新：敦煌图案艺术创新设计人才培训项目作品集》等多部绘画作品集。

图 3.1.26 《常书鸿画集》

图 3.1.27 《石窟面壁：关友惠关晋文敦煌壁画临摹集》

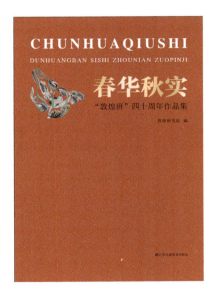

图 3.1.28 《春华秋实："敦煌班"四十周年作品集》

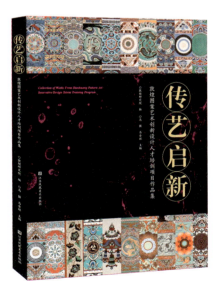

图 3.1.29 《传艺启新：敦煌图案艺术创新设计人才培训项目作品集》

3.1.2 艺术理论研究

敦煌文物研究所时期，陆续编辑出版了各类图录。20 世纪 80 年代起，敦煌研究院先后出版了《中国石窟·敦煌莫高窟》5 卷（1982～1987 年）、《中国石窟·安西榆林窟》1 卷（1997 年）、《敦煌石窟艺术》22 册（1993～1998 年）、《敦煌石窟全集》26 卷（1999～2005 年）、《中国美术全集·绘画编 14、15·敦煌壁画（上、下）》（1985 年）、《中国美术全集·雕塑编 7·敦煌彩塑》（1987 年）、《中国美术分类全集·中国石窟雕塑全集 1·敦煌》（2001 年）、《中国美术分类全集·中国敦煌壁画全集》11 卷（1989～2006 年）等大型敦煌石窟图录，为相关研究提供了丰富的图像资料。

1957～1958 年，出版了第一套敦煌艺术鉴赏丛书——《敦煌艺术画库》（13 册）；至 1978 年，又相继出版《敦煌壁画集》《敦煌莫高窟艺术》《敦煌壁画服饰资料》《敦煌壁画》《敦煌彩塑》等。

图 3.1.30 《敦煌艺术画库》

图 3.1.31 《敦煌壁画集》

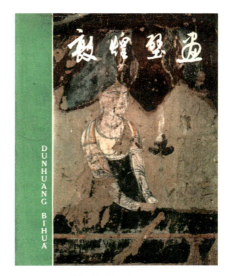

图 3.1.32 《敦煌壁画》

　　"六卷本"是第一次大规模刊布敦煌石窟内容，并进行详细解说的图录。其中，段文杰等从艺术史的角度对莫高窟、榆林窟艺术进行全面阐述，是敦煌艺术研究的重要成果。

　　《敦煌石窟全集》（全 26 卷）是刊布敦煌石窟艺术内容最丰富、研究最深入的一套大型丛书，代表了当时敦煌研究院学者们对敦煌石窟内容和艺术研究的最新成果。丛书中有关敦煌艺术的著作包括：刘永增《塑像

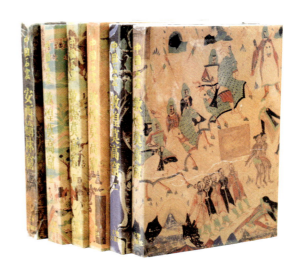

图 3.1.33 《中国石窟·敦煌莫高窟》《中国石窟·安西榆林窟》（共 6 卷）

卷》、关友惠《图案卷》、郑汝中《飞天画卷》《音乐画卷》、王克芬《舞蹈画卷》、赵声良《山水画卷》、刘玉权《动物画卷》、孙儒僴、孙毅华《建筑画卷》《石窟建筑卷》、谭蝉雪《服饰画卷》，大部分是首次对敦煌石窟中的相关艺术门类作全面而深入的解析，多有创见。

　　自 20 世纪中叶以来，以常书鸿、段文杰、史苇湘、贺世哲、欧阳琳、施萍婷、樊锦诗、谭蝉雪、刘玉权、郑汝中等为代表的学者开始对敦煌石窟美术的发展历史、敦煌艺术的美学特征、敦煌壁画彩塑的艺术特点以及敦煌艺术与古代历史文化的关系等方面作了研究，分别集成《敦煌石窟艺术》《敦煌石窟艺术

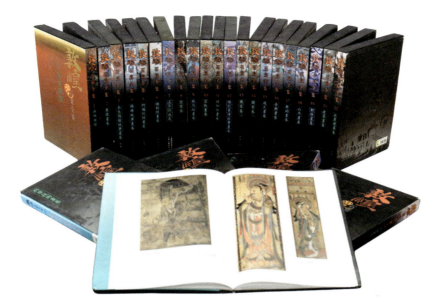

图 3.1.34 《敦煌石窟全集》（全 26 卷）

图 3.1.35 《敦煌石窟艺术》（全 22 册）

图 3.1.36 《中国敦煌壁画全集》（全 11 卷）

图 3.1.37 常书鸿著《敦煌石窟艺术》

图 3.1.38 段文杰著《敦煌石窟艺术研究》

图 3.1.39 史苇湘著《敦煌历史与莫高窟艺术研究》

图 3.1.40　欧阳琳著《敦煌　　　图 3.1.41　刘玉权著《西夏　　　图 3.1.42　郑汝中著《敦煌
壁画解读》　　　　　　　　　　石窟艺术研究》　　　　　　　　壁画乐舞研究》

　　研究》《敦煌历史与莫高窟艺术研究》《敦煌艺缘》《敦煌壁画解读》《西夏石窟
艺术研究》《敦煌壁画乐舞研究》等著作。

　　自 20 世纪 90 年代以来，敦煌研究院的学者们对敦煌壁画的图像内容进行
了深入研究。代表性著作有赵声良《敦煌山水画史》《敦煌石窟美术史（十六国
北朝卷）》等，敦煌研究院还组织院内学者编著《解读敦煌》《敦煌艺术大辞典》
《藏经洞敦煌艺术精品（大英博物馆）》等系列丛书和工具书。特别是《敦煌艺
术大辞典》（2021 年荣获"第五届中国出版政府奖图书提名奖""甘肃省第十六
次哲学社会科学优秀成果一等奖"）收入了敦煌石窟内容和艺术的最新研究成
果，是认识和研究敦煌艺术的重要工具书。

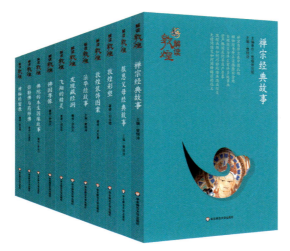 

图 3.1.43　《解读敦煌》系列丛书　　　　　　图 3.1.44　《敦煌石窟美术史（十六国
　　　　　　　　　　　　　　　　　　　　　　　　　　　北朝卷）》

图 3.1.45 敦煌研究院编《敦煌艺术大辞典》

图 3.1.46 赵声良主编《藏经洞敦煌
艺术精品（大英博物馆）》

图 3.1.47 赵声良著《敦煌山水画史》

在敦煌美术专题研究方面，代表成果有常书鸿、段文杰、李其琼、万庚
育、欧阳琳、关友惠等对壁画临摹方法、材料技法、时代风格的研究；孙纪元、
刘玉权、刘永增等对敦煌彩塑的研究。

图 3.1.48 《临摹工作的开始》 常书鸿绘 1944 年

3.1.3 美术创新

　　几代美术工作者在敦煌壁画临摹、研究的基础上，创作绘画作品近 400 幅，大型公共艺术壁画 50 余幅，展览入选、获奖及收藏百余幅。

　　早期代表作品有《临摹工作的开始》《莫高窟远眺》《鸣沙百骏图》《九层楼》《引洮上山图》《骏马图》等。其中，于 1959 年顺利完成北京人民大会堂甘肃厅壁画《姑娘追》《猎归》等。

图 3.1.49 《鸣沙百骏图》 潘絜兹绘 1945 年

图 3.1.50 《九层楼》 常书鸿绘 1952 年

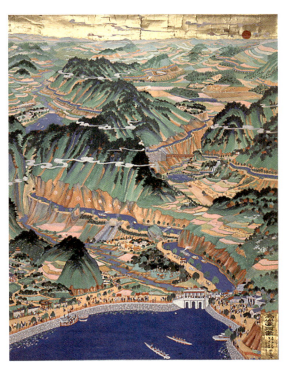

图 3.1.51 《引洮上山图》 敦煌文物研究所、兰州艺术学院集体绘制 1960 年

图 3.1.52 《猎归》 霍熙亮、段文杰绘 1960 年

敦煌研究院时期，美术创作以大型公共壁画创作为主，代表作有敦煌研究院《日月同辉》、敦煌宾馆《迎宾图》系列、柳园火车站《血与汗的赞歌》系列、香港志莲净苑《净土经变》、兰州火车站《陇原明珠》系列、内蒙古和林格尔《盛世百乐亭园》系列和无锡灵山梵宫前厅回廊天井壁画等作品。

图 3.1.53 《日月同辉》 李振甫设计 1988 年

图 3.1.54 《迎宾图》 樊兴刚绘 1988 年

图 3.1.55 《血与汗的赞歌》 邵宏江绘 1998 年

图 3.1.56 《香港志莲净苑——净土经变》 李其琼、李振甫、吴荣鉴、高鹏、华亮、沈淑萍、关晋文、马玉华绘 2000 年

图 3.1.57 《敦煌百年》 侯黎明、张宝洲、赵健绘 2000 年

图 3.1.58 《陇原明珠》 娄婕绘 2001 年

图 3.1.59 《西域瑰宝》 侯黎明绘 2001 年

图 3.1.60 《内蒙古和林格尔（盛世百乐亭园）》1 设计：李振甫、关晋文 绘制：高鹏、关晋文 2003 年

图 3.1.61 《无锡灵山梵宫前厅回廊天井壁画》
设计：娄婕、侯黎明
绘制：娄婕、王学丽、华亮、高鹏、李林、关晋文、沈淑萍、李开福、邵宏江、赵袖荣、韩卫盟、范丽娟、雷蕾、李秀华、李冰凌、周河、牛玉生
2008 年
现场效果图

　　同时期，大量个人创作参加国内外相关主题大展，并有多幅个人和集体创作作品入选全国性美术展或被收藏。其中《锦绣丝路》获第十三届全国美术作品展壁画进京展，并获甘肃省第十届"敦煌文艺奖"。2023 年为中国国家版本馆绘制洞库系列壁画，被永久收藏。

图 3.1.62 《锦绣丝路》娄婕、李冰凌、郭曳艺、邹雨芹、窦伟、张年、饶场悦子绘制　2017 年

图 3.1.63 《丝路文明》侯黎明、彭文佳、黄留芳、明慧绘制　2017 年

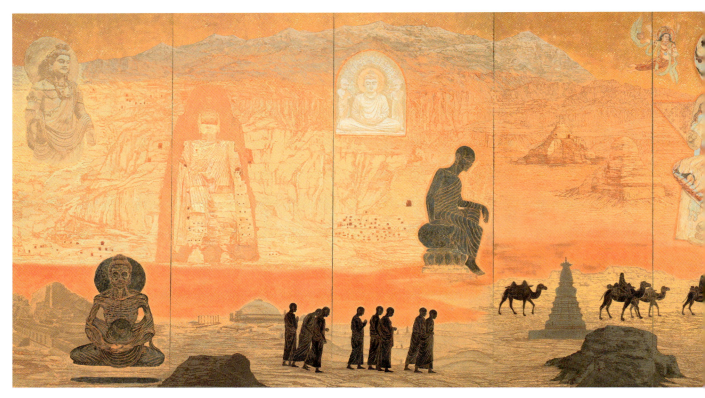

图 3.1.64 《佛教东来》马强、岳阳、刘小同、王思朦绘　2017 年

图 3.1.65 《文学艺术——妙笔生花》郭曳艺、韩卫盟绘　2022 年

图 3.1.66 《教育文化——天之木铎》彭文佳、祺鹏志绘　2022 年

图 3.1.67　《文明交流——丝路华光》黄留芳、张元元绘　2022 年

图 3.1.68　《中华典籍——紫气东来》明慧、邹雨芹绘　2022 年

图 3.1.69 《科学技术——生生不息》窦伟、徐铭君绘 2022 年

图 3.1.70 《宗教文化——天人合一》李冰凌、娄婕绘 2022 年

图 3.1.71 《红色文献——伟业征程》 张年、刘小同、雷蕾绘 2022 年

图 3.1.72 《天籁祥音》 集体绘制 2022 年现场效果图

图 3.1.73 《锦绣丝路》入选证书

图 3.1.74 《锦绣丝路》获奖证书

图 3.1.75 《丝路印记——玄奘西行》入选证书

图 3.1.76 《丝路文明》入选证书

图 3.1.77 《天籁祥音》收藏证书

图 3.1.78 《妙笔生花》收藏证书

在国内外合作交流方面，继续深化与日本东京艺术大学的人才培养合作，先后派遣了 12 位美术专业学者赴日学习；加强与其他各专业院校和艺术机构的交流合作，设立联合培养教学基地。

图 3.1.79　2011 年，"敦煌意象——中日岩彩画展暨敦煌艺术传承与当代岩彩创作国际学术研讨会"在敦煌开幕

2017 和 2023 年，分别完成两项国家艺术基金人才培养资助项目。其中，2017 年实施项目作为优秀案例被收入《国家艺术基金资助项目选编 2014～2018》。

图 3.1.80　"国家艺术基金 2016 年度资助项目——敦煌图案艺术创意设计人才培养计划"项目授课现场

图 3.1.81　"国家艺术基金 2023 年度资助项目——敦煌图案艺术创新设计人才培训项目"授课现场

表 3.1.1 敦煌研究院时期美术创作作品入选、获奖一览表

序号	获奖作品	获奖人	奖励性质	奖励等次	颁奖机构	获奖年份
1	日月同辉	李振甫	第七届全国美术作品展	一等奖	中国美术家协会	1989
2	创作求索奉献	侯黎明（合作第一）	第七届全国美术作品展	入选	中国美术家协会	1989
3	新月	侯黎明	第七届全国美术作品展	入选	中国美术家协会	1995
4	榆林窟·雪	侯黎明	第十二届全国美术作品展	特邀	中国美术家协会	2012
5	遗忘的故事	娄婕	第十二届全国美术作品展	入选	中国美术家协会	2014
6	逐梦	沈淑萍	第十二届全国美术作品展	入选	中国美术家协会	2014
7	远方	王学丽	第十二届全国美术作品展	入选	中国美术家协会	2014
8	锦绣丝路	李冰凌、郭曳艺、邹雨芹、窦伟、张年、缐场悦子	第十三届全国美术作品展	进京奖	中国美术家协会	2019
9	丝路文明	彭文佳、黄留芳、明慧	第十三届全国美术作品展	入选	中国美术家协会	2019
10	丝路印记——玄奘西行	岳阳、刘小同、王思朦	第十三届全国美术作品展	入选	中国美术家协会	2019
11	云想衣裳花想容·裳	王学丽	第十三届全国美术作品展	入选	中国美术家协会	2019

序号	获奖作品	获奖人	奖励性质	奖励等次	颁奖机构	获奖年份
12	高台人家	刘小同	第十三届全国美术作品展	入选	中国美术家协会	2019
13	坚守大漠：段文杰	岳阳	第十四届全国美术作品展	入选	中国美术家协会	2024
14	古城夕照	侯黎明	中国美术馆	收藏	中国美术馆	2008
15	岩彩画呈现	娄婕	中国美术馆	收藏	中国美术馆	2008
16	康定情歌	马强	中国美术馆	收藏	中国美术馆	2008
17	祁连秋色	侯黎明、韩卫盟、王学丽	中国美术馆	收藏	中国美术馆	2008
18	莫高夜话	华亮	中国美术馆	收藏	中国美术馆	2015
19	文学艺术——妙笔生花	郭曳艺、韩卫盟	中国国家版本馆	收藏	中国国家版本馆	2022
20	教育文化——天之木铎	彭文佳、禚鹏志	中国国家版本馆	收藏	中国国家版本馆	2022
21	文明交流——丝路华光	黄留芳、张元元	中国国家版本馆	收藏	中国国家版本馆	2022
22	中华典籍——紫气东来	明慧、邹雨芹	中国国家版本馆	收藏	中国国家版本馆	2022
23	科学技术——生生不息	窦伟、徐铭君	中国国家版本馆	收藏	中国国家版本馆	2022
24	宗教文化——天人合一	李冰凌、娄婕	中国国家版本馆	收藏	中国国家版本馆	2022
25	红色文献——伟业征程	张年、刘小同、雷蕾	中国国家版本馆	收藏	中国国家版本馆	2022
26	天籁祥音	娄婕、赵袖荣、罗月明、马金辉、徐喆、郭曳艺、张年、禚鹏志、黄留芳、牛源、李冰凌、窦伟、徐铭君、雷蕾、李秀华、明慧、彭文佳、张元元、李林	中国国家版本馆	收藏	中国国家版本馆	2022
27	啊，阿里	侯黎明	当代中国山水画油画风景画展	入选	中国美术家协会	1998
28	阿克塞之春	侯黎明	第三届全国油画作品展	入选	中国美术家协会	2003
29	丛林小屋1	郭曳艺	第二届中国西部大地情——全国山水风景作品展	优秀奖收藏	中国美术家协会	2004
30	三危雪霁	侯黎明	"吾土吾民"油画展	入选	中国美术家协会	2010
31	轮回之土	娄婕	"吾土吾民"油画展	入选	中国美术家协会	2010
32	花样	王学丽	上海世博会中国美术作品展览	优秀奖	中国美术家协会	2010

续表

序号	获奖作品	获奖人	奖励性质	奖励等次	颁奖机构	获奖年份
33	足迹·弯	王学丽	回望中国——纪念辛亥革命一百周年综合美术作品展	入选	中国美术家协会	2011
34	榆林3窟《曼陀罗》榆林窟·素岩风雪边关锁阳城	侯黎明	2012 大同国际壁画双年展	入选	中国美术家协会	2012
37	莫高窟第45窟《胡商遇盗》	李月伯	2012 大同国际壁画双年展	入选	中国美术家协会	2012
38	记忆之二	娄婕	2012 大同国际壁画双年展	入选	中国美术家协会	2012
39	阳关三叠之一阳关三叠之二阳关三叠之三法华经变（局部）	马强	2012 大同国际壁画双年展	入选	中国美术家协会	2012
43	莫高窟第217窟《幻城喻品》	赵俊荣	2012 大同国际壁画双年展	入选	中国美术家协会	2012
44	鱼之一莫高窟第322窟《说法图》	邵宏江	2012 大同国际壁画双年展	入选	中国美术家协会	2012
46	莫高窟第71窟《思维菩萨》	吴荣鉴	2012 大同国际壁画双年展	入选	中国美术家协会	2012
47	莫高窟第257窟《九色鹿》敦煌：母亲河	高鹏	2012 大同国际壁画双年展	入选	中国美术家协会	2012
49	莫高窟第322窟《说法图》	李开福	2012 大同国际壁画双年展	入选	中国美术家协会	2012
50	飞天	华亮	2012 大同国际壁画双年展	入选	中国美术家协会	2012
51	东千佛洞第2窟《药师佛》三危远眺	李林	2012 大同国际壁画双年展	入选	中国美术家协会	2012
53	莫高窟第394窟《说法图》古垣高原无尘	关晋文	2012 大同国际壁画双年展	入选	中国美术家协会	2012
56	莫高窟第251窟《力士》绿度母	沈淑萍	2012 大同国际壁画双年展	入选	中国美术家协会	2012
58	夏实莫高初白冬华	韩卫盟	2012 大同国际壁画双年展	入选	中国美术家协会	2012
61	莫高窟第420窟《说法图》	韩卫盟 范丽娟	2012 大同国际壁画双年展	入选	中国美术家协会	2012
62	飘	彭文佳	2012 大同国际壁画双年展	入选	中国美术家协会	2012
63	西行散记	岳阳	2012 大同国际壁画双年展	入选	中国美术家协会	2012
64	谧	徐铭君	2012 大同壁画国际双年展	入选	中国美术家协会	2012

序号	获奖作品	获奖人	奖励性质	奖励等次	颁奖机构	获奖年份
65	山水男人体	王学丽	2012 大同国际壁画双年展	入选	中国美术家协会	2012
67	莫高窟第 159 窟《普贤变》远方	李冰凌	2012 大同国际壁画双年展	入选	中国美术家协会	2012
69	菩萨	赵袖荣	2012 大同国际壁画双年展	入选	中国美术家协会	2012
70	说法图	雷蕾	2012 大同国际壁画双年展	入选	中国美术家协会	2012
71	莫高窟第 159 窟《文殊变》	李秀华	2012 大同国际壁画双年展	入选	中国美术家协会	2012
72	莫高雪霁	马强	2012 首届"朝圣敦煌"全国美术作品展	佳作奖	中国美术家协会	2012
73	敦煌湿地	高鹏	2012 首届"朝圣敦煌"全国美术作品展	优秀奖	中国美术家协会	2012
74	雄关	李林	2012 首届"朝圣敦煌"全国美术作品展	优秀奖	中国美术家协会	2012
75	暮色	韩卫盟	第十回日本镰仓艺术祭	建长寺大奖	日本东京寺町美术馆	2015
76	高台古城	刘小同	朝圣敦煌第三届全国美术作品展	入选	中国美术家协会	2017
77	莫高窟初唐第 329 窟供养菩萨	彭文佳	第三届"一带一路"壁画论坛——传统壁画的复制与修复研究暨作品展	入选	中国美术家协会壁画艺术委员会	2018
78	供养系列·绿	徐铭君	2019 雨花满天——全国中国画作品展	获奖收藏	中国美术家协会	2019
79	莫高初雪	徐铭君	庆祝中华人民共和国成立 70 周年"丹青山河 心系人民"全国中国画作品展	入选	中国美术家协会	2019
80	荼蘼花开	徐铭君	第四届全国壁画大展	入选	中国美术家协会壁画学会	2019
81	心灯	明慧、邹雨芹	第四届全国壁画大展	入选	中国美术家协会壁画学会	2019
82	域·见（系列一）	雷蕾	第四届朝圣敦煌全国美术作品展	入选	中国美术家协会	2020
83	瑳影	王学丽	2022 中国壁画作品展览	入选	中国美术家协会	2022
84	交河故城	黄留芳	2022 中国壁画作品展览	入选	中国美术家协会	2022

3.2

考古研究

---

20 世纪 40 年代至今，敦煌研究院主要围绕石窟内容调查、石窟分期研究、石窟考古报告编撰、田野发掘等方面进行考古研究工作。

3.2.1 石窟内容调查

1943 年，史岩对洞窟进行了调查、重新编号和供养人题记的抄录工作，1947 年出版了《敦煌石窟画象题识》；1943～1944 年常书鸿安排罗寄梅对洞窟进行了全面拍摄。

1944 年敦煌艺术研究所成立以后，开始更加全面的洞窟编号和内容调查工作。1948 年完成对莫高窟 465 个有壁画和塑像的洞窟的调查和编号工作，并编制了内容说明表。1944～1946 年李浴完成了《敦煌石窟内容之考察》《敦煌千佛洞各窟现状调查简明表》等。

1950 年以后，敦煌文物研究所在进行洞窟调查、测绘、清理等工作中，不断补充编号洞窟；1958 年，孙儒僩绘制了共计编号 484 个洞窟的立面图；1963～1966 年，在对莫高窟崖体进行加固工程和考古清理过程中，又陆续发现一些洞窟，共计编号 492 个洞窟。

从 20 世纪 40 年代初开始，持续开展敦煌石窟的内容调查与整理工作。主要成果为 1982 年敦煌文物研究所编著出版的《敦煌莫高窟内容总录》；1986 年敦煌研究院编著出版的《敦煌莫高窟供养人题记》；1996 年编著出版的《敦煌石窟内容总录》，其中包括莫高窟、西千佛洞、榆林窟、东千佛洞、五个庙等五处石窟群

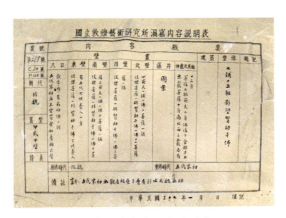

图 3.2.1　1948 年洞窟内容调查说明表

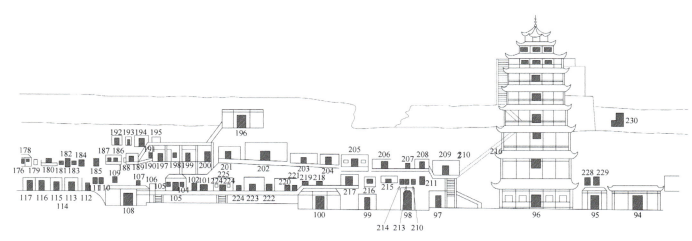

图 3.2.2　1958 年，孙儒僩绘制《莫高窟崖面立面图》

图 3.2.3　1982 年编《敦煌莫高窟内容总录》

图 3.2.4　1986 年编《敦煌莫高窟供养人题记》

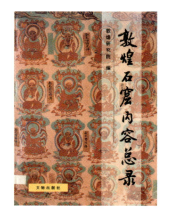

图 3.2.5　1996 年编《敦煌石窟内容总录》

每个编号洞窟的内容简介；2012 年编著出版了《安西榆林窟》，公布了榆林窟内容、年代、供养人题记等基础资料。

除了汉文供养人题记的抄录与整理以外，还对敦煌石窟中少数民族文字资料进行了专门调查与整理。1964 年，敦煌文物研究所与中国科学院民族研究所对莫高窟和榆林窟的西夏文题记进行了调查；1987 年 5 月 20 日～6 月 20 日，敦煌研究院考古研究所与内蒙古师范大学蒙古语言文学系合作对敦煌石窟回鹘式蒙古文题记进行了调查。

3.2.2 石窟分期研究

敦煌石窟分期研究开始于 20 世纪 60 年代。樊锦诗、马世长、关友惠、刘玉权等人对莫高窟十六国北朝洞窟和莫高窟、榆林窟西夏洞窟进行考古分期研究，成果于 20 世纪 80 年代初发表。20 世纪 80～90 年代，樊锦诗、关友惠、刘玉权等人继续对莫高窟隋代洞窟、唐前期洞窟、吐蕃占领时期洞窟、沙州回鹘洞窟等做了分期研究。

3.2.3 石窟内容考证

敦煌石窟内容极其丰富，经过几代人数十年的努力，目前绝大部分造像题材都已考证清楚。

在具体内容研究方面，代表性成果有贺世哲对"维摩诘经变"等的研究，霍熙亮对"梵网经变"的研究，彭金章、刘永增对"密教经变"的研究，史苇湘对"福田经变"等的研究，李永宁、蔡伟堂对"报恩经变""劳度叉斗圣变"等的研究，张元林对"法华经变"等的研究，王惠民对"十轮经变""净土变"等的研究，孙修身、张小刚对瑞像图、史迹画的研究等等。2000 年以后，贺世哲、马德、王惠民等对莫高窟起源、崖面使用和洞窟营建年代以及窟主等情况进行过深入的探讨。

2003～2005 年香港商务印书馆出版的《敦煌石窟全集》，集中体现了内容考证方面的众多成果，其中《尊像画卷》《本生因缘故事画卷》《佛传故事画卷》《阿弥陀经画卷》《弥勒经画卷》《法华经画卷》《报恩经画卷》《楞伽经画卷》《佛教东传故事画卷》《密教画卷》等分别反映了敦煌壁画相关内容考释的最新成果；《科学技术画卷》《民俗画卷》《交通画卷》则反映了敦煌壁画中的科技史、民俗史、交通史等方面研究的新成果。

图 3.2.6　贺世哲著《敦煌图像研究·十六国北朝卷》

图 3.2.7　王惠民著《敦煌佛教图像研究》

图 3.2.8　张元林著《北朝—隋时期敦煌法华图像研究》

图 3.2.9　张小刚著《敦煌佛教感通画研究》

图 3.2.10　郭俊叶著《敦煌莫高窟第 454 窟研究》

3.2.4 石窟考古报告

20 世纪 60 年代，敦煌文物研究所开始尝试编撰洞窟考古报告，通过记录文字内容、绘制实测图、拍摄图版照片等，整理完成了第 248、285 窟的测绘图和第 248 窟考古报告初稿。

20 世纪 90 年代编制了《敦煌石窟全集》分卷计划，拟编成 100 卷左右。2011 年，出版《敦煌石窟全集·第一卷：莫高窟第 266～275 窟考古报告》；2024 年，出版《敦煌石窟全集·第二卷：莫高窟第 256、257、259 窟考古报告》。第一卷考古报告 2012 年获"甘肃省第十三次哲学社会科学优秀成果一等奖"，2017 年获"第七届吴玉章人文社会科学优秀奖"。

图 3.2.11　《敦煌石窟全集·第一卷：莫高窟第 266～275 窟考古报告》

图 3.2.12　《敦煌石窟全集·第二卷：莫高窟第 256、257、259 窟考古报告》

图 3.2.13　《敦煌石窟全集·第一卷：莫高窟第 266～275 窟考古报告》获奖证书

3.2.5 田野考古研究

敦煌艺术研究所成立不久，在清理莫高窟上寺土地庙残塑过程中发现了"土地庙遗书"，经整理共计 85 件。

1963～1966 年和 1979～1980 年，为配合莫高窟南区崖体加固工程，两次对莫高窟窟前遗址进行了清理发掘，成果主要为 1985 年出版的《莫高窟窟前殿堂遗址》。

1988～1995 年，由彭金章领队对莫高窟北区 248 个洞窟进行了全面科学的清理发掘，发现了不同类型和功能的洞窟，出土了大量珍贵的遗物，基本弄清了北区石窟的全貌和内涵，成果主要为《敦煌莫高窟北区石窟》第一、二、三卷。

图 3.2.14 潘玉闪、马世长著《莫高窟窟前殿堂遗址》

图 3.2.15 《敦煌莫高窟北区石窟》第一、二、三卷

从 20 世纪 90 年代开始，为了配合莫高窟加固或维修工程，敦煌研究院还围绕敦煌石窟开展多次考古发掘工作。如 1998 年莫高窟下寺考古发掘，1999 年莫高窟第 66～78 窟窟前遗址、莫高窟第 96 窟窟前考古发掘等。

2000 年以后，重点围绕敦煌石窟开展了一些配合加固或维修工程的考古工作，同时还对景泰龟城、通渭秦长城等进行了试掘（详见附表）。2018 年敦煌研究院获批"中华人民共和国考古发掘资质证书"后，开始对莫高窟天王堂、瓜州锁阳城塔尔寺遗址进行了系统性发掘。

与此同时，负责完成的甘肃省文物局"甘肃河西地区中小石窟调查项目"，对甘肃境内

图 3.2.16 瓜州县锁阳城遗址（塔尔寺遗址）发掘现场

图 3.2.17 莫高窟天王堂遗址发掘现场

河西地区九个县市区的 28 处石窟进行了系统调查。2020 年，由张小刚执笔完成并出版的《肃南马蹄寺石窟群》获"甘肃省第十七次哲学社会科学优秀成果一等奖"；郭俊叶等人对敦煌莫高窟及其周边现存的古代土塔遗址做了全面的考古调查，研究成果《敦煌莫高窟土塔研究》获"甘肃省第十六次哲学社会科学优秀成果二等奖"，入选 2022 年度《国家哲学社会科学成果文库》并出版。

图 3.2.18　《肃南马蹄寺石窟群》及获奖证书

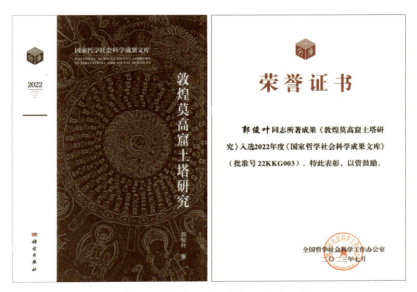

图 3.2.19　郭俊叶著《敦煌莫高窟土塔研究》及荣誉证书

表 3.2.1　2001～2024 年田野考古项目一览表

序号	时间	名称	取得的主要成果	备注
1	2001 年 7～9 月	莫高窟上寺中寺发掘	《莫高窟上寺中寺发掘简报》	配合保护工程项目
2	2002 年 7 月	莫高窟第 476、365 窟清理	《莫高窟第 476 窟考古清理报告》	配合保护工程项目
3	2002、2015 年	瓜州锁阳城内城城基两次试掘	《锁阳城遗址内城西北角发掘简报》	配合保护工程项目
4	2003 年 6 月	高台骆驼城汉墓发掘	《甘肃高台县骆驼城南墓葬 2003 年发掘简报》	配合保护工程项目
5	2004 年 3 月	莫高窟第 161 窟崖顶土塔与第 130 窟崖顶殿堂遗址发掘	对第 161 窟崖顶土塔及第 130 窟崖顶的殿堂遗址进行了抢救性发掘	配合保护工程项目
6	2013 年 6 月	瓜州榆林窟部分土塔清理	塔下发现单人墓葬，随葬品不多，这为石窟周围土塔研究提供了新的视角	配合保护工程项目
7	2013 年 7 月	敦煌西千佛洞废弃洞窟与崖顶遗址清理发掘	对西千佛洞未编号洞窟进行彻底清理发掘，共清理未编号洞窟 42 个	配合保护工程项目
8	2016 年 9 月	景泰龟城城基试掘	基本掌握了城墙结构，现存墙基下再未发现其他建筑遗迹	配合保护工程项目
9	2018 年 5 月	莫高窟道士塔清理	对塔基西侧发现的一座墓葬进行发掘与清理	配合保护工程项目
10	2018 年 6 月	瓜州东千佛洞第 5 窟窟内佛台遗迹清理	《瓜州东千佛洞第 5 窟佛台遗迹考古清理简报》	配合保护工程项目
11	2019 年 6 月	莫高窟中寺北侧墓清理发掘		配合保护工程项目
12	2019 年 9 月	张掖人峻口烽燧清理试掘		配合保护工程项目
13	2019 年 10 月	通渭县秦长城维修工地的考古调查		配合保护工程项目
14	2019～2023 年	瓜州县锁阳城遗址（塔尔寺遗址）发掘	经过五年的清理发掘，塔尔寺遗址的主体建筑布局已彻底理清楚	主动发掘项目
15	2020 年 4 月	莫高窟大牌坊底层寺院建筑遗迹的抢救性考古发掘	完成了对大牌坊底层寺院建筑遗迹的抢救性考古发掘工作	配合保护工程项目
16	2022～2024 年	莫高窟天王堂遗址发掘	完整揭露天王堂主体建筑遗迹，基本明确天王堂是一处坐西朝东、外围院墙、内铺花砖的整体性宗教建筑	主动发掘项目

3.3
文献与史地研究

80 年来，敦煌研究院在敦煌文献整理、民族宗教、文学、政治、社会生活研究等方面，成果丰硕。

3.3.1 文献整理与研究

20 世纪 60~80 年代，敦煌研究院先后接收国内外藏敦煌文献缩微胶卷 2 万多号，正式开启敦煌文献的整理研究工作。1977~2020 年，施萍婷《敦煌文物研究所藏敦煌遗书目录》《日本公私收藏敦煌遗书叙录》《敦煌遗书总目索引新编》、段文杰《甘肃藏敦煌文献》、邰惠莉《俄藏敦煌文献叙录》等对国内外藏敦煌遗书目录进行编列。

图 3.3.1　20 世纪 70 年代初，敦煌文物研究所研究人员进行学术讨论（左起：刘玉权、蒋毅明、潘玉闪、马世长、施萍婷）

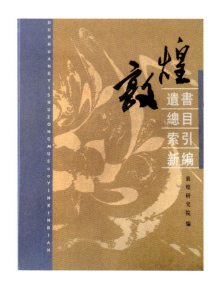

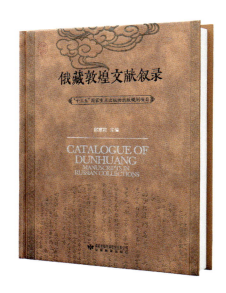

图 3.3.2　施萍婷主编《敦煌遗书总目索引新编》　图 3.3.3　邰惠莉主编《俄藏敦煌文献叙录》

2006 年以来，马德对国内外藏敦煌藏文文献进行系统调查整理，相继出版《甘肃藏敦煌藏文文献叙录》（获"甘肃省第十三次哲学社会科学优秀成果三等奖"、中国藏学研究"珠峰奖"三等奖）、《甘肃藏敦煌藏文文献》（31 册）。2022～2023 年，勘措吉与万玛项杰主编《甘肃藏敦煌藏文文献勘录》、敦煌研究院编《甘肃藏敦煌文献》等相继出版。

图 3.3.4　敦煌研究院编著、马德主编《甘肃藏敦煌藏文文献》（31 册）

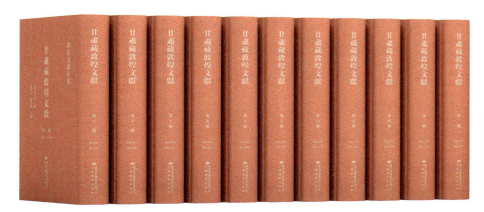

图 3.3.5　敦煌研究院编《甘肃藏敦煌文献》（12 册）

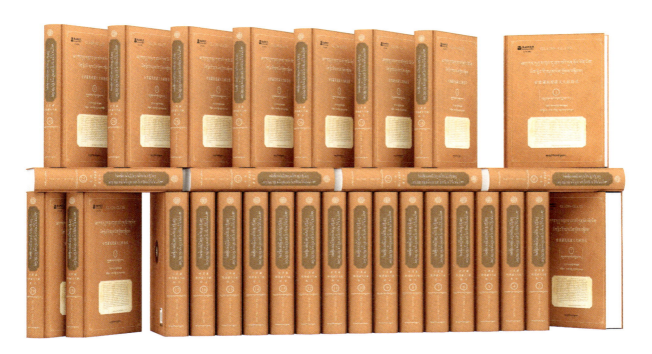

图 3.3.6　勘措吉、万玛项杰主编《甘肃藏敦煌藏文文献勘录》（30 卷）

　　文献分类辑录、缀合、研究工作同时开展，发表了系列论著，如常书鸿《敦煌艺术研究所发现六朝残经》、李正宇《古本敦煌乡土志八种笺证》、杨富学《沙州回鹘及其文献》等。

3.3.2 民族、宗教、文学研究

1999 年，段文杰等主编《中国敦煌学百年文库》（13 卷）；2010 年，樊锦诗、李国、杨富学编《中国敦煌学论著总目》至今仍为敦煌学研究非常重要的工具书；杨富学参与主编了《中国西北宗教文献》（54 册）、《敦煌与丝绸之路学术文丛》（12 册）等民族宗教研究丛书。

民族史研究新论新见迭出。2013～2022 年，杨富学《甘州回鹘史》《回鹘与敦煌》《唐宋回鹘史研究》先后出版，杨富学等著《敦煌民族史》获"甘肃省第十七次哲学社会科学优秀成果一等奖"。

图 3.3.7　樊锦诗等主编《中国敦煌学论著总目》

图 3.3.8　杨富学主编《敦煌与丝绸之路学术文丛》（12 册）

图 3.3.9　杨富学、张海娟、胡蓉、王东著《敦煌民族史》及获奖证书

佛教史与佛教文化研究方面，专著有杨富学《回鹘文献与回鹘文化》《印度宗教文化与回鹘民间文学》（分获"甘肃省第九次社会科学优秀成果一等奖""甘肃省第十一次社会科学优秀成果二等奖"）、马德《敦煌古代工匠研究》（获"甘肃省第十六次哲学社会科学优秀成果二等奖"）等。1999～2013年，李正宇发表了《唐宋敦煌世俗佛教的经典及其功用》等敦煌世俗佛教系列研究论文10余篇。

图 3.3.10　杨富学著《回鹘文献与回鹘文化》及获奖证书

图 3.3.11　马德著《敦煌古代工匠研究》及获奖证书

密教研究方面，1996～1999 年，彭金章发表《敦煌密教经变研究》系列论文 5 篇；刘永增发表《敦煌石窟摩利支天曼荼罗图像解说》等论文 10 余篇。近年来，重要成果有赵晓星《吐蕃统治时期敦煌密教研究》《梵室殊严——敦煌莫高窟第 361 窟研究》及系列论文《莫高窟第 361 窟研究之一至十一》（获"甘肃省第十四次哲学社会科学优秀成果三等奖"）。

图 3.3.12 赵晓星著《吐蕃统治时期敦煌密教研究》

图 3.3.13 赵晓星著《梵室殊严——敦煌莫高窟第 361 窟研究》

图 3.3.14 赵晓星系列论文《莫高窟第 361 窟研究之一至十一》获奖证书

道教、三夷教研究方面，早在 20 世纪 80 年代，汪泛舟、谭蝉雪等就已关
注，成果有《古敦煌宗教考述》《敦煌的粟特居民及祆神祈赛》等。2016 年，
杨富学《回鹘摩尼教研究》（获"甘肃省第十五次哲学社会科学优秀成果二等
奖"）重点关注了摩尼教在回鹘的传播历史。

图 3.3.15　杨富学著《回鹘摩尼教研究》及获奖证书

敦煌文学研究方面，主要成果有张先堂等合著《敦煌文学》《敦煌文学概论》
和汪泛舟《敦煌僧诗辑校》、王志鹏《敦煌佛教歌辞研究》《佛教影响下的敦煌
文学》（获"甘肃省第十七次哲学社会科学优秀成果二等奖"）等。

图 3.3.16　王志鹏著《佛教影响下的敦煌文学》及获奖证书　　　　　图 3.3.17　王志鹏著《敦煌
　　　　　　　　　　　　　　　　　　　　　　　　　　　　　　　　　　　　　佛教歌辞研究》

3.3.3 政治史、社会生活、史地研究等

古代敦煌政治研究始于 20 世纪 80 年代初，获得的学术成果有史苇湘《河西节度使覆灭的前夕》、李永宁《也谈敦煌陷蕃年代》、马德《沙州陷蕃年代再探》、李正宇《沙州贞元四年陷蕃考》、赵晓星《吐蕃统治敦煌时期的落蕃官初探》（获"甘肃省第九次社会科学优秀成果三等奖"）等。另有，杨秀清《敦煌西汉金山国史》（获"甘肃省第七次社会科学优秀成果三等奖"）集中关注于归义军史的研究。

自 20 世纪 90 年代以来，关于古代敦煌社会生活的研究日趋细化。如谭蝉雪《敦煌婚姻文化》《敦煌岁时文化导论》、谢生保《敦煌民俗研究》、高启安《唐五代敦煌饮食文化研究》、杨森《敦煌壁画家具图像研究》、王东《丝路视域下 8～10 世纪敦煌民族交融与文化互鉴——从敦煌古藏文占卜文书谈河西民众社会生活》（获"甘肃省第十六次哲学社会科学优秀成果三等奖"）等。

历史地理、中西交通研究方面，李正宇《敦煌历史地理导论》《敦煌史地新论》、孙修身《敦煌与中西交通研究》、杨富学主编《丝路五道全史》，系统梳理了中西交通史上的敦煌文化交流。中外文化交流方面的代表性论文有赵声良《敦煌文化与文明交流互鉴》、张元林《从敦煌图像看丝路文化交融中的"变"与"不变"》等。

图 3.3.18　赵晓星论文《吐蕃统治敦煌时期的落蕃官初探》获奖证书

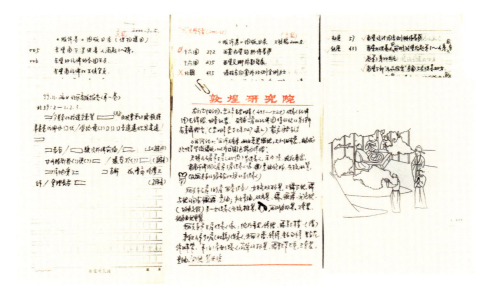

图 3.3.19 谭蝉雪先生关于石窟壁画服饰资料整理研究的手稿

图 3.3.20 谭蝉雪著《敦煌岁时文化导论》

图 3.3.21 王东论文《丝路视域下 8～10 世纪敦煌民族交融与文化互鉴》获奖证书

图 3.3.22 杨富学主编《丝路五道全史》（上、中、下）

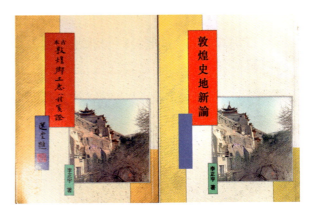

图 3.3.23 李正宇著《敦煌史地新论》与《古本敦煌乡土志八种笺证》

3.4
研究课题

80 年来，敦煌研究院累计承担国家社科基金课题 56 项（其中，国家社科基金重大项目 5 项，已结项 3 项，在研 2 项），其他省部级课题 52 项，省文物局课题 38 项，院级课题 141 项。研究范围涵盖了石窟考古、壁画图像、石窟艺术、民族多元文化、宗教、美术、历史、文献、文学、音乐、舞蹈、服饰等，研究成果以论著等形式刊发出版，并屡有获奖。

表 3.4.1　国家社科基金重大项目一览表

序号	课题名称	课题编号	课题来源	首席专家	课题起止时间
1	敦煌遗书数据库建设	12&ZD141	国家社科基金	马德	2012～2020 年
2	敦煌石窟图像专题研究	13&ZD098	国家社科基金	樊锦诗	2013 年 11 月 22～2017 年 12
3	敦煌中外关系史料的整理与研究	19ZDA198	国家社科基金	杨富学	2019 年 12 月～2022 年 12
4	敦煌石窟文献释录与图文互证研究	21&ZD218	国家社科基金	张小刚	2021 年 12 月 6 日～2026 年 11 月 5 日
5	敦煌河西石窟多语言壁题考古资料抢救性调查整理与研究	22&ZD219	国家社科基金	李国	2022 年 12 月 8 日～2027 年 12 月 31 日

表 3.4.2　国家级、省部级科研课题一览表

序号	课题名称	课题编号	课题来源	课题性质	课题负责人	课题起止时间
1	唐、五代敦煌民间佛教研究	94BZJ002	国家社科基金	一般项目	李正宇	1994～1999 年
2	敦煌莫高窟北区洞窟考古研究	96AKG003	国家社科基金	重点项目	彭金章	1996～2003 年
3	敦煌文物资源对当地经济发展的贡献	20050202-02	国家文物局		樊锦诗 田秋生	2004 年 11 月～2005 年 10 月
4	敦煌北朝石窟美术史研究	04XZS009	国家社科基金	西部项目	赵声良	2004～2008 年

序号	课题名称	课题编号	课题来源	课题性质	课题负责人	课题起止时间
5	敦煌隋唐五代服饰研究	04XZS008	国家社科基金	西部项目	谢生保 谢静	2004~2009 年
6	敦煌北朝美术史研究		教育部		赵声良	2005~2008 年
7	敦煌佛教歌辞的源流及其对唐宋诗歌的影响	05BZW018	国家社科基金	一般项目	王志鹏	2005~2009 年
8	敦煌北朝雕塑研究		甘肃省社科基金		赵声良	2006~2007 年
9	敦煌古代工匠研究	06XZS008	国家社科基金	西部项目	马德	2006~2008 年
10	吐蕃统治时期敦煌的密教研究		甘肃省社科基金		赵晓星	2008~2009 年
11	吐蕃统治时期敦煌石窟研究	08CKG002	国家社科基金	青年项目	沙武田	2008~2010 年
12	吐蕃统治时期的敦煌密教研究	09XZJ005	国家社科基金	西部项目	赵晓星	2009 年 6 月~2012 年 10 月
13	翟法荣与莫高窟第85 窟		甘肃省社科基金		陈菊霞	2009~2010 年
14	敦煌石窟中的华严图像研究	10XKG005	国家社科基金	西部项目	殷光明	2010~2013 年
15	中唐敦煌密教文献研究	20110113	国家文物局		赵晓星	2011 年 11 月~2015 年 5 月
16	敦煌海外流失文物（非文书部分）调查项目	SACH(SW)110601-02	国家文物局		罗华庆	2011 年 5 月~2014 年 5 月
17	敦煌隋朝石窟美术史研究	11BZS016	国家社科基金	一般项目	赵声良	2011 年 7 月~2013 年
18	敦煌石窟个案研究:归义军首任节度使张议潮功德窟莫高窟第 156 窟研究	11CKG009	国家社科基金	青年项目	梁红	2011 年 7 月~2013 年 6 月
19	甘肃藏敦煌古藏文社会文书翻译研究	11XMZ060	国家社科基金	西部项目	勘措吉	2011 年 7 月~2013 年 6 月
20	敦煌石窟于阗图像研究	12XKG008	国家社科基金	西部项目	张小刚	2012~2014 年
21	敦煌佛教社会史研究	12XZJ002	国家社科基金	西部项目	马德	2012~2014 年
22	莫高窟及其周边古代土塔遗址调查与研究	13BKG015	国家社科基金	一般项目	郭俊叶	2013~2015 年
23	敦煌石窟于阗图像研究		人社部	留学人员科技活动项目	张小刚	2014 年 7 月~2019 年 1 月
24	甘肃岷县新出大崇教寺契约文书研究	14CZS004	国家社科基金	青年项目	彭晓静	2014~2017 年
25	霞浦摩尼教研究	14XZS001	国家社科基金	西部项目	杨富学	2014~2017 年
26	敦煌民族史研究	14JJD770006	教育部	重大项目	杨富学	2014~2018 年

续表

序号	课题名称	课题编号	课题来源	课题性质	课题负责人	课题起止时间
27	漠漠苍穹	28050220160218179046	国家艺术基金	国家艺术基金美术创作资助项目	侯黎明	2016～2018 年
28	敦煌图案艺术创意设计人才培养	2016-5-013	国家艺术基金	国家艺术基金人才培养项目	侯黎明	2016～2018 年
29	敦煌艺术的动画影片与文化创意衍生品的研发示范——以莫高窟第 254 窟多媒体阐释系统为例	1504FKCA030	甘肃省科学技术厅		陈海涛（陈瑾）	2016 年 1 月～2018 年 11 月
30	敦煌西夏时期的洞窟分期与研究	16JJD780009	教育部	重大项目	赵晓星	2016 年 11 月 3 日～2024 年 12 月 31 日
31	12 至 14 世纪河西藏传佛教与石窟营建研究	16CZS063	国家社科基金	青年项目	张海娟	2016 年 6 月～2019 年 6 月
32	榆林窟壁画音乐图像调查与研究		中国博士后科学基金	面上一等资助项目	朱晓峰	2017 年 5 月 8 日～2020 年 5 月 8 日
33	敦煌莫高窟石窟建筑形制研究	17CKG014	国家社科基金	青年项目	杨赈林	2017 年 6 月～2020 年 12 月
34	互联网＋中华文明子课题：面向教育的敦煌石窟艺术价值挖掘和应用示范		国家文物局		罗瑶	2017～2019 年
35	丝绸之路中国段世界文化遗产平台建设数字展示与交流	2019-A-03-(156)-0523	国家艺术基金		吴健	2018 年 1 月～2020 年 12 月
36	4～8 世纪高昌佛教史研究	18CZS013	国家社科基金	青年项目	武海龙	2018 年 5 月～2024 年 2 月
37	敦煌元素在当代文化语境中的应用探究——敦煌莫高窟壁画转换雕塑的探索与实践	YB149	甘肃省社科基金		付祥波	2018 年 11 月 3 日～2019 年 11 月 30 日
38	贵霜王朝由敦煌大月氏建立说新证		甘肃省委宣传部	甘肃省宣传文化系统高层次人才项目资助	杨富学	2018 年 12 月～2019 年 12 月
39	敦煌石窟乐舞文化研究		中国博士后科学基金	特别资助项目	朱晓峰	2018.6.12～2020 年 6 月 12 日
40	敦煌石窟历代游人题记调查整理与研究	18XKG008	国家社科基金	一般项目	李国	2018 年 6 月～2021 年 12 月
41	敦煌岩彩创作人才培养		甘肃省委组织部	甘肃省 2018 年度重点人才项目	马强	2018 年 7 月 1 日～2019 年 7 月 30 日

续表

序号	课题名称	课题编号	课题来源	课题性质	课题负责人	课题起止时间
42	"一带一路"视野下的敦煌石窟乐舞文化研究	18CD176	国家社科基金	青年项目	朱晓峰	2018年9月6日~2020年12月31日
43	珂罗版技术在敦煌壁画保护中的应用研究		甘肃省社科联		赵袖荣	2019年12月~2020年12月
44	敦煌写经的新阐释		甘肃省委组织部	省级重点人才项目	赵晓星	2019年4月4日~2020年12月30日
45	儿童历史绘本《敦煌》		甘肃省委组织部	陇原青年创新创业人才项目	赵晓星	2019年4月4日~2020年12月30日
46	法藏敦煌汉文非佛经吐蕃文献整理与研究	19BZS014	国家社科基金	一般项目	王东	2019年7月~2023年12月
47	陕北陇东北朝佛教石窟研究	19BKG028	国家社科基金	一般项目	王友奎	2019年7月~2024年12月
48	海内外藏敦煌西域古藏文书信文献整理与翻译	19BZS006	国家社科基金	一般项目	勘措吉	2019年7月~2024年12月
49	石窟甘肃——中西合璧的文化名珠		甘肃省社科联	甘肃特色文化普及丛书项目	郭俊叶	2019年8月1日~2020年3月31日
50	科技和艺术结合:多光谱影像技术在敦煌壁画艺术多角度价值阐释中的应用	19EA195	国家社科基金	西部项目	柴勃隆	2019年8月~2023年12月
51	敦煌莫高窟第464窟研究	19YB185	甘肃省社科基金		王慧慧	2019年9月~2020年9月
52	瓜州榆林窟第4窟的研究	20AKG006	国家社科基金	重点项目	刘永增	2020年1月23日~2024年12月31日
53	莫高窟南区崖面遗迹考古报告整理与研究	20BKG023	国家社科基金	一般项目	张小刚	2020年1月23日~2024年12月31日
54	敦煌释门偈颂歌赞辑校	20FZWB043	国家社科基金	后期资助项目	王志鹏	2020年10月~2023年10月
55	麦积山石窟第74~78窟考古报告	20BKG022	国家社科基金	一般项目	张铭	2020年2月2日~2023年12月31日
56	聚焦扶贫项目、传承陇原文化——敦煌研究院文化精准扶贫项目摄影纪实		中国文学艺术界联合会	青年文艺创作扶持计划项目	丁小胜	2020年3月~2020年11月
57	"莫高精神"数字化展示传播方法研究	MCT2020XZ08	文旅部专项资金	信息化发展专项	罗华庆	2020年7月~2022年6月
58	莫高精神及其价值研究	20YB151	甘肃省社科基金		廖士俊	2020年7月~2022年7月

序号	课题名称	课题编号	课题来源	课题性质	课题负责人	课题起止时间
59	早期敦煌与河西石窟年代研究	20BKG027	国家社科基金	一般项目	丁得天	2020 年 9 月 15 日～2023 年 12 月 31 日
60	敦煌佛教供养具研究	20BZJ016	国家社科基金	一般项目	郭俊叶	2020 年 9 月 15 日～2025 年 9 月 1 日
61	敦煌壁画外来图像文明属性研究 子课题：敦煌艺术中域外文明属性图像出现之背景研究	20VJXT014	国家社科基金	冷门绝学研究专项学术团队项目	张元林	2020 年 12 月～2024 年 12 月
62	敦煌百年考古史研究	2021YB151	甘肃省社科基金		赵燕林	2021 年 11 月 8 日～2023 年 11 月 30 日
63	敦煌石窟盛唐壁画色彩美学研究	2021YB152	甘肃省社科基金		韩卫盟	2021 年 11 月 8 日～2023 年 11 月 30 日
64	敦煌石窟影像档案的抢救性整理及长久保护研究	2021YB153	甘肃省社科基金		张建荣	2021 年 11 月 8 日～2023 年 11 月 30 日
65	敦煌草书写本内容与构形的初步研究	21AZD140	国家社科基金	重点项目	马德	2021 年 12 月 6 日～2026 年 11 月 5 日
66	敦煌历史文化中的各民族交往交融研究	2021-GMA-004	国家民族事务委员会	重点项目	杨富学	2021 年 6 月 7 日～2022 年 12 月 31 日
67	双塔遗址出土的藏文古籍整理与研究	2021QN005	中国藏学研究中心	青年项目	万玛项杰	2021 年 6 月～2022 年 5 月
68	敦煌石窟供养人服饰研究及活化利用探索（隋至唐前期）	21EG214	国家社科基金	一般项目	武琼芳	2021 年 8 月 19 日～2024 年 6 月 1 日
69	麦积山石窟第 120～127 窟考古报告	21AKG005	国家社科基金	重点项目	孙晓峰	2021 年 9 月 24 日～2026 年 9 月 1 日
70	敦煌研究院藏回鹘文文献整理与研究	21BZS025	国家社科基金	一般项目	阿不都日衣木·肉斯台木江	2021 年 9 月 24 日～2026 年 9 月 1 日
71	敦煌莫高窟第 17 窟（藏经洞）考古报告	21XKG006	国家社科基金	西部项目	赵燕林	2021 年 9 月 24 日～2026 年 9 月 1 日
72	敦煌石窟中的外来元素与中西文化交融研究	21XZS011	国家社科基金	一般项目	祁晓庆	2021 年 9 月 24 日～2026 年 9 月 1 日
73	敦煌多元文化交融与中华民族共同体意识研究	22VRC025	国家社科基金	哲学社会科学领军人才项目	杨富学	2022 年 12 月 20 日～2025 年 12 月 31 日
74	文物数字资源知识产权确权及授权管理体系构建研究——以敦煌研究院为例	22ZSCQ001	甘肃省市场监督管理局	知识产权战略与政策研究项目	陈港泉	2022 年 12 月 21 日～2023 年 12 月 21 日

序号	课题名称	课题编号	课题来源	课题性质	课题负责人	课题起止时间
75	敦煌文化中的民族交往交流交融故事	2022-MWXM-04	甘肃省民委	铸牢中华民族共同体意识项目（重点）	王东	2022 年 4 月 29 日～2022 年 12 月 31 日
76	敦煌多元文化与中华民族共同体意识研究	2022-MWXM-33	甘肃省民委	铸牢中华民族共同体意识项目	刘拉毛卓玛	2022 年 4 月 29 日～2022 年 12 月 31 日
77	炳灵寺石窟第 169 窟考古报告	22BKG018	国家社科基金	一般项目	曹学文	2022 年 9 月 30 日～2027 年 9 月 1 日
78	敦煌石窟华严图像研究	22BKG020	国家社科基金	一般项目	王慧慧	2022 年 9 月 30 日～2027 年 9 月 1 日
79	敦煌藏经洞出土布帛画研究	22BZJ022	国家社科基金	一般项目	党燕妮	2022 年 9 月 30 日～2027 年 9 月 1 日
80	大月氏、贵霜与汉代丝绸之路文化交流研究	22BZS017	国家社科基金	一般项目	米小强	2022 年 9 月 30 日～2027 年 9 月 1 日
81	宋元时期敦煌民族多元文化及其交融研究	22CMZ025	国家社科基金	青年项目	海霞	2022 年 9 月 30 日～2027 年 9 月 1 日
82	麦积山石窟第五窟考古报告	22XKG004	国家社科基金	西部项目	董广强	2022 年 9 月 30 日～2027 年 9 月 1 日
83	敦煌图案艺术创新设计人才培养项目	2023-A-05-095-549	国家艺术基金	国家艺术基金人才培养项目	马强	2023～2024 年
84	元代河西走廊中西文化交流史研究	22ZC69	甘肃省社科联		张田芳	2023 年 1 月 1 日～2023 年 12 月 30 日
85	新时期甘肃文化遗址保护的可行性研究	22ZC68	甘肃省社科联		武海超	2023 年 1 月 1 日～2023 年 6 月 30 日
86	敦煌石窟日月文化资料整理与研究	22JJD780012	教育部	重大项目	张元林	2023 年 1 月 19 日～2025 年 12 月 15 日
87	敦煌文献唐蕃文化交流史料整理与研究	22JJD770033	教育部	重大项目	王东	2023 年 1 月 19 日～2025 年 12 月 15 日
88	新时代敦煌石窟考古工作及其人才培养模式研究		甘肃省委组织部	省级重点人才项目	赵燕林	2023 年 5 月～2025 年 5 月
89	敦煌唐朝石窟美术史研究	23AF012	国家社科基金	重点项目	赵声良	2023 年 10 月 8 日～2026 年 10 月 31 日
90	敦煌文献乐舞部分的全面整理与研究	23ED215	国家社科基金	西部项目	朱晓峰	2023 年 10 月 8 日～2026 年 10 月 31 日
91	敦煌研究院建成敦煌学研究高地研究	2023ZDWT01	甘肃省社科基金	重点委托项目	赵声良	2023 年 12 月 15 日～2024 年 12 月 31 日
92	敦煌研究院建成世界文化遗产保护典范研究	2023ZDWT02	甘肃省社科基金	重点委托项目	苏伯民	2023 年 12 月 15 日～2024 年 12 月 31 日

序号	课题名称	课题编号	课题来源	课题性质	课题负责人	课题起止时间
93	敦煌文化价值研究	2023ZDWT03	甘肃省社科基金	重点委托项目	张元林	2023 年 12 月 15 日～2024 年 12 月 31 日
94	敦煌草书写本书风与字形研究	2023QN028	甘肃省社科基金		姚志薇	2023 年 12 月 15 日～2025 年 12 月 31 日
95	《双塔藏文古册》成书年代及史料价值摭谈	2023QN036	甘肃省社科基金		万玛项杰	2023 年 12 月 15 日～2025 年 12 月 31 日
96	构建国家审计与内部审计协同联动机制研究	SJ220604	甘肃省审计厅		王金环	2023 年 2 月 15 日～2023 年 11 月 30 日
97	敦煌图案艺术创新设计人才培训		国家艺术基金		马强	2023 年 3 月 3 日～2026 年 6 月 31 日
98	敦煌文化新媒体传播研究	2023ZD005	甘肃省社科基金		杜鹃	2023 年 3 月～2024 年 4 月
99	多元民族文化与敦煌晚期石窟的分期断代研究	23AZS004	国家社科基金	重点项目	杨富学	2023 年 9 月 27 日～2028 年 9 月 1 日
100	宋元时期河西诸族交融与民族格局的形成研究	23BZS048	国家社科基金	一般项目	张田芳	2023 年 9 月 27 日～2028 年 9 月 1 日
101	敦煌石窟早期涅槃题材研究	23XZJ003	国家社科基金	西部项目	孙胜利	2023 年 9 月 27 日～2028 年 9 月 1 日
102	新时代铸牢中华民族共同体视域下敦煌石窟文化人才培养模式探索研究		甘肃省委组织部	甘肃省 2024 年度重点人才项目	王东	2024 年 1 月 1 日～2024 年 12 月 31 日
103	中华民族共同体意识在敦煌的独特表达		甘肃省委宣传部	"四个一批"人才项目	杨富学	2024～2025 年

3.5
学术会议

80 年来，敦煌研究院及直属单位共举办 96 场次学术会议，敦煌研究院举办 89 场次，麦积山石窟艺术研究所 5 场次，炳灵寺文物保护研究所 1 场次，北石窟寺文物保护研究所 1 场次。其中国际会议 53 场次（1 场次线上国际学术会议），国内学术会议 43 场次（1 场次线上国内学术会议）。

图 3.5.1 1983 年全国敦煌学术讨论会

图 3.5.2 1987 年敦煌石窟研究国际讨论会

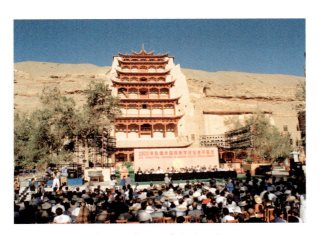

图 3.5.3 2000 年敦煌学国际学术讨论会

图 3.5.4 2022 年新时代·新使命——敦煌学研究高地建设专题研讨会

表 3.5.1　学术会议一览表

序号	会议名称	性质	地点	时间	主办方	参会人员规模
1	中国敦煌吐鲁番学会成立大会以及 1983 年第一次全国敦煌学术讨论会	国内	兰州	1983 年 8 月 15 日～1983 年 8 月 22 日	敦煌文物研究所、兰州大学、西北师范大学、甘肃省社会科学院	194
2	敦煌石窟研究国际学术讨论会	国际	敦煌	1987 年 9 月 21 日～1987 年 9 月 27 日	敦煌研究院	90
3	敦煌学国际学术讨论会	国际	敦煌莫高窟	1990 年 10 月 7 日～1990 年 10 月 15 日	敦煌研究院	160
4	丝绸之路古遗址保护国际学术会议	国际	敦煌莫高窟	1993 年 10 月 3 日～1993 年 10 月 8 日	敦煌研究院、美国盖蒂保护所、中国文物研究所	130
5	敦煌学国际学术研讨会暨庆祝敦煌研究院建院五十周年	国际	敦煌莫高窟	1994 年 8 月 9 日～1994 年 8 月 14 日	敦煌研究院	180
6	2000 敦煌学国际学术讨论会暨敦煌藏经洞发现 100 周年纪念大会	国际	敦煌莫高窟	2000 年 7 月 29 日～2000 年 8 月 3 日	敦煌研究院、中国敦煌吐鲁番学学会	200
7	纪念敦煌研究院成立 60 周年暨常书鸿先生百岁诞辰	国际	敦煌莫高窟	2004 年 8 月 15 日～2004 年 8 月 20 日	甘肃省人民政府、国家文物局主办；甘肃省文物局、敦煌研究院承办	230
8	2005 "中国服饰史与敦煌学"论坛	国内	敦煌莫高窟	2005 年 8 月 13 日～2005 年 8 月 15 日	东华大学、敦煌研究院、上海市长宁区政府、中华全国纺织服装商会	45
9	段文杰先生从事敦煌文物和艺术保护研究 60 周年座谈会	国内	兰州	2007 年 8 月 23 日	甘肃省人民政府、国家文物局主办；甘肃省文物局、敦煌研究院承办	186
10	敦煌壁画艺术继承与创新国际学术研讨会	国际	敦煌莫高窟	2007 年 8 月 24 日～2007 年 8 月 27 日	敦煌研究院、中国敦煌石窟保护研究基金会	44
11	全国世界文化遗产监测工作会议	国内	敦煌莫高窟	2007 年 11 月 14 日～2007 年 11 月 16 日	国家文物局主办，甘肃省文物局、敦煌研究院承办	100
12	敦煌吐蕃文化学术研讨会	国内	敦煌莫高窟	2008 年 8 月 1 日～2008 年 8 月 6 日	敦煌研究院	60
13	2008 古遗址保护国际学术讨论会暨国际岩石力学区域研讨会	国际	敦煌莫高窟	2009 年 9 月 22 日～2009 年 9 月 24 日	中国岩石力学与工程学会、敦煌研究院、兰州大学	170
14	文化和自然遗产地旅游可持续发展国际研讨会	国际	敦煌莫高窟	2009 年 9 月 26 日～2006 年 9 月 29 日	中国国家文物局、甘肃省政府、澳大利亚环境遗产部主办；甘肃省文物局、敦煌研究院、盖提保护研究所、中国古遗址保护协会协办	50
15	敦煌莫高窟游客中心陈展设计国际咨询会	国际	敦煌莫高窟	2009 年 9 月 17 日～2009 年 9 月 18 日	敦煌研究院	30
16	敦煌壁画数字资源库系统国际咨询会	国际	敦煌莫高窟	2010 年 6 月 24 日～2010 年 6 月 25 日	敦煌研究院、浙江大学	30

序号	会议名称	性质	地点	时间	主办方	参会人员规模
17	2010 敦煌论坛：吐蕃时期敦煌石窟艺术国际研讨会	国际	敦煌莫高窟	2010 年 7 月 21 日～2010 年 7 月 24 日	敦煌研究院	50
18	庆贺饶宗颐先生 95 华诞敦煌学国际学术研讨会	国际	敦煌莫高窟	2010 年 8 月 8 日～2010 年 8 月 11 日	敦煌研究院、中央文史研究馆、香港大学饶宗颐学术馆	110
19	敦煌意象——敦煌艺术传承与当代岩彩画创作国际学术研讨会	国际	敦煌	2011 年 9 月 10 日～2011 年 9 月 13 日	敦煌研究院	100
20	2011 国际敦煌项目（IDP）学术研讨会	国际	敦煌莫高窟	2011 年 10 月 10 日～2011 年 10 月 11 日	甘肃省文物局、敦煌研究院、国家古代壁画保护工程技术研究中心	50
21	"数字敦煌——石窟壁画及敦煌研究数字资源保障体系"国际咨询会	国际	敦煌莫高窟	2012 年 3 月 27 日～2012 年 3 月 28 日	敦煌研究院	40
22	中国世界遗产地游客承载量研究与游客管理国际研讨会	国际	敦煌莫高窟	2013 年 5 月 17 日～2013 年 5 月 19 日	敦煌研究院、美国盖蒂保护研究所、中国古遗址保护协会	75
23	2013 年中文数字出版与数字图书馆国际研讨会	国际	敦煌	2013 年 7 月 11 日～2013 年 7 月 14 日	清华大学图书馆、敦煌研究院、香港大学图书馆、中国学术期刊电子杂志社	400
24	中国敦煌吐鲁番学会成立三十周年国际学术研讨会	国际	北京	2013 年 8 月 18 日～2013 年 8 月 20 日	首都师范大学历史学院、中国敦煌吐鲁番学会、敦煌研究院、兰州大学敦煌学研究所	130
25	2014 敦煌论坛：敦煌石窟研究国际学术研讨会	国际	敦煌莫高窟	2014 年 8 月 16 日～2014 年 8 月 18 日	敦煌研究院、中国敦煌吐鲁番学会	100
26	文物的生物退化与防护国际学术研讨会	国际	敦煌莫高窟	2014 年 8 月 21 日～2014 年 8 月 22 日	敦煌研究院、兰州大学、国际生物腐蚀与生物降解学会（IBBS）、国家古代壁画与土遗址保护工程技术研究中心	60
27	敦煌研究院成立 70 周年座谈会	国际	敦煌莫高窟	2014 年 9 月 9 日	敦煌研究院	280
28	2014 敦煌论坛：丝绸之路古遗址保护国际学术研讨会	国际	敦煌莫高窟	2014 年 10 月 8 日～2014 年 10 月 9 日	敦煌研究院、国家古代壁画与土遗址保护工程技术研究中心、国家岩石力学学会古遗址保护专业委员会	170
29	2015 敦煌论坛：敦煌与中外关系国际学术研讨会暨中国敦煌吐鲁番学术会	国际	敦煌莫高窟	2015 年 8 月 13 日～2015 年 8 月 17 日	敦煌研究院与中国敦煌吐鲁番学会	190
30	2015 敦煌论坛：大数据环境下的数字图书馆和世界文化遗产的保存与使用国际学术会	国际	敦煌莫高窟	2015 年 8 月 24 日～2015 年 8 月 28 日	敦煌研究院、伊利诺伊大学图书与信息学院、伯克利加州大学东亚图书馆、哈佛大学建筑与艺术史系、国家古代壁画与土遗址保护工程技术研究中心	200

续表

序号	会议名称	性质	地点	时间	主办方	参会人员规模
31	中印论坛："丝绸之路文化艺术"学术报告会	国际	敦煌莫高窟	2016 年 5 月 27 日～2016 年 5 月 30 日	敦煌研究院	25
32	2016 汉传佛经传译国际学术研讨会	国际	敦煌莫高窟	2016 年 6 月 15 日～2016 年 6 月 17 日	敦煌研究院、中国文化院和美国木鱼基金会	200
33	2016 敦煌论坛：交融与创新——纪念莫高窟创建 1650 周年国际学术研讨会	国际	敦煌莫高窟	2016 年 8 月 19 日～2016 年 8 月 23 日	敦煌研究院、中国敦煌吐鲁番学会、浙江大学、兰州大学、西北师范大学	150
34	"数字敦煌"国际项目咨询会	国际	敦煌莫高窟	2016 年 10 月 24 日～2016 年 10 月 26 日	敦煌研究院	30
35	敦煌学研究动态暨《敦煌研究》发展研讨会	国内	敦煌莫高窟	2016 年 11 月 24 日～2016 年 11 月 25 日	敦煌研究院主办、《敦煌研究》编辑部承办	30
36	裕固与敦煌学术研讨会暨第四届裕固学研讨会	国内	敦煌莫高窟	2017 年 5 月 13 日～2017 年 5 月 14 日	敦煌研究院	110
37	麦积山雕塑论坛·2017	国内	天水	2017 年 8 月 15 日～2017 年 8 月 16 日	中国雕塑学会、天水市人民政府、敦煌研究院	100
38	2017 敦煌论坛：传承与创新——纪念段文杰先生诞辰 100 周年敦煌与丝绸之路国际学术研讨会	国际	敦煌	2017 年 8 月 23 日～2017 年 8 月 25 日	敦煌研究院、中国敦煌吐鲁番学会	230
39	"一带一路"文化艺术交流合作国际学术研讨会	国际	敦煌	2017 年 10 月 11 日～2017 年 10 月 13 日	中国艺术研究院、敦煌研究院、敦煌市政府	100
40	2017 年回鹘·西夏·元代敦煌石窟与民族文化研讨会	国内	敦煌莫高窟	2017 年 10 月 16 日～2017 年 10 月 18 日	敦煌研究院	110
41	2017 敦煌研究发展研讨会	国内	敦煌莫高窟	2017 年 11 月 25 日	《敦煌研究》编辑部、浙江大学出版社	30
42	敦煌与丝绸之路多元宗教学术研讨会	国内	敦煌莫高窟	2018 年 5 月 5 日～2018 年 5 月 9 日	敦煌研究院、中国宗教学会、中国社会科学院世界宗教研究所	120
43	佛教经变画研究学术研讨会	国际	敦煌莫高窟	2018 年 5 月 8 日	敦煌研究院	40
44	"敦煌－伯克利"学术研讨会	国际	敦煌莫高窟	2018 年 7 月 2 日～2018 年 7 月 3 日	敦煌研究院、加州大学伯克利分校	50
45	麦积山国际雕塑论坛·2018	国际	天水	2018 年 7 月 27 日～2018 年 7 月 28 日	中国雕塑学会、天水市人民政府、敦煌研究院	80
46	2018 年敦煌论坛：敦煌与东西方文化的交融国际学术研讨会	国际	敦煌莫高窟	2018 年 8 月 19 日～2018 年 8 月 20 日	敦煌研究院、中国中外关系史学会	160
47	"敦煌与《法华经》"学术研讨会	国际	敦煌莫高窟	2018 年 9 月 5 日	敦煌研究院、日本东洋哲学研究所	20
48	2018 敦煌研究发展研讨会	国内	杭州	2018 年 11 月 18 日～2018 年 11 月 20 日	《敦煌研究》编辑部、浙江大学出版社	50
49	第八届科研信息化联盟会议	国内	敦煌莫高窟	2019 年 5 月 21 日～2019 年 5 月 22 日	科研信息化联盟、敦煌研究院	80

续表

序号	会议名称	性质	地点	时间	主办方	参会人员规模
50	2019 文化遗产与数字化保护论坛	国内	敦煌莫高窟	2019 年 7 月 30 日	中国计算机学会多媒体专委会、敦煌研究院、北京航空航天大学、中国科学院大学、北京大学、北方民族大学	30
51	习近平总书记视察敦煌莫高窟座谈会	国内	敦煌莫高窟	2019 年 8 月 19 日	中央办公厅	80
52	麦积山国际雕塑论坛·2019	国际	天水	2019 年 8 月 24 日～2019 年 8 月 25 日	中国雕塑学会、天水市人民政府、敦煌研究院	100
53	从伦敦到敦煌——丝绸之路上的传统技艺（国际）·2019 论坛	国际	敦煌莫高窟	2019 年 8 月 27 日～2019 年 8 月 31 日	敦煌研究院、英国王储基金会传统艺术学院	50
54	世界文化遗产保护与旅游可持续发展国际论坛	国际	敦煌	2019 年 9 月 1 日～2019 年 9 月 3 日	甘肃省文化和旅游厅、甘肃省文物局敦煌研究院、国家古代壁画与土遗址保护工程技术研究中心	200
55	2019 敦煌论坛："6～9 世纪丝绸之路上的文化交流"国际学术研讨会	国际	敦煌莫高窟	2019 年 10 月 18 日～2019 年 10 月 20 日	敦煌研究院、普利兹克艺术合作基金会	50
56	2019 敦煌研究发展研讨会	国内	天水	2019 年 11 月 1 日～2019 年 11 月 3 日	敦煌研究院主办，《敦煌研究》编辑部、麦积山石窟艺术研究所承办	40
57	第二届敦煌与丝路文明专题论坛暨敦煌学视阈下的东北西北对话	国内	故宫博物院	2020 年 10 月 9 日～2020 年 10 月 13 日	中国宗教学会、中国中外关系史学会、中国社会科学院世界宗教研究所、敦煌研究院	146
58	2020 敦煌论坛：纪念藏经洞发现 120 周年学术研讨会暨中国敦煌吐鲁番学会会员代表大会	国内	敦煌莫高窟	2020 年 11 月 6 日～2020 年 11 月 10 日	敦煌研究院、敦煌吐鲁番学会	150
59	2020 敦煌研究发展研讨会	国内	敦煌莫高窟	2020 年 11 月 9 日～2020 年 11 月 11 日	敦煌研究院主办、《敦煌研究》编辑部承办	40
60	中国岩石力学与工程学会古遗址保护与加固工程专业委员会文化遗产监测学术交流会	国内	敦煌莫高窟	2021 年 4 月 25 日	敦煌研究院、中国岩石力学与工程学会古遗址保护与加固工程专业委员会	40
61	"敦煌学的跨时空交流与数字保护探索"研讨会	国际	线上	2021 年 5 月 18 日	敦煌研究院、法国吉美国立亚洲艺术博物馆	26
62	敦行故远：故宫敦煌特展主题论坛	国内	故宫博物院	2021 年 9 月 18 日	故宫博物院、敦煌研究院	30
63	2021 敦煌论坛："一带一路"视野下的敦煌学研究学术研讨会暨中国敦煌吐鲁番学会 2021 年度理事会	国内	敦煌莫高窟	2021 年 9 月 24 日～2021 年 9 月 26 日	文化和旅游部、甘肃省政府、敦煌研究院	80
64	第二届敦煌吐蕃文化学术研讨会	国内	线上	2021 年 10 月 23 日～2021 年 10 月 24 日	敦煌研究院	150

续表

序号	会议名称	性质	地点	时间	主办方	参会人员规模
65	2022 年文化和自然遗产日第二届文物科技创新论坛	国内	甘肃省博物馆	2022 年 6 月 10 日	国家文物局科技教育司、中国 21 世纪议程管理中心、甘肃省文物局、敦煌研究院、甘肃省博物馆	71
66	敦煌十六国北朝石窟研究论坛	国内	敦煌莫高窟	2022 年 8 月 6 日～2022 年 8 月 8 日	敦煌研究院	20
67	第一届"敦煌多民族文化的交往交流交融"学术研讨会	国内	敦煌莫高窟	2022 年 8 月 10 日～2022 年 8 月 13 日	敦煌研究院	60
68	新时代·新使命——敦煌学高地建设专题研讨会	国内	敦煌莫高窟	2022 年 8 月 19 日	敦煌研究院、中国敦煌吐鲁番学会	36
69	麦积山雕塑论坛·2022——瓜州对话	国内	瓜州	2022 年 8 月 20 日～2022 年 8 月 22 日	中国雕塑学会、敦煌研究院、天津美术学院、瓜州县人民政府	80
70	2023 年"丝绸之路文学与艺术"高峰论坛	国内	敦煌莫高窟	2023 年 4 月 15 日～2023 年 4 月 17 日	敦煌研究院	80
71	第二届"敦煌多民族文化的交往交流交融"学术研讨会	国内	敦煌莫高窟	2023 年 5 月 13 日～2023 年 5 月 15 日	敦煌研究院	60
72	"敦煌河西多民族文化的交融与互鉴"学术研讨会	国内	敦煌莫高窟	2023 年 6 月 10 日	敦煌研究院	50
73	文明对话语境下的图像与艺术学术研讨会	国内	敦煌莫高窟	2023 年 6 月 11 日～2023 年 6 月 15 日	陕西师范大学、敦煌研究院	50
74	"樊锦诗星"命名、樊锦诗基金设立暨樊锦诗从事敦煌文物工作 60 年座谈会	国内	敦煌莫高窟	2023 年 7 月 10 日	甘肃省人民政府、国家文物局、中央文史研究馆、何梁何利基金会、中科院紫金山天文台	187
75	丝绸之路上的北石窟寺与陇东历史文化学术研讨会	国内	庆阳	2023 年 7 月 12 日～2023 年 7 月 14 日	庆阳市人民政府、甘肃省文物局、敦煌研究院、甘肃省敦煌学学会主办	120
76	传承与创新：中国敦煌吐鲁番学会成立四十周年国际学术研讨会	国际	兰州	2023 年 8 月 16 日～2023 年 8 月 19 日	中国敦煌吐鲁番学会、兰州大学、敦煌研究院、西北师范大学	150
77	《敦煌研究》创刊四十周年暨出版 200 期座谈会	国内	兰州	2023 年 8 年 19 日	甘肃省文物局、敦煌研究院主办，敦煌研究院编辑部承办	100
78	回顾与展望：麦积山石窟国际学术研讨会 2023	国际	天水	2023 年 8 月 26 日～2023 年 8 月 28 日	敦煌研究院、甘肃省文物局、天水市人民政府	200
79	2023 敦煌论坛："敦煌学研究弘扬的世界意义"学术研讨会	国际	敦煌莫高窟	2023 年 9 月 5 日～2023 年 9 月 8 日	甘肃省委宣传部、甘肃省文物局、敦煌研究院	185
80	"一带一路"视域下的敦煌佛教民俗学国际研讨会	国际	敦煌莫高窟	2023 年 9 月 2 日～2023 年 9 月 6 日	敦煌研究院、日本神奈川大学比较民俗研究会	98
81	"一带一路"创新升级发展座谈会	国内	敦煌莫高窟	2023 年 9 月 12 日～2023 年 9 月 15 日	甘肃省人民政府文史研究馆、敦煌研究院	76
82	中英美岩土质文物保护交流会	国际	敦煌莫高窟	2023 年 9 月 16 日～2023 年 9 月 19 日	敦煌研究院、兰州大学、西北大学、牛津大学、美国盖蒂保护研究所	40

序号	会议名称	性质	地点	时间	主办方	参会人员规模
83	甘肃省石窟寺保护管理导则研讨会	国际	敦煌莫高窟	2023 年 9 月 19 日～2023 年 9 月 21 日	敦煌研究院、盖蒂保护研究所	45
84	传承与创新——2023 敦煌石窟艺术研究国际学术研讨会	国际	敦煌莫高窟	2023 年 9 月 21 日～2023 年 9 月 25 日	敦煌研究院	80
85	"炳灵寺石窟'建弘题记'发现 60 周年暨西秦石窟艺术"学术研讨会	国内	永靖	2023 年 10 月 13 日～2023 年 10 月 16 日	敦煌研究院、永靖县人民政府、炳灵寺文物保护研究所	100
86	世界文明对话论坛：中华文明与波斯文明的交流与互鉴	国际	兰州	2023 年 10 月 13 日～2023 年 10 月 18 日	兰州大学、敦煌研究院	27
87	"中晚唐潘镇研究的新视域"学术研讨会	国内	敦煌莫高窟	2023 年 10 月 19 日	敦煌研究院、中国社会科学院古代史研究所	30
88	"河西汉简·敦煌纸文书·中外关系史"学术研讨会	国内	敦煌莫高窟	2023 年 11 月 3 日～2023 年 11 月 7 日	敦煌研究院、甘肃西北史研究会	90
89	数字环境下文化遗产的档案管理——文化遗产保护机构数字档案馆建设学术研讨会	国内	敦煌莫高窟	2023 年 11 月 24 日～2023 年 11 月 26 日	中国人民大学信息资源管理学院、敦煌研究院、上海鸿翼软件技术股份有限公司	100
90	流失海外敦煌文物国际学术研讨会暨国际敦煌项目工作会议	国际	敦煌莫高窟	2024 年 4 月 19 日～2024 年 4 月 21 日	敦煌研究院、英国国家图书馆	60
91	第二届"莫高窟—兵马俑"文化遗产保护利用青年论坛	国内	敦煌	2024 年 5 月 10 日～2024 年 5 月 12 日	甘肃省文物局、陕西省文物局、敦煌研究院、秦始皇帝陵博物院、中国文物保护技术协会	220
92	"第二届世界文明对话论坛：敦煌与中国哲学经典"国际研讨会	国际	敦煌	2024 年 5 月 24 日～2024 年 5 月 26 日	兰州大学、敦煌研究院主办兰州大学哲学社会学院、敦煌研究院文献研究所承办	30
93	"敦煌石窟题记研究总结与多元文化交流"学术研讨会	国内	敦煌莫高窟	2024 年 6 月 8 日～2024 年 6 月 10 日	敦煌研究院、中国中外关系史学会中外文化交流史研究专业委员会	90
94	石窟与文明的对话——莫高窟第 285 窟专题研讨会	国内	敦煌莫高窟	2024 年 6 月 11 日～2024 年 6 月 12 日	敦煌研究院、陕西师范大学	30
95	文物的生物退化与防护国际学术研讨会	国际	敦煌莫高窟	2024 年 6 月 20 日～2024 年 6 月 23 日	敦煌研究院、兰州大学、广东以色列理工学院、国际生物退化与生物降解学会	100
96	2024·石窟寺保护国际论坛	国际	敦煌	2024 年 8 月 18 日～2024 年 8 月 22 日	国家文物局、甘肃省文物局、酒泉市人民政府、中国古迹遗址保护协会、中国文化遗产研究院、敦煌研究院、敦煌市人民政府	400

3.6
平台建设

自 2017 年起，敦煌研究院先后成立了三个专业学术平台，分别为"丝绸之路与敦煌研究中心"（2017 年 6 月）、"佛学研究中心"（2017 年 6 月）和"敦煌艺术研究中心"（2023 年 9 月）。其中，"丝绸之路与敦煌研究中心"在 2021 年 7 月被甘肃省委宣传部纳入省级哲学社会科学重大研究基地。

截至 2023 年底，丝绸之路与敦煌研究中心联合佛学研究中心先后组织了 80 余名专家前往印度、吉尔吉斯斯坦、塔吉克斯坦、乌兹别克斯坦、阿富汗、伊朗等丝绸之路沿线国家和地区进行学术考察；举办了"从巴米扬到敦煌""阿旃陀与敦煌""从波斯波利斯到敦煌""从撒马尔罕到敦煌"等系列"丝绸之路文化艺术研究班"。该系列研究班邀请了来自国内外的 36 位专家学者，举办了 38 场专题讲座，吸引了来自美国、意大利、希腊、印度、日本等国家和地区的 500 余位学员参与。

图 3.6.1　2018 年专家团在巴米扬石窟考察

图 3.6.2 2019 年专家团在伊朗考察

图 3.6.3 "从巴米扬到敦煌"丝绸之路文化艺术研究班

图 3.6.4 "阿旃陀与敦煌"丝绸之路文化艺术研究班

图 3.6.5 "从波斯波利斯到敦煌"丝绸之路文化艺术研究班

图 3.6.6 "从撒马尔罕到敦煌"丝绸之路文化艺术研究班

图 3.6.7 2018 年举办"敦煌—伯克利"学术研讨会

图 3.6.8 2018 年举办"敦煌与《法华经》"学术研讨会

丝绸之路与敦煌研究中心、佛学研究中心还与美国加州大学伯克利分校唐氏丝绸之路研究中心、日本东洋哲学研究所、匈牙利科学院图书馆、美国南加州大学东亚研究中心合作,先后举办了 5 次小型、专题性国际学术研讨会。

同时,三中心共组织了 36 场"丝绸之路文化艺术"系列讲座、20 场"丝路与敦煌文化艺术分享会"、3 场"'一带一路'视野下的佛教民俗学"系列讲座、12 场"敦煌艺术沙龙活动",特别邀请了 12 位外籍专家来敦煌研究院讲学。

3.7

学术期刊

3.7.1《敦煌研究》

《敦煌研究》是甘肃省文化和旅游厅主管、敦煌研究院主办的敦煌学专业学术期刊，1981 年和 1982 年出版了试刊第 1 期和第 2 期。1983 年《敦煌研究》获得甘肃省期刊登记证，正式创刊，1986 年改为季刊，2002 年改为双月刊。

图 3.7.1 《敦煌研究》试刊第 1 期

图 3.7.2 《敦煌研究》试刊第 2 期

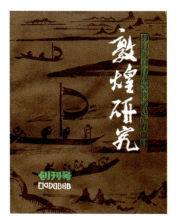
图 3.7.3 《敦煌研究》创刊号

图 3.7.4 《敦煌研究》1986 年第 1 期

图 3.7.5 《敦煌研究》2002 年第 1 期

图 3.7.6 《敦煌研究》2014 年第 1 期

图 3.7.7 《敦煌研究》2021 年
第 1 期

图 3.7.8 《敦煌研究》2023 年
第 4 期

　　《敦煌研究》现有石窟考古与艺术、敦煌文献、敦煌史地、敦煌语言文学、简牍研究、敦煌学史等栏目，不定期增设东西方文化交流、敦煌民族与宗教、敦煌民俗、敦煌乐舞、古代科技等栏目。目前，《敦煌研究》共出版正刊207期、特刊 11 期，发表论文 4200 余篇，内容涉及敦煌学的所有专业。

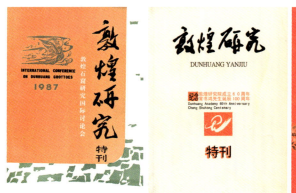 

图 3.7.9　特刊

图 3.7.10 《敦煌研究》
1～100 期总目录

图 3.7.11 《敦煌研究》
1～200 期总目录

图 3.7.12 《敦煌研究》(1981～2024)

经过 40 多年的不懈努力和改进创新，《敦煌研究》已发展成为国际敦煌学界最有影响力的专业期刊和学术载体，是国内外敦煌学界的必读期刊，对世界敦煌学研究具有引领作用。《敦煌研究》历年来入选为"中文核心期刊""中国人文社会科学核心期刊""中文社会科学引文索引来源期刊（CSSCI）""中国人文社会科学综合评价（AMI）核心期刊""RCCSE中国核心学术期刊（A）""'复印报刊资料'重要转载来源期刊"，荣获"全国优秀社科学术理论期刊奖""首

图 3.7.13 《敦煌研究》部分荣誉证书、奖杯

届中国期刊奖"，进入中国期刊方阵"高知名度高学术水平"的双高期刊之列，被评为第一、二、三届全国百种重点期刊，国家社科基金资助期刊，全国百强报刊（2015，2017），2021 年荣获中国出版界最高奖"第五届中国出版政府奖期刊奖"（详见附表）。

图 3.7.14　1999 年荣获"首届中国期刊奖"

图 3.7.15　1999 年被评为"第二届全国百种重点社科期刊"

图 3.7.16　2005 年荣获"第三届国家期刊奖百种重点期刊"

图 3.7.17　2017 年被推荐为"第三届全国'百强报刊'"

图 3.7.18　2015 年被推荐为"百强报刊"

图 3.7.19　2021 年荣获"第五届中国出版政府奖期刊奖"

图 3.7.20　2023 年度，国家社科基金资助学术期刊优秀等级证书

表 3.7.1　《敦煌研究》所获荣誉一览表

序号	荣誉名称	颁发／评选机构	获奖年份
1	甘肃省优秀社科期刊奖	甘肃省新闻出版局	1990
2	甘肃省一级期刊	甘肃省新闻出版局	1994
3	全国优秀社科学术理论期刊奖	国家新闻出版署	1995
4	首届全国百种重点社科期刊	国家新闻出版署	1997
5	首届中国期刊奖	国家新闻出版署	1999
6	第二届全国百种重点社科期刊	国家新闻出版署	1999
7	甘肃省一级名牌期刊	中共甘肃省委宣传部、甘肃省新闻出版局	1999
8	中国期刊方阵"高知名度高学术水平"的"双高"期刊	国家新闻出版总署	2002
9	第三届国家期刊奖百种重点期刊	国家新闻出版总署	2005
10	第二届北方十佳期刊奖	北方十省新闻出版局	2007
11	甘肃省品牌期刊	甘肃省新闻出版局	2008
12	国家社科基金资助期刊	全国哲学社会科学规划办公室	2012
13	2013 中国国际影响力优秀学术期刊	中国学术期刊（光盘版）电子杂志社、清华大学图书馆、中国学术文献国际评价研究中心	2013
14	百强报刊	国家新闻出版广电总局	2015
15	2015 年度中文期刊最受海外机构欢迎 50 强	中国国际图书贸易集团有限公司	2015

序号	荣誉名称	颁发／评选机构	获奖年份
16	2015 中国国际影响力优秀学术期刊	中国学术期刊（光盘版）电子杂志社、清华大学图书馆、中国学术文献国际评价研究中心	2015
17	中国最美期刊	中国（武汉）期刊交易博览会组委会	2016
18	首届甘肃省"十佳期刊"（社科类）	甘肃省新闻出版广电局	2016
19	第三届全国"百强报刊"	国家新闻出版广电总局	2017
20	第五届中国出版政府奖期刊奖	国家新闻出版署	2021
21	2021 中国国际影响力优秀学术期刊	中国学术期刊（光盘版）电子杂志社、清华大学图书馆、中国学术文献国际评价研究中心	2021
22	国家哲学社会科学文献中心"2016～2020 年最受欢迎期刊"	中国社会科学院图书馆	2021
23	首届"方正电子"杯中国期刊设计艺术周封面设计优秀作品奖	中国期刊协会	2021
24	首届"方正电子"杯中国期刊设计艺术周版式设计优秀作品奖	中国期刊协会	2021
25	国家哲学社会科学文献中心"2016～2021 年最受欢迎期刊"	中国社会科学院图书馆	2022
26	"石窟考古与艺术"栏目入选"中央宣传部首批哲学社会科学期刊重点专栏建设名单"	中央宣传部	2023
27	2023 年度国家社科基金资助学术期刊考核优秀	全国哲学社会科学工作办公室	2023

3.7.2《石窟与土遗址保护研究》

《石窟与土遗址保护研究》是由甘肃省文化和旅游厅主管、敦煌研究院主办的学术期刊。在原《敦煌研究》之《文化遗产保护》栏目的基础上，敦煌研究院申请创办《石窟与土遗址保护研究》期刊。2021 年 11 月，国家新闻出版署批复同意，2022 年第一季度正式创刊。

《石窟与土遗址保护研究》为季刊，现已出版 11 期，刊发学术论文 99 篇，设有石窟寺保护、壁画保护、土遗址保护、科技考古、文物数字化、保护材料与工艺、文化遗产保护理论、保护与修复案例、遗址考古等栏目，涵盖了石窟寺、壁画、土遗址保护研究和文物数字化等主要领域。2023 年，在甘肃省新闻出版局《甘肃省 2022 年度期刊核验情况通报》中作为全省出版工作的亮点受到表扬。

国家新闻出版署

国新出审〔2021〕1872 号

国家新闻出版署关于创办
《石窟与土遗址保护研究》期刊的批复

甘肃省新闻出版局：

《甘肃省新闻出版局关于申请创办〈敦煌研究（保护科学版）〉期刊的请示》（甘新出〔2021〕1号）收悉。

经研究，同意创办《石窟与土遗址保护研究》期刊，国内统一连续出版物号为 CN62-1222/K，中文，季刊，大16开，公开发行，主管单位为甘肃省文化和旅游厅，主办单位为敦煌研究院，出版单位为《石窟与土遗址保护研究》编辑部（为敦煌研究院内设机构）。办刊宗旨为：坚持正确的办刊方向和舆论导向，围绕石窟与土遗址保护，刊载科技考古和文物数字化最新研究成果和方法，促进文化遗产保护科学研究，推动文化遗产保护学术交流和发展进步。

请将本批复尽快送达主办单位并督促其在收到本批复后60个工作日内到你局办理登记手续。

此复。

国家新闻出版署
2021 年 11 月 19 日

抄送：甘肃省文化和旅游厅，敦煌研究院，ISSN 中国国家中心

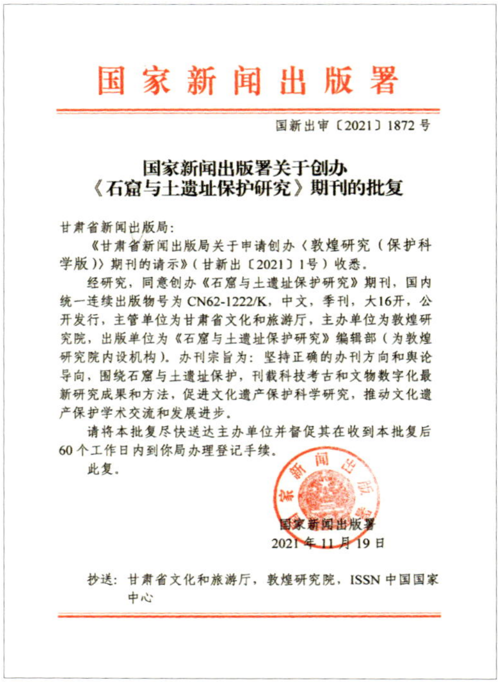

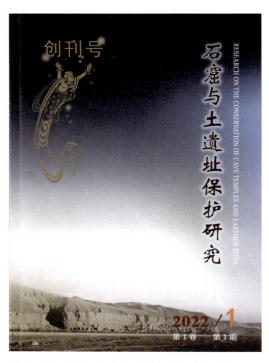

图 3.7.21　2021 年，国家新闻出版署关于创办《石窟与土遗址保护研究》期刊的批复

图 3.7.22　《石窟与土遗址保护研究》创刊号

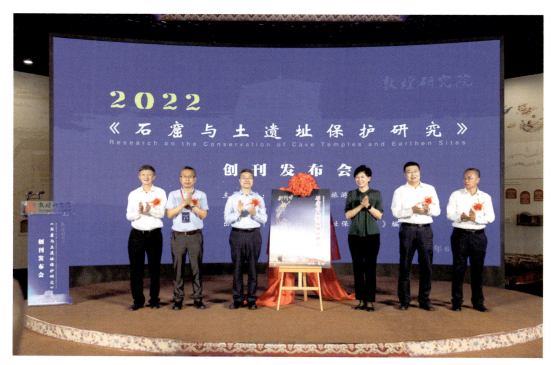

图 3.7.23　《石窟与土遗址保护研究》创刊发布会

3.7.3《石窟艺术研究》

《石窟艺术研究》是甘肃省文物局主管、麦积山石窟艺术研究所主办的学术辑刊，于2016年9月创刊出版。

《石窟艺术研究》采用学术辑刊的形式，每年出版一期，并向国内外公开发行。截至2023年，已出版7辑，发表论文124篇，每期主要设置麦积山石窟专题研究、石窟考古、佛教美术图像、石窟保护、碑刻文献研究等专栏。

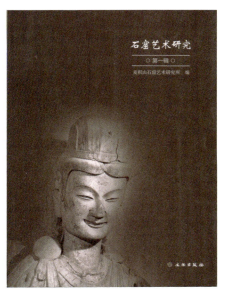

图 3.7.24 《石窟艺术研究》第一辑

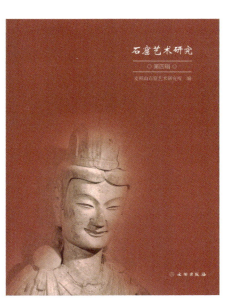

图 3.7.25 《石窟艺术研究》第四辑

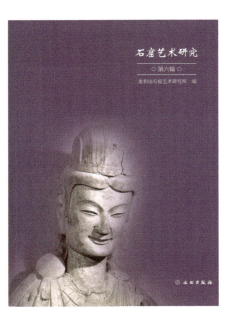

图 3.7.26 《石窟艺术研究》第六辑

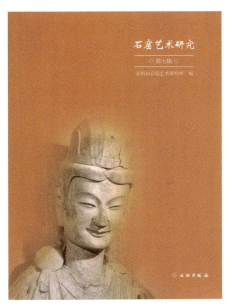

图 3.7.27 《石窟艺术研究》第七辑

3.8
信息资源建设

3.8.1 学术资源

（一）纸本文献资源

敦煌研究院敦煌学信息中心目前馆藏文献资源逾 17 万册/件，包括图书资料（中文 14 万余册、外文 10000 余册）、中外文学术期刊（12000 余册）、珍贵手稿文献（118 件）和历史老照片（6200 余张）等。

除了购买、交换的图书外，敦煌学信息中心还接收了常书鸿、段文杰、樊

图 3.8.1　综合书库（敦煌）

图 3.8.2　兰州书库

锦诗、柴剑虹、荣新江、刘进宝、佐野贤治等先生以及院内外其他学者和机构捐赠的中外文图书共计 17000 余册/件。

（二）虚拟馆藏资源

目前，中心馆藏电子图书 5 万余册，高清数字化图片 6 万余张。

2024 年 8 月，上线了一站式统一检索平台"敦煌学研究文献库"。文献库

图 3.8.3　敦煌学研究文献库

共计 29 个模块，提供了敦煌学相关研究文献的统一检索、新书推荐、敦煌学特色资源等服务，内容涵盖敦煌研究院馆藏手稿、敦煌旧影、敦煌学特色电子图书等珍贵资料和近现代以来国内外学者在敦煌学研究领域发表的成果，实现了敦煌学各类纸本与电子资源信息的在线统一检索。

为了进一步保障院内学者对中外文期刊资源的使用，中心还购买了"知网研学""JSTOR"数据库和"ARTSTOR"图像数据库等服务，可查看、下载中外文期刊资源。

（三）资源共享和服务

敦煌学信息中心已与国内外 100 多家文物保护单位、学术研究机构和高等院校实现了信息交流和资源共享。中心每年编印《国际敦煌学研究动态报告》，为专家学者提供最新的国际研究动态；中心还组织开展外文文献的翻译工作，介绍国外敦煌学的最新研究成果，选择并编译最新发表在权威国际东方学和敦煌学相关外文期刊上的有影响力的文章，形成一年一辑的《信息与参考》。截至 2023 年底，《信息与参考》已编印 29 期，收录译文 436 篇。

图 3.8.4 《信息与参考》《国际敦煌学研究动态报告》

3.8.2 档案资源

（一）档案管理工作发展历程

敦煌艺术研究所时期，档案主要包括敦煌艺术研究所与重庆、南京国民政府往来公文、所内职员名册和聘用文件、财产清册、早期治沙修窟工作记录、人员通信等，目前分散保存于台北"国史馆"、"中研院"傅斯年图书馆和历史语言研究所、台湾大学和位于南京的中国第二历史档案馆等地。

1950 年，敦煌文物研究所设置资料室，开展了石窟资料的全面调查，为敦煌研究院积累了包括文书档案、财务档案、照片档案、石窟档案、基建档案等大量珍贵历史档案，尤其是老一辈莫高人通过手写誊抄、绘画临摹等方式形成众多研究资料、艺术作品，并由此产生大量艺术品档案和科研资料档案，这些档案长期散存于全院各个业务部门。

图 3.8.5　老一辈莫高人通过手写誊抄、绘画临摹积累了大量珍贵历史档案

图 3.8.6　20 世纪 90 年代组卷归档整理保存众多珍贵院史信息

敦煌研究院成立后，不断推进档案管理工作进程，先后于重点部门设立独立档案室。21世纪初，开展石窟数字化工作，逐步实现文物档案的数字化永久保存。20世纪90年代起，院陈列中心、信息中心开始对院史重要资料进行收集、梳理，组卷归档，整理保存了众多珍贵的院史档案资料。此时期，基本形成全院档案资源的管理、保护、研究、弘扬、文物"四有"几大类型格局。

2021年2月，敦煌研究院正式成立档案馆，负责全院档案的收存管用等具体工作，实现了全院档案的集中统一管理，档案管理工作逐步规范化、标准化。档案馆积极发挥档案的存史与资政作用，面向院内外及社会各界接收、征集并保存了大量反映80年院史历程的珍贵纸质、电子、音像及实物档案。

（二）档案集中管理

档案馆已接收并累计上架全院文书、业务、工程档案11000余盒，会计档案5109号，磁带、光盘约400盒，各类实物档案200余件，初步完成各部门历史档案的收集工作。

此外，档案馆积极推进档案数字化、信息化。至2023年底，共扫描文书档案9000余件、工程基建档案221件、实物档案200余件、石窟档案568册。档案信息化建设已纳入敦煌研究院大数据中心、云平台建设总体规划。目前已成功数字化加工和归档1.3万余件档案，并上传系统记录2.4万余条，挂接文件1.1万份。未来，档案馆计划逐步实现挂接文件的OCR识别与全文检索，通过持续推进软件管理系统的建设，全面实现档案馆的数字化转型。

图 3.8.7　档案管理工作"收存管用"

3.8.3 流失海外敦煌文物数字化复原项目

（一）项目概况

2019 年 8 月 19 日，习近平总书记在敦煌研究院座谈时发表重要讲话，强调要通过数字化、信息化等高技术手段，推动流散海外的敦煌遗书等文物的数字化回归。

图 3.8.8　世界各地收藏藏经洞文物概览

据不完全统计，流失在海外的敦煌文物有 47000 余件。2020 年，敦煌研究院牵头实施流失海外敦煌文物的数字化复原项目，旨在通过国内外协商合作，运用新兴数字化、信息化技术，多渠道、多方式获取（采集）流失海外敦煌文物的数字资源，建立统一完整的数据库和资源共享平台——"数字藏经洞"，实现藏经洞文物数字资源信息的全球共享，并通过展览、出版、融媒体传播等多元化方式讲好敦煌故事，传播敦煌文化。

（二）流失海外敦煌文物数字资源的协商获取

目前，敦煌研究院已分别与英国、法国、俄罗斯、匈牙利、日本等国家的相关机构就敦煌文物数字资源获取共享进行协商沟通，并与英国国家图书馆、法国吉美博物馆、俄罗斯艾尔米塔什博物馆、俄罗斯科学院档案馆圣彼得堡分所、俄罗斯科学院东方文献研究所、日本龙谷大学等多所机构达成合作意向。通过举办"流失海外敦煌文物国际学术研究会暨国际敦煌项目工作会议"及各类学术交流活动，与国际收藏敦煌文物相关机构建立起良好的合作交流关系。

图 3.8.9　敦煌研究院与法国吉美博物馆签署战略合作协议

图 3.8.10　敦煌研究院与英国图书馆签署战略合作协议

图 3.8.11　敦煌研究院与俄罗斯艾尔米塔什博物馆协商洽谈

图 3.8.12　流失海外敦煌文物国际学术研讨会暨国际敦煌项目工作会议

（三）流失海外敦煌文物数字资源的共享

为实现敦煌文化艺术资源在全球范围内的数字化共享，敦煌研究院已建设"敦煌遗书数据库"和"流失海外敦煌文物目录数据库"，目前正在整合相关数据库平台，建设"数字藏经洞"平台（一期）。

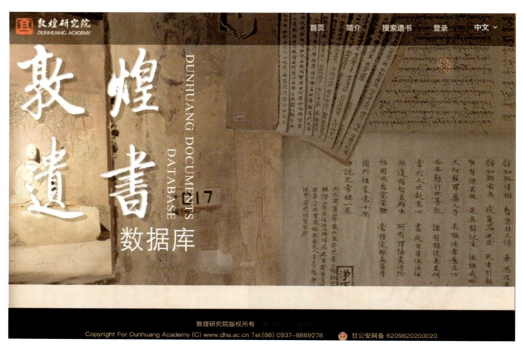

图 3.8.13　敦煌遗书数据库

图 3.8.14　"数字藏经洞"平台

3.9

学术研究专著

表 3.9.1　学术研究专著一览表

序号	专著名称	作者	出版机构	出版年份
1	敦煌图案（敦煌艺术画库第3种）	欧阳琳编	北京：中国古典艺术出版社	1957
2	榆林窟（敦煌艺术画库第4种）	段文杰编	北京：中国古典艺术出版社	1957
3	敦煌采塑（敦煌艺术画库第2种）	孙纪元编	北京：中国古典艺术出版社	1958
4	敦煌壁画·北魏（敦煌艺术画库第5种）	李承仙编	北京：中国古典艺术出版社	1958
5	敦煌壁画·隋（敦煌艺术画库第6种）	霍熙亮编	北京：中国古典艺术出版社	1958
6	敦煌壁画·初唐（敦煌艺术画库第7种）	敦煌文物研究所编	北京：中国古典艺术出版社	1958
7	敦煌壁画·盛唐（敦煌艺术画库第8种）	敦煌文物研究所编	北京：中国古典艺术出版社	1958
8	敦煌壁画·中唐（敦煌艺术画库第9种）	敦煌文物研究所编	北京：中国古典艺术出版社	1958
9	敦煌壁画·晚唐（敦煌艺术画库第10种）	敦煌文物研究所编	北京：中国古典艺术出版社	1958
10	敦煌壁画·宋（敦煌艺术画库第12种）	冯仲年编	北京：中国古典艺术出版社	1958
11	敦煌壁画·西夏，元（敦煌艺术画库第13种）	万庚育编	北京：中国古典艺术出版社	1958
12	敦煌壁画·五代（敦煌艺术画库第11种）	李承仙编	北京：中国古典艺术出版社	1959
13	常书鸿（画册）	常书鸿绘	北京：人民美术出版社	1959
14	敦煌の艺术	常书鸿著，土居淑子译	京都：同朋社	1980
15	敦煌壁画中的佛经故事	敦煌文物研究所编，马竞驰、卢秀文、方萌译	兰州：甘肃人民出版社	1981
16	敦煌莫高窟内容总录	敦煌文物研究所整理	北京：文物出版社	1982
17	敦煌石窟音乐	庄壮著	兰州：甘肃人民出版社	1984
18	中国美术全集·绘画编（14～15）敦煌壁画（上、下）	段文杰主编，史苇湘、叶文熹副主编	上海：上海人民美术出版社	1985

序号	专著名称	作者	出版机构	出版年份
19	敦煌艺术小丛书之一·莫高窟壁画艺术（北凉）	樊锦诗编	兰州：甘肃人民出版社	1986
20	敦煌艺术小丛书之二·莫高窟壁画艺术（北魏）	史苇湘编	兰州：甘肃人民出版社	1986
21	敦煌艺术小丛书之三·莫高窟壁画艺术（西魏）	关友惠编	兰州：甘肃人民出版社	1986
22	敦煌艺术小丛书之四·莫高窟壁画艺术（北周）	施萍婷编	兰州：甘肃人民出版社	1986
23	敦煌艺术小丛书之五·莫高窟壁画艺术（隋代）	李其琼编	兰州：甘肃人民出版社	1986
24	敦煌艺术小丛书之六·莫高窟壁画艺术（初唐）	万庚育编	兰州：甘肃人民出版社	1986
25	敦煌艺术小丛书之七·莫高窟壁画艺术（盛唐）	李振甫编	兰州：甘肃人民出版社	1986
26	敦煌艺术小丛书之八·莫高窟壁画艺术（中唐）	李其琼编	兰州：甘肃人民出版社	1986
27	敦煌艺术小丛书之九·莫高窟壁画艺术（晚唐）	李永宁编	兰州：甘肃人民出版社	1986
28	敦煌艺术小丛书之十·莫高窟壁画艺术（五代）	霍熙亮编	兰州：甘肃人民出版社	1986
29	敦煌艺术小丛书之十一·莫高窟壁画艺术（北宋）	贺世哲编	兰州：甘肃人民出版社	1986
30	敦煌艺术小丛书之十二·莫高窟壁画艺术（西夏）	刘玉权编	兰州：甘肃人民出版社	1986
31	敦煌艺术小丛书之十三·莫高窟壁画艺术（元代）	孙修身编	兰州：甘肃人民出版社	1986
32	敦煌艺术小丛书之十四·莫高窟壁画图案	欧阳琳编	兰州：甘肃人民出版社	1986
33	敦煌艺术小丛书之十五·莫高窟壁画中的古建筑	孙儒僩编	兰州：甘肃人民出版社	1986
34	敦煌艺术小丛书之十六·莫高窟彩塑艺术	杜永卫编	兰州：甘肃人民出版社	1986
35	敦煌手姿	李振甫编绘	长沙：湖南美术出版社	1986
36	敦煌纹样零拾	欧阳琳编绘	天津：天津杨柳青画社	1986
37	中国美术全集·雕塑编（7）敦煌彩塑	段文杰主编，史苇湘、叶文熹副主编	上海：上海人民美术出版社	1987
38	佛经寓言故事选	谢生保编著	天津：百花文艺出版社	1987
39	敦煌石窟艺术论集	段文杰著	兰州：甘肃人民出版社	1988
40	敦煌への路	平山郁夫著，刘永增译	东京：日本集英社	1988
41	敦煌莫高窟参观要览	敦煌研究院编，马竞驰执笔	天津：百花文艺出版社	1988

续表

序号	专著名称	作者	出版机构	出版年份
42	敦煌艺术精华	段文杰主编	香港：香港广汇贸易有限公司	1989
43	中国壁画全集·敦煌6（盛唐）[中国美术分类全集]	段文杰主编，清白音、樊锦诗副主编	天津：天津人民美术出版社	1989
44	中国敦煌壁画全集·敦煌5（初唐）[中国美术分类全集]	段文杰主编，赵敏、樊锦诗副主编	沈阳：辽宁美术出版社 天津：天津人民美术出版社	1989、2006
45	漫步敦煌艺术科技画廊	王进玉著	北京：科学普及出版社	1989
46	高昌：吐鲁番古代艺术珍品	勒柯克著，赵崇民译	新疆：新疆人民出版社	1989
47	中国壁画全集·敦煌9（五代·宋）[中国美术分类全集]	段文杰主编，赵敏、樊锦诗副主编	沈阳：辽宁美术出版社 天津：天津人民美术出版社	1990、2006
48	1987年敦煌石窟研究国际讨论会文集·石窟艺术编	敦煌研究院编	沈阳：辽宁美术出版社	1990
49	1987年敦煌石窟研究国际讨论会文集·石窟考古编	敦煌研究院编	沈阳：辽宁美术出版社	1990
50	中国西北文献丛书（第八辑）·敦煌学文献（第1~12卷）	史苇湘主编，冯志文副主编	兰州：兰州古籍书店	1990
51	东方童话丛书·佛经童话故事	谢生保编	兰州：甘肃少年儿童出版社	1990
52	东方童话丛书·印度古童话	谢生保编	兰州：甘肃少年儿童出版社	1990
53	敦煌画像砖	殷光明编著	北京：人民美术出版社	1990
54	敦煌石窟鉴赏丛书（共三辑、每辑10册）	段文杰主编，梁尉英、赵声良副主编	兰州：甘肃人民美术出版社	1990~1995
55	甘肃石窟 敦煌西千佛洞	敦煌研究院编	兰州：甘肃人民出版社	1991
56	回鹘史编年	冯志文、吴平凡编	乌鲁木齐：新疆大学出版社	1992
57	敦煌佛经故事	谢生保编著	兰州：甘肃少年儿童出版社	1992
58	敦煌の手（上、中、下卷）	李振甫绘	日本：株式会社春日出版部	1993~1994
59	敦煌石窟艺术·榆林窟第二五窟附第一五窟（中唐）	段文杰主编	南京：江苏美术出版社	1993
60	敦煌石窟艺术·莫高窟第四五、四六窟（盛唐）	杨雄编著	南京：江苏美术出版社	1993
61	中国唐宋硬笔书法	李正宇选释，李新编次	上海：上海文化出版社	1993
62	敦煌文学概论	颜廷亮主编	兰州：甘肃人民出版社	1993
63	敦煌婚姻文化	谭蝉雪著	兰州：甘肃人民出版社	1993
64	敦煌的光彩：池田大作与常书鸿对谈录	池田大作、常书鸿著，高屹、张同道译	香港：三联书店（香港）有限公司	1994
65	敦煌祁家湾：西晋十六国墓葬发掘报告	戴春阳、张珑编	北京：文物出版社	1994
66	段文杰敦煌艺术论文集	段文杰著	兰州：甘肃人民出版社	1994
67	段文杰临摹敦煌壁画	段文杰等编	日本株式会社见闻社	1994

序号	专著名称	作者	出版机构	出版年份
68	敦煌石窟艺术·莫高窟第九、一二窟（晚唐）	梁尉英编著	南京：江苏美术出版社	1994
69	敦煌石窟艺术·莫高窟第一五四窟附第二三一窟（中唐）	胡同庆编著	南京：江苏美术出版社	1994
70	敦煌石窟艺术·莫高窟第二九○窟（北周）	谢成水编著	南京：江苏美术出版社	1994
71	敦煌学入门	胡同庆、罗华庆编著	兰州：甘肃人民出版社	1994
72	敦煌石窟探秘	王进玉著	成都：四川教育出版社	1994
73	甘肃历代文学概览	张先堂参编	兰州：敦煌文艺出版社	1994
74	丝绸古道上的文化	克林凯特著，赵崇民译	新疆：新疆美术摄影出版社	1994
75	敦煌写卷书法精选	郑汝中、赵声良编	合肥：安徽美术出版社	1994
76	敦煌书法库（1~4）	段文杰、赵声良编	兰州：甘肃人民美术出版社	1994~1996
77	敦煌石窟艺术·莫高窟第二八五窟（西魏）	段文杰主编	南京：江苏美术出版社	1995
78	1990年敦煌学国际研讨会论文集·石窟艺术编	段文杰主编	沈阳：辽宁美术出版社	1995
79	1990年敦煌学国际研讨会论文集·石窟考古编	段文杰主编	沈阳：辽宁美术出版社	1995
80	敦煌壁画故事（1~5）	段文杰主编	兰州：甘肃少年儿童出版社	1995
81	敦煌图案集	欧阳琳、史苇湘、史敦宇编绘	上海：上海书店出版社	1995
82	敦煌民俗研究	谢生保主编	兰州：甘肃人民出版社	1995
83	敦煌乐伎	谢生保主编	兰州：甘肃人民出版社	1995
84	沙州回鹘及其文献	杨富学、牛汝极著	兰州：甘肃文化出版社	1995
85	莫高窟	赵声良、张艳梅著	北京：知识出版社	1995
86	段文杰敦煌研究五十年纪念文集	敦煌研究院编	北京：世界图书出版公司	1996
87	中国敦煌壁画全集·敦煌10（西夏·元）[中国美术分类全集]	段文杰、刘建平编	天津：天津人民美术出版社	1996
88	心系敦煌五十春：段文杰临摹敦煌壁画	樊锦诗主编，刘会林副主编	天津：天津人民美术出版社	1996
89	敦煌壁画白描精萃·敦煌图案	谢生保主编,关友惠,关晋文绘	兰州：甘肃人民美术出版社	1996
90	敦煌史地新论（敦煌丛刊二集⑤）	李正宇著	台北：新文丰出版股份有限公司	1996
91	敦煌石窟艺术·莫高窟第三二一、三二九窟（初唐）	梁尉英编著	南京：江苏美术出版社	1996
92	敦煌石窟艺术·莫高窟第一四窟（晚唐）	梁尉英编著	南京：江苏美术出版社	1996
93	敦煌莫高窟史研究	马德著	兰州：甘肃教育出版社	1996
94	敦煌宝藏	王惠民著	上海：上海古籍出版社	1996

续表

序号	专著名称	作者	出版机构	出版年份
95	丝路圣迹：吴健摄影作品集	吴健摄影	乌鲁木齐：新疆人民出版社	1996
96	敦煌石窟艺术·莫高窟第二五四、二六〇窟（北魏）	张元林编著	南京：江苏美术出版社	1996
97	敦煌石窟艺术·莫高窟第六一窟（五代）	赵声良编著	南京：江苏美术出版社	1996
98	敦煌石窟艺术·莫高窟第三〇三、三〇四、三〇五窟（隋）	胡同庆编著	南京：江苏美术出版社	1996
99	敦煌石窟艺术·莫高窟第四六五窟（元）	杨雄编著	南京：江苏美术出版社	1996
100	敦煌石窟艺术·莫高窟第四二〇、四一九窟（元）	杨雄编著	南京：江苏美术出版社	1996
101	敦煌壁画白描精粹·敦煌菩萨	谢生保主编 马玉华绘	兰州：甘肃人民美术出版社	1996
102	砂漠の美術館：永遠なゐ敦煌（中国敦煌研究院创立50周年纪念）	敦煌研究院编	日本：朝日新闻社	1996
103	敦煌藻井临品选	段文杰、李恺编	西安：陕西旅游出版社	1997
104	敦煌艺术：李振甫绘画选	李振甫绘	北京：中国旅游出版社	1997
105	敦煌工匠史料	马德编著	兰州：甘肃人民出版社	1997
106	敦煌石窟艺术·莫高窟第五七、三二二窟（初唐）	赵声良编著	南京：江苏美术出版社	1997
107	敦煌石窟艺术·莫高窟第四六四、三、九五、一四九窟（元）	梁尉英编著	南京：江苏美术出版社	1997
108	敦煌石窟艺术·莫高窟第一五六窟附第一六一窟（晚唐）	李月伯编著	南京：江苏美术出版社	1997
109	敦煌石窟艺术·莫高窟第二四九窟、第四三一窟（北魏、西魏）	杨雄编著	南京：江苏美术出版社	1997
110	敦煌石窟艺术·莫高窟第八五窟附第一九六窟（晚唐）	梅林编著	南京：江苏美术出版社	1998
111	敦煌佛爷庙湾西晋画像砖墓	戴春阳主编	北京：文物出版社	1998
112	敦煌石窟	樊锦诗主编	兰州：甘肃文化出版社	1998
113	敦煌石窟艺术·莫高窟第二九六窟（北周）	梁尉英编著	南京：江苏美术出版社	1998
114	敦煌石窟艺术·莫高窟第四二八窟（北周）	施萍婷、贺世哲编著	南京：江苏美术出版社	1998
115	敦煌石窟艺术·莫高窟第一五八窟（中唐）	刘永增编著	南京：江苏美术出版社	1998
116	敦煌石窟艺术·莫高窟第一一二窟（中唐）	梅林编著	南京：江苏美术出版社	1998
117	王玄策事迹钩沉	孙修身著	乌鲁木齐：新疆人民出版社	1998
118	敦煌岁时文化导论	谭蝉雪著	台北：新文丰出版股份有限公司	1998
119	西域敦煌宗教论稿	杨富学著	兰州：甘肃文化出版社	1998
120	回鹘之佛教	杨富学著	乌鲁木齐：新疆人民出版社	1998

序号	专著名称	作者	出版机构	出版年份
121	敦煌西千佛洞石窟	张学荣主编	兰州：甘肃人民美术出版社	1998
122	中国音乐文物大系·甘肃卷	郑汝中、董玉祥主编	郑州：大象出版社	1998
123	敦煌壁画白描精粹·敦煌故事画（上、下）	谢生保主编	兰州：甘肃人民美术出版社	1998
124	敦煌莫高窟	敦煌研究院编	日本东映公司	1998
125	安西榆林窟	樊锦诗编著	兰州：甘肃民族出版社	1999
126	中国敦煌学百年文库·考古卷（1～4）	樊锦诗、刘玉权主编	兰州：甘肃文化出版社	1999
127	甘肃藏敦煌文献（1～6）	樊锦诗、施萍婷主编	兰州：甘肃人民出版社	1999
128	中国西北文献丛书续编·敦煌文献卷（1～22）	冯志文主编	兰州：甘肃文化出版社	1999
129	中国敦煌学百年文库·综述卷（1～3）	冯志文、杨际平主编	兰州：甘肃文化出版社	1999
130	中国敦煌学百年文库·艺术卷（1～4）	林保尧、关友惠主编	兰州：甘肃文化出版社	1999
131	敦煌石窟全集·法华经画卷	贺世哲主编	香港：商务印书馆（香港）有限公司	1999
132	中国敦煌学百年文库·论著目录卷	李国编	兰州：甘肃文化出版社	1999
133	敦煌汉文吐蕃史料辑校（第1辑）	杨富学、李吉和辑校	兰州：甘肃人民出版社	1999
134	中国敦煌学百年文库·民族卷（1～4）	杨富学、杨铭主编	兰州：甘肃文化出版社	1999
135	敦煌西汉金山国史	杨秀清著	兰州：甘肃人民出版社	1999
136	沙漠中的宝库：敦煌展	敦煌研究院编	日本：朝日新闻社	1999
137	敦煌石窟全集·民俗画卷	谭蝉雪主编	香港：商务印书馆（香港）有限公司	1999
138	中国敦煌学百年文库·别卷：西域敦煌回鹘文献语言研究	邓浩、杨富学著	兰州：甘肃文化出版社	1999
139	中国敦煌	樊锦诗主编	南京：江苏美术出版社	2000
140	敦煌图案摹本	樊锦诗主编，薛正兴、李其琼副主编	南京：江苏古籍出版社	2000
141	发现敦煌	樊锦诗、陈万雄主编	香港：商务印书馆（香港）有限公司	2000
142	敦煌：纪念敦煌藏经洞发现一百周年	敦煌研究院编著	北京：朝华出版社	2000
143	敦煌石窟全集·本生因缘故事画卷	李永宁主编	香港：商务印书馆（香港）有限公司	2000
144	敦煌图史	敦煌研究院编	上海：上海古籍出版社	2000
145	敦煌石窟全集·动物画卷	刘玉权主编	香港：商务印书馆（香港）有限公司	2000
146	敦煌石窟全集·交通画卷	马德主编	香港：商务印书馆（香港）有限公司	2000

续表

序号	专著名称	作者	出版机构	出版年份
147	敦煌石窟知识辞典	马德主编	兰州：甘肃人民美术出版社	2000
148	敦煌遗书总目索引新编	敦煌研究院主编，施萍婷主撰稿，邰惠莉助编	北京：中华书局	2000
149	敦煌石窟全集·佛教东传故事画卷	孙修身主编	香港：商务印书馆（香港）有限公司	2000
150	敦煌古代儿童课本	汪泛舟编著	兰州：甘肃人民出版社	2000
151	艺术的敦煌：吴健摄影集	吴健摄影	上海：上海古籍出版社	2000
152	成佛之路：敦煌壁画佛传故事	谢生保编著	兰州：甘肃人民出版社	2000
153	华戎交会的都市：敦煌与丝绸之路	杨秀清编著	兰州：甘肃人民出版社	2000
154	北凉石塔研究	殷光明编著	台北：觉风佛教艺术基金会	2000
155	武威天梯山石窟	敦煌研究院、甘肃省博物馆编著	北京：文物出版社	2000
156	敦煌写卷行草书法集	郑汝中编	兰州：甘肃人民美术出版社	2000
157	中国飞天艺术	郑汝中、台建群主编	合肥：安徽美术出版社	2000
158	敦煌莫高窟北区石窟（第1～3卷）	彭金章、王建军、敦煌研究院编	北京：文物出版社	2000～2004
159	中国敦煌壁画全集·敦煌8（晚唐）[中国美术分类全集]	段文杰、刘建平、樊锦诗、关友惠编	天津：天津人民美术出版社	2001
160	敦煌石窟全集·建筑画卷	孙儒僩、孙毅华主编	香港：商务印书馆（香港）有限公司	2001
161	敦煌石窟全集·科学技术画卷	王进玉主编	香港：商务印书馆（香港）有限公司	2001
162	敦煌石窟全集·报恩经画卷	殷光明主编	香港：商务印书馆（香港）有限公司	2001
163	敦煌石窟全集·舞蹈画卷	王克芬主编	香港：商务印书馆（香港）有限公司	2001
164	中国北方民族历史文化论稿	杨富学著	兰州：甘肃人民出版社	2001
165	弥勒净土论	松本文三郎著，张元林译	北京：宗教文化出版社	2001
166	新疆古佛寺	A. 格伦威德尔著，赵崇民译	北京：中国人民大学出版社	2001
167	敦煌石窟（第5卷：第57、322窟）（日文版）	赵声良编著	东京：文化学园，文化出版局	2001
168	中国敦煌壁画全集·敦煌2(西魏)[中国美术分类全集]	段文杰主编,刘建平、樊锦诗副主编	天津：天津人民美术出版社	2002
169	敦煌石窟全集·尊像画卷	罗华庆主编	香港：商务印书馆（香港）有限公司	2002
170	敦煌石窟全集·阿弥陀经画卷	施萍婷主编	香港：商务印书馆（香港）有限公司	2002
171	敦煌石窟全集·山水画卷	赵声良主编	香港：商务印书馆（香港）有限公司	2002

续表

序号	专著名称	作者	出版机构	出版年份
172	敦煌石窟全集·弥勒经画卷	王惠民主编	香港：商务印书馆（香港）有限公司	2002
173	敦煌历史与莫高窟艺术研究	史苇湘著	兰州：甘肃教育出版社	2002
174	敦煌与中西交通研究（敦煌学研究丛书）	孙修身著	兰州：甘肃教育出版社	2002
175	敦煌僧诗校辑	汪泛舟著	香港：香港和平图书出版有限公司	2002
176	中国壁画分类全集·敦煌壁画西魏卷	张元林主编	天津：天津人民美术出版社	2002
177	敦煌石窟藝術（I）（日文）	张元林主编	东京：文化出版局	2002
178	敦煌石窟（第 10 卷：第 61 窟）（日文版）	赵声良编著	东京：文化学园，文化出版局	2002
179	敦煌壁画乐舞研究	郑汝中著	兰州：甘肃教育出版社	2002
180	敦煌石窟全集·音乐画卷	郑汝中主编	香港：商务印书馆（香港）有限公司	2002
181	敦煌石窟全集·飞天画卷	郑汝中、台建群主编	香港：商务印书馆（香港）有限公司	2002
182	敦煌艺术展	敦煌研究院编	日本山阳新闻社	2002
183	《敦煌石窟》（第 254/260、285、428、420/419、57/322、45/46、158、9/12、14、61 窟等）（日文）	刘永增编著	东京：文化出版局	2002～2003
184	敦煌鉴赏·精选 50 窟	樊锦诗、刘永增著	南京：江苏美术出版社	2003
185	敦煌鑑賞ノート（日文）	樊锦诗、刘永增著	东京：文化出版局	2003
186	敦煌：真实与虚拟	潘云鹤、樊锦诗主编	杭州：浙江大学出版社	2003
187	敦煌石窟全集·图案卷（上、下）	关友惠主编	香港：商务印书馆（香港）有限公司	2003
188	敦煌石窟全集·楞伽经画卷	贺世哲主编	香港：商务印书馆（香港）有限公司	2003
189	敦煌石窟全集·塑像卷	刘永增主编	香港：商务印书馆（香港）有限公司	2003
190	敦煌石窟全集·密教画卷	彭金章主编	香港：商务印书馆（香港）有限公司	2003
191	敦煌石窟全集·石窟建筑画卷	孙毅华、孙儒僩主编	香港：商务印书馆（香港）有限公司	2003
192	敦煌石窟营造史导论	马德著	台湾：台湾新文丰出版公司	2003
193	感悟敦煌	欧阳琳著	兰州：甘肃人民出版社	2003
194	中国少数民族科学技术史丛书·化学与化工卷	王进玉主编	南宁：广西科学技术出版社	2003
195	回鹘文献与回鹘文化	杨富学著	北京：民族出版社	2003
196	常书鸿文集	敦煌研究院编	兰州：甘肃民族出版社	2004
197	敦煌石窟全集·佛传故事画卷	樊锦诗主编	香港：商务印书馆（香港）有限公司	2004

序号	专著名称	作者	出版机构	出版年份
198	灿烂佛宫：敦煌莫高窟考古大发现	樊锦诗、赵声良著	杭州：浙江文艺出版社	2004
199	敦煌石窟论稿	贺世哲著	兰州：甘肃教育出版社	2004
200	藏经洞史话	沙武田编著	北京：民族出版社	2004
201	敦煌习学集	施萍婷著	兰州：甘肃民族出版社	2004
202	敦煌石窟（日文版）	赵声良、西村三郎译	北京：中国旅游出版社	2004
203	敦煌落蕃旧事	赵晓星著	北京：民族出版社	2004
204	麦积山石窟线描集	唐冲绘	北京：人民美术出版社	2004
205	常书鸿画集	敦煌研究院编	长春：吉林美术出版社	2004
206	敦煌研究院美术创作作品集	敦煌研究院编	南京：江苏美术出版社	2004
207	敦煌艺术线描	敦煌研究院编	南京：江苏美术出版社	2004
208	敦煌石窟全集·再现敦煌	段文杰、樊锦诗主编	香港：商务印书馆（香港）有限公司	2005
209	敦煌石窟全集·藏经洞珍品卷	樊锦诗主编	香港：商务印书馆（香港）有限公司	2005
210	犍陀罗美术寻踪	李萍译、宫治昭著	北京：人民美术出版社	2005
211	敦煌遗书硬笔书法研究	李正宇著	台北：新文丰出版股份有限公司	2005
212	中国藏西夏文献·敦煌研究院藏卷	彭金章主编	兰州：敦煌文艺出版社	2005
213	敦煌文明再现	沙武田、梁红编著	兰州：甘肃人民出版社	2005
214	敦煌石窟全集·服饰画卷	谭蝉雪主编	香港：商务印书馆（香港）有限公司	2005
215	敦煌壁画風景の研究	赵声良著	东京：比较文化研究所	2005
216	敦煌壁画风景研究	赵声良著	北京：中华书局	2005
217	敦煌艺术展	敦煌研究院编	台南艺术大学、台北历史博物馆	2005
218	中国敦煌壁画全集·敦煌1（北凉·北魏）[中国美术分类全集]	段文杰、樊锦诗编	天津：天津人民美术出版社	2006
219	中国敦煌壁画全集·敦煌3（北周）[中国美术分类全集]	段文杰、樊锦诗编	沈阳：辽宁美术出版社，天津：天津人民美术出版社	2006
220	中国敦煌壁画全集·敦煌7（中唐）[中国美术分类全集]	段文杰、樊锦诗编	沈阳：辽宁美术出版社，天津：天津人民美术出版社	2006
221	敦煌学专题研究丛书	樊锦诗主编	兰州：甘肃教育出版社	2006～2010
222	敦煌艺术精品	樊锦诗主编，张伟文摄影	北京：中国画报出版社	2006
223	敦煌研究院美术创作集	敦煌研究院编	上海：上海古籍出版社	2006
224	2004年石窟研究国际学术会议论文集	敦煌研究院编	上海：上海古籍出版社	2006
225	敦煌学研究文库	樊锦诗主编	北京：民族出版社	2006

序号	专著名称	作者	出版机构	出版年份
226	敦煌图像研究·十六国北朝卷	贺世哲著	兰州：甘肃教育出版社	2006
227	北朝—隋时期敦煌法华图像研究	张元林著	兰州：甘肃教育出版社	2006
228	敦煌壁画解读	欧阳琳著	兰州：甘肃文化出版社	2006
229	敦煌民俗：丝路明珠传风情	谭蝉雪著	兰州：甘肃教育出版社	2006
230	万庚育临摹敦煌壁画选集	敦煌研究院编，万庚育绘	上海：上海古籍出版社	2006
231	麦积山石窟研究论文集	麦积山石窟艺术研究所编，夏朗云主编	兰州：甘肃人民出版社	2006
232	敦煌壁画艺术与疑伪经	殷光明著	北京：民族出版社	2006
233	中国敦煌壁画全集·敦煌北凉北魏卷	赵声良主编	沈阳：辽宁美术出版社 天津：天津人民美术出版社	2006
234	中国敦煌（汉译日）	王平先等译	南京：江苏美术出版社	2006
235	炳灵寺石窟艺术	甘肃炳灵寺文物保护研究所编	兰州：甘肃人民美术出版社	2006
236	敦煌石窟艺术研究	段文杰著	兰州：甘肃人民出版社	2007
237	敦煌之梦：纪念段文杰先生从事敦煌艺术保护研究 60 周年	段文杰著	南京：江苏美术出版社	2007
238	解读敦煌·从王子走向神坛：释迦牟尼的传奇人生	樊锦诗著	上海：上海人民出版社	2007
239	解读敦煌·天上人间舞蹁跹	王克芬著	上海：上海人民出版社	2007
240	解读敦煌·创造敦煌	孙毅华著	上海：上海人民出版社	2007
241	Appreciation of Dunhuang Grottoes, A Selection of 50 Caves	樊锦诗、刘永增著	南京：江苏美术出版社	2007
242	解读敦煌·中世纪动物画	刘玉权著	上海：上海人民出版社	2007
243	敦煌图案解析	欧阳琳著	兰州：甘肃文化出版社	2007
244	解读敦煌·敦煌考古大揭秘	彭金章著	上海：上海人民出版社	2007
245	敦煌画稿研究	沙武田著	北京：中央编译出版社	2007
246	解读敦煌·阿弥陀佛的中国之路	施萍婷著	上海：上海人民出版社	2007
247	印度宗教文化与回鹘民间文学	杨富学著	北京：民族出版社	2007
248	敦煌艺术十讲	赵声良著	上海：上海古籍出版社	2007
249	艺苑瑰宝：敦煌壁画与彩塑	赵声良著	兰州：甘肃教育出版社	2007
250	解读敦煌·佛国的天籁之音	郑汝中著	上海：上海人民出版社	2007
251	敦煌古代硬笔书法	李正宇著	兰州：甘肃人民出版社	2007
252	三危佛光	王惠民著	兰州：甘肃教育出版社	2007
253	解读敦煌·中世纪的敦煌	谭蝉雪著	上海：上海人民出版社	2007

序号	专著名称	作者	出版机构	出版年份
254	盛世和光·敦煌艺术	樊锦诗、范迪安主编	北京：人民教育出版社	2008
255	古韵新风：敦煌研究院美术作品展	敦煌研究院编	北京：人民教育出版社	2008
256	敦煌学导论	李正宇著	兰州：甘肃人民出版社	2008
257	古本敦煌乡土志八种笺证	李正宇著	兰州：甘肃人民出版社	2008
258	盛世遗风：敦煌的民俗（走近敦煌丛书）	谭蝉雪著	兰州：甘肃教育出版社	2008
259	瑞应寺遗珍	麦积山石窟艺术研究所编，夏朗云主编	兰州：甘肃人民出版社	2008
260	飞天艺术：从印度到中国	赵声良著	南京：江苏美术出版社	2008
261	佛教艺术的早期阶段	阿·福歇著，王平先、魏文捷译	兰州：甘肃人民出版社	2008
262	丝路放歌 情系奥运：敦煌艺术大展	敦煌研究院编	北京：中国社会科学出版社	2008
263	莫高窟史话	樊锦诗主编，赵声良副主编	南京：江苏美术出版社	2009
264	涅槃和弥勒的图像学	宫治昭著，李萍、张清涛译	北京：文物出版社	2009
265	敦煌写卷墨迹精选丛帖	敦煌研究院文献研究所编	兰州：甘肃人民美术出版社	2009
266	敦煌壁画故事与历史传说	沙武田编著	兰州：甘肃人民出版社	2009
267	莫高窟窟区丝绸的考古发现	王建军著	北京：中华书局	2009
268	再现北朝壁画之巅峰：杨晓东临摹麦积山石窟壁画精品集	杨晓东著	香港：中国文化出版社	2009
269	敦煌与隋唐城市文明	樊锦诗主编	上海：上海教育出版社	2010
270	敦煌石窟（英文版）	敦煌研究院编，樊锦诗主编	香港：伦敦出版（香港）有限公司	2010
271	中国敦煌学论著总目	樊锦诗、李国、杨富学编	兰州：甘肃人民出版社	2010
272	解读敦煌·敦煌彩塑	刘永增著	上海：华东师范大学出版社	2010
273	解读敦煌·佛国尊像	罗华庆著	上海：华东师范大学出版社	2010
274	解读敦煌·发现藏经洞	罗华庆著	上海：华东师范大学出版社	2010
275	解读敦煌·神秘的密教	彭金章著	上海：华东师范大学出版社	2010
276	解读敦煌·中世纪建筑画	孙毅华、孙儒僩著	上海：华东师范大学出版社	2010
277	解读敦煌·飞翔的精灵	郑汝中著	上海：华东师范大学出版社	2010
278	解读敦煌·弥勒佛与药师佛	王惠民著	上海：华东师范大学出版社	2010
279	解读敦煌·报恩父母经典故事	殷光明著	上海：华东师范大学出版社	2010
280	解读敦煌·敦煌装饰图案	关友惠著	上海：华东师范大学出版社	2010
281	解读敦煌·佛陀的本生因缘故事	李永宁著	上海：华东师范大学出版社	2010

序号	专著名称	作者	出版机构	出版年份
282	解读敦煌·法华经故事	贺世哲著	上海：华东师范大学出版社	2010
283	解读敦煌·禅宗经典故事	贺世哲著	上海：华东师范大学出版社	2010
284	中古敦煌佛教社会化论略	马德、王祥伟著	北京：中国社会科学出版社	2010
285	麦积山石窟考古断代研究：后秦开窟新证	夏朗云著	兰州：甘肃人民出版社	2010
286	敦煌壁画家具图像研究	杨森著	北京：民族出版社	2010
287	莫高余馥：饶宗颐敦煌书画艺术	敦煌研究院、香港大学饶宗颐学术馆编	香港：商务印书馆（香港）有限公司	2010
288	走进敦煌	敦煌研究院编	北京：中国文联出版社	2010
289	敦煌的颜色	敦煌研究院编	北京：中国科学出版社	2010
290	敦煌石窟全集·第一卷：莫高窟第266～275窟考古报告	敦煌研究院编	北京：文物出版社	2011
291	九十春秋：敦煌五十年	常书鸿著	北京：北京大学出版社	2011
292	灿烂佛宫（亲历考古丛书）	樊锦诗、赵声良著	杭州：浙江文艺出版社	2011
293	甘肃藏敦煌藏文文献叙录	马德主编，张延清、勘措吉、邰惠莉编写	兰州：读者出版集团	2011
294	敦煌莫高窟北区石窟研究（上、下）	彭金章主编	兰州：甘肃教育出版社	2011
295	敦煌学和科技史	王进玉著	兰州：甘肃教育出版社	2011
296	绝壁上的佛国：麦积山石窟艺术导览	董广强著	兰州：甘肃人民出版社	2011
297	敦煌意象·中日岩彩	敦煌研究院编	合肥：安徽美术出版社	2011
298	敦煌旧影：晚清民国老照片	敦煌研究院编	上海：上海古籍出版社	2011
299	敦煌翟氏研究	陈菊霞著	北京：民族出版社	2012
300	甘肃石窟志	敦煌研究院、甘肃省文物局编	兰州：甘肃人民出版社	2012
301	高台魏晋墓与河西历史文化研究	马德、罗华庆主编	兰州：甘肃教育出版社	2012
302	中国北方民族历史文化论稿（增订本）	杨富学著	兰州：甘肃民族出版社	2012
303	西夏与周边关系研究	杨富学、陈爱峰著	兰州：甘肃民族出版社	2012
304	回鹘学译文集	杨富学编译	兰州：甘肃民族出版社	2012
305	段文杰画集	敦煌研究院编	北京：朝华出版社	2012
306	敦煌：丝路佛光	樊锦诗、海蔚蓝主编	纽约：华美协进社	2013
307	敦煌佛教与石窟营建	王惠民著	兰州：甘肃教育出版社	2013、2017
308	煌煌大观：敦煌艺术	浙江美术馆、敦煌研究院编	杭州：浙江影天印业有限公司	2013
309	敦煌壁画复原图	史敦宇、欧阳琳、史苇湘、金洵瑨绘	南京：江苏美术出版社	2013
310	吐蕃统治时期敦煌石窟研究	沙武田著	北京：中国社会科学出版社	2013
311	消失的王国：吐蕃王朝	王东、张耀著	北京：中国国际广播出版社	2013
312	敦煌佛教歌辞研究	王志鹏著	北京：高等教育出版社	2013

续表

序号	专著名称	作者	出版机构	出版年份
313	回鹘与敦煌	杨富学著	兰州：甘肃教育出版社	2013
314	敦煌石窟艺术总论	赵声良著	兰州：甘肃教育出版社	2013
315	兰州非物质文化遗产·兰州耿家脸谱	赵燕林、汪冰著	兰州：敦煌文艺出版社	2013
316	陇上学人文存·樊锦诗卷	樊锦诗著，赵声良编选	兰州：甘肃人民出版社	2014
317	榆林窟艺术	敦煌研究院编著，樊锦诗主编	南京：江苏美术出版社	2014
318	敦煌：丝绸之路明珠佛教文化宝藏	樊锦诗主编，吴健摄影	北京：中国旅游出版社	2014
319	走近敦煌	敦煌研究院编	北京：中国文联出版社	2014
320	专家讲敦煌	樊锦诗主编	南京：江苏美术出版社	2014
321	敦煌艺缘：李其琼论文选、绘画集	李其琼著	兰州：甘肃人民美术出版社	2014
322	敦煌壁画故事全集·本生故事	梁尉英编著	兰州：甘肃民族出版社	2014
323	敦煌舞乐	史敦宇、欧阳琳、史苇湘、金洵瑨绘	兰州：甘肃人民美术出版社	2014
324	带你走进麦积山	孙晓峰著	兰州：甘肃文化出版社	2014
325	千年凿击而成的顶尖神话：莫高窟	王惠民著	兰州：甘肃教育出版社	2014
326	敦煌历史文化的价值与文化产业发展研究	罗华庆、纪永元、张先堂等主编	兰州：甘肃人民出版社	2014
327	敦煌文化探微	赵声良、戴春阳、张元林著	南京：江苏凤凰美术出版社	2014
328	敦煌石窟美术史·十六国北朝卷	赵声良等著	北京：高等教育出版社	2014
329	文明的穿越：世界四大博物馆巡礼	赵声良著	北京：中国青年出版社	2014
330	莫高窟的守望者	赵声良著	兰州：甘肃人民出版社	2014
331	敦煌学博士文库	樊锦诗主编	北京：民族出版社	2014～2016
332	中国石窟艺术·炳灵寺	甘肃炳灵寺文物保护研究所编	南京：江苏美术出版社	2014
333	中国石窟艺术·莫高窟	敦煌研究院编	南京：江苏美术出版社	2015
334	丝绸之路民族文献与文化研究	樊锦诗、才让、杨富学主编	兰州：甘肃教育出版社	2015
335	敦煌与丝绸之路：浙江、甘肃两省敦煌学研究会联合研讨会论文集	赵丰、罗华庆、许建平主编	杭州：浙江大学出版社	2015
336	敦煌石窟与文献研究	施萍婷著	杭州：浙江大学出版社	2015
337	敦煌诗解读	汪泛舟著	北京：世界图书北京出版公司	2015
338	中国古代西北民族文化丛书·吐蕃卷	王东著	兰州：甘肃人民出版社	2015
339	魅力敦煌	吴健主编	北京：中国旅游出版社	2015
340	西域敦煌宗教论稿续编	杨富学著	兰州：甘肃教育出版社	2015
341	回鹘学译文集新编	杨富学编译	兰州：甘肃教育出版社	2015

续表

序号	专著名称	作者	出版机构	出版年份
342	敦煌佛教感通画研究	张小刚著	兰州：甘肃教育出版社	2015
343	飞天花雨下的佛陀微笑	赵声良著	兰州：甘肃教育出版社	2015
344	敦煌石窟艺术简史	赵声良著	北京：中国青年出版社	2015
345	沙漠中的美术馆：敦煌莫高窟	赵晓星著	兰州：甘肃人民美术出版社	2015
346	兰州非物质文化遗产·兰州刻葫芦	赵燕林著	兰州：甘肃人民出版社	2015
347	生灵的歌	敦煌研究院编	上海：上海美术出版社	2015
348	敦煌文化与丝绸之路丛书	樊锦诗主编	南京：江苏凤凰美术出版社	2016
349	敦煌莫高窟第 454 窟研究	郭俊叶著	兰州：甘肃教育出版社	2016
350	敦煌壁画故事全集·因缘故事	梁尉英编著	兰州：甘肃民族出版社	2016
351	天水麦积山石窟第 127 窟研究	孙晓峰著	兰州：甘肃教育出版社	2016
352	敦煌石窟艺术全集·服饰画卷	谭蝉雪主编	上海：同济大学出版社	2016
353	敦煌石窟艺术全集·民俗画卷	谭蝉雪主编	上海：同济大学出版社	2016
354	敦煌佛教图像研究	王惠民著	杭州：浙江大学出版社	2016
355	敦煌石窟供养人研究述评	夏生平、卢秀文著	杭州：浙江大学出版社	2016
356	回鹘摩尼教研究	杨富学著	北京：中国社会科学出版社	2016
357	感通敦煌：佛教传播中的神异故事	张小刚著	兰州：甘肃教育出版社	2016
358	镶嵌在丝绸之路上的璀璨明珠：麦积山石窟	白秀玲著	兰州：甘肃人民美术出版社	2016
359	敦煌古代石刻艺术	吴军、刘艳燕著	兰州：甘肃人民出版社	2016
360	敦煌石窟与土遗址保护研究文献汇编	曾俊琴编著	兰州：兰州大学出版社	2016
361	事业单位会计制度讲解	李世龙编著	北京：地震出版社	2017
362	丝路驿传·驿政卷	王东著	兰州：甘肃人民出版社	2017
363	汉译佛经中的本生故事	王慧慧编著	兰州：甘肃教育出版社	2017
364	从蒙古豳王到裕固族大头目	杨富学、张海娟著	兰州：甘肃文化出版社	2017
365	北朝－隋时期敦煌法华图像研究	张元林著	兰州：甘肃教育出版社	2017
366	佛陀微笑	赵声良著	兰州：甘肃教育出版社	2017
367	吐蕃统治时期敦煌密教研究	赵晓星著	兰州：甘肃教育出版社	2017
368	梵室殊严：敦煌莫高窟第 361 窟研究	赵晓星著	兰州：甘肃人民美术出版社	2017
369	河西画像砖艺术	马玉华、赵吴成著	兰州：甘肃人民出版社	2017
370	丝路秘宝 阿富汗国家博物馆珍品	敦煌研究院编	北京：文化艺术出版社	2017
371	敦煌：说不完的故事	敦煌研究院编	香港文化博物馆	2017
372	甘肃藏敦煌藏文文献（1～31 册）	马德主编	上海：上海古籍出版社	2017～2021
373	敦煌古代工匠研究	马德著	北京：文物出版社	2018
374	敦煌文学与佛教文化研究	王志鹏著	兰州：甘肃文化出版社	2018

序号	专著名称	作者	出版机构	出版年份
375	敦煌民族史探幽	杨富学著	兰州：甘肃文化出版社	2018
376	回鹘文佛教文献研究	杨富学著	上海：上海古籍出版社	2018
377	敦煌壁画五台山图	赵声良主编	南京：江苏凤凰美术出版社	2018
378	东京往事	赵声良著	兰州：甘肃教育出版社	2018
379	敦煌旧事	赵声良著	兰州：甘肃教育出版社	2018
380	莫高窟之外的敦煌石窟	赵晓星著	兰州：甘肃人民美术出版社	2018
381	麦积山石窟文物工作七十年	董广强主编	北京：文物出版社	2018
382	丝路明珠 敦煌石窟在威尼斯	敦煌研究院编	北京：文化艺术出版社	2018
383	平山郁夫的丝路世界	敦煌研究院编	北京：朝华出版社	2018
384	敦煌艺术大辞典	敦煌研究院编	上海：上海辞书出版社	2019
385	我心归处是敦煌：樊锦诗自述	樊锦诗口述，顾春芳撰写	南京：译林出版社	2019
386	菩提树下	孙儒僩口述，齐双吉、杨雪梅撰写	北京：中国青年出版社	2019
387	俄藏敦煌文献叙录	邰惠莉主编	兰州：甘肃教育出版社	2019
388	皈依敦煌	万庚育著	北京：中国青年出版社	2019
389	中国马文化·马政卷	王东著	兰州：甘肃人民出版社	2019
390	莫高窟与吴哥窟的对话	吴健主编	杭州：浙江大学出版社	2019
391	敦煌壁画本生故事	谢生保编著	兰州：甘肃人民出版社	2019
392	丝路五道全史	杨富学主编	太原：山西教育出版社	2019
393	敦煌画研究	林保尧、赵声良、李梅译	杭州：浙江大学出版社	2019
394	北石窟寺旧影	崔惠萍主编	兰州：甘肃人民出版社	2019
395	2016 丝绸之路与永昌圣容寺国际学术研讨会论文集	杜斗城、丁得天主编	兰州：兰州大学出版社	2019
396	麦积山石窟旧影	董广强主编	南京：江苏凤凰美术出版社	2019
397	麦积山石窟栈道考古	董广强著	兰州：甘肃人民出版社	2019
398	讲解麦积山	董广强编著	兰州：甘肃人民出版社	2019
399	东方雕塑艺术陈列馆：麦积山石窟	何洪岩主编	西安：西安出版社	2019
400	神圣的绿洲	艾琳·文森特著，刘勤译	兰州：甘肃教育出版社	2019
401	高峡平湖的石室造像·炳灵寺石窟	贺延军主编	西安：西安出版社	2019
402	炳灵寺石窟篆刻书法集	甘肃炳灵寺文物保护研究所编	兰州：敦煌文艺出版社	2019
403	书写的温度 从古代文献到书籍艺术	敦煌研究院编	沈阳：辽宁美术出版社	2019
404	甘肃藏敦煌遗书研究文献引得	李国、师俊杰主编	兰州：甘肃教育出版社	2020
405	政府会计制度案例精讲大全：科目应用＋业务管理＋报表编制	李世龙编著	北京：中国铁道出版社有限公司	2020

序号	专著名称	作者	出版机构	出版年份
406	玛曲历史文化丛书·玛曲"四宝"	王东、崔星、孙建军编	兰州：甘肃文化出版社	2020
407	敦煌历史与佛教文化	王惠民著	兰州：甘肃文化出版社	2020
408	坚守大漠 筑梦敦煌：敦煌研究院发展历程	敦煌研究院编	兰州：甘肃教育出版社	2020
409	敦煌石窟经变画研究与述评	夏生平、卢秀文著	杭州：浙江大学出版社	2020
410	北国石刻与华夷史迹	杨富学著	北京：光明日报出版社	2020
411	霞浦摩尼教研究	杨富学著	北京：中华书局	2020
412	敦煌与形成期的裕固族	杨富学著	兰州：甘肃文化出版社	2020
413	敦煌：另类的释读	杨秀清著	兰州：甘肃人民出版社	2020
414	陇上学人文存·李正宇卷	张先堂编	兰州：甘肃人民出版社	2020
415	肃南马蹄寺石窟群	张小刚执笔	北京：科学出版社	2020
416	敦煌谈艺录	赵声良著	北京：文物出版社	2020
417	走进沙漠敦煌：莫高窟与藏书票艺术	赵晓星、徐晋林著	兰州：甘肃教育出版社	2020
418	唐代莫高窟壁画音乐图像研究	朱晓峰著	兰州：甘肃教育出版社	2020
419	麦积山石窟壁画艺术研究	杨晓东著	新加坡：百科出版社	2020
420	吐蕃时期的艺术珍品	敦煌研究院编	北京：中国藏学出版社	2020
421	甘肃特色文化普及丛书·石窟甘肃：中国石窟艺术走廊	郭俊叶编著	兰州：甘肃人民出版社	2021
422	莫高学堂丛书·敦煌莫高窟	艾绍强、李萍编著	北京：清华大学出版社	2021
423	莫高学堂丛书·敦煌飞天	杜冬梅编著	北京：清华大学出版社	2021
424	莫高学堂丛书·敦煌石窟中的科技	张世军编著	北京：清华大学出版社	2021
425	莫高学堂丛书·敦煌石窟中的装饰图案	向丽君编著	北京：清华大学出版社	2021
426	莫高学堂丛书·敦煌壁画中的世俗生活	韩文君编著	北京：清华大学出版社	2021
427	莫高学堂丛书·敦煌藏经洞探秘	刘勤编著	北京：清华大学出版社	2021
428	莫高学堂丛书·敦煌与丝绸之路	宋淑霞编著	北京：清华大学出版社	2021
429	莫高学堂丛书·敦煌壁画中的服饰	关燕茹编著	北京：清华大学出版社	2021
430	世纪敦煌：跨越百年的莫高窟影像	孙志军编著	北京：中信出版社	2021
431	敦煌民族史	杨富学、张海娟、胡蓉、王东著	北京：社会科学文献出版社	2021
432	佛教影响下的敦煌文学	王志鹏著	北京：人民出版社	2021
433	裕固族文化研究	杨富学主编	兰州：甘肃文化出版社	2021
434	汉唐长安与西域文明	杨富学主编	兰州：甘肃文化出版社	2021
435	艺苑瑰宝：敦煌壁画与彩塑（汉英对照版）	赵声良著，姜焕文译	兰州：甘肃教育出版社	2021

续表

序号	专著名称	作者	出版机构	出版年份
436	写给青少年的敦煌故事：敦煌艺术	赵声良著	兰州：甘肃教育出版社	2021
437	写给青少年的敦煌故事：守望敦煌	赵声良著	兰州：甘肃教育出版社	2021
438	写给青少年的敦煌故事：经典洞窟	赵晓星著	兰州：甘肃教育出版社	2021
439	写给青少年的敦煌故事：密室宝藏	赵晓星、杨婕著	兰州：甘肃教育出版社	2021
440	写给青少年的敦煌故事：壁画故事	赵晓星、张博著	兰州：甘肃教育出版社	2021
441	写给青少年的敦煌故事：敦煌之最	王慧慧著	兰州：甘肃教育出版社	2021
442	写给青少年的敦煌故事：丝路明珠	孔令梅著	兰州：甘肃教育出版社	2021
443	永昌文史资料（第十三辑）	丁得天主编	北京：中国文史出版社	2021
444	麦积山石窟史话	麦积山石窟艺术研究所编	南京：江苏凤凰美术出版社	2021
445	敦煌研究院藏敦煌文献叙录（续）	王海云、梁旭澍编著	北京：人民邮电出版社	2021
446	璀璨千年的梦里敦煌：莫高窟	吴军、刘艳燕著	西安：西安出版社	2021
447	琉光溢彩：平山郁夫丝绸之路美术馆藏古玻璃器珍品	敦煌研究院编著	广州：岭南美术出版社	2021
448	敦煌服饰文化图典·初唐卷	刘元风、赵声良主编	北京：中国纺织出版社有限公司	2022
449	敦煌岁时节令	杜鹃、赵晓星、田舒源、王芳芳著	南京：江苏凤凰美术出版社	2022
450	甘肃藏敦煌藏文文献勘录（1～30）	勘措吉、万玛项杰主编	兰州：甘肃民族出版社	2022
451	西夏石窟艺术研究	刘玉权著	兰州：甘肃文化出版社	2022
452	陇上学人文存·马德卷	马德著	兰州：甘肃人民出版社	2022
453	敦煌草书写本识粹（第一辑）	马德、吕义主编	北京：社会科学文献出版社	2022
454	甘肃中小石窟调查·天水卷	敦煌研究院、甘肃省文物局编著	北京：科学出版社	2022
455	中国古代丝绸之路诗歌研究	王志鹏、张瑛著	兰州：兰州大学出版社	2022
456	唐宋回鹘史研究	杨富学著	北京：科学出版社	2022
457	《述善集》与河南濮阳西夏遗民研究	杨富学著	兰州：甘肃文化出版社	2022
458	唐宋时期敦煌大众的知识与思想	杨秀清著	兰州：甘肃人民出版社	2022
459	敦煌山水画史	赵声良著	北京：中华书局	2022
460	敦煌：从新石器时代到今天	赵晓星著	北京：北京时代华文书局	2022
461	敦煌の年中行事	赵声良主编，杜鹃、赵晓星、王芳芳、田舒源著；山本孝子译	北京：朝华出版社	2022
462	中国石窟文化丛书·第一辑 天水麦积山	董广强主编	上海：上海交通大学出版社	2022
463	陇东石窟	臧全红主编	上海：上海交通大学出版社	2022
464	不可错过的麦积山	臧全红、项一峰著	南京：江苏凤凰出版社	2022
465	壁画宝库的旖旎：敦煌莫高窟	华尔洁著	上海：中国中福会出版社	2022

序号	专著名称	作者	出版机构	出版年份
466	敦煌服饰文化图典·盛唐卷（上、下册）	刘元风、赵声良主编	北京：中国纺织出版社有限公司	2023
467	甘肃藏敦煌文献（1～12）	敦煌研究院编	兰州：甘肃教育出版社	2023
468	樊锦诗文集	樊锦诗著，敦煌研究院编选	北京：文物出版社	2023
469	敦煌莫高窟土塔研究	郭俊叶著	北京：科学出版社	2023
470	林泉积瑞：文化景观视野下的麦积山石窟价值阐释研究	李天铭著	北京：知识产权出版社	2023
471	中国诗词新解	汪泛舟著	香港：中华书局（香港）有限公司	2023
472	麦积山石窟考古研究新视野	夏朗云著	北京：文物出版社	2023
473	丝绸之路与中外关系史诸相	杨富学著	兰州：甘肃文化出版社	2023
474	由松漠暨流沙：辽金历史初探	杨富学著	兰州：甘肃文化出版社	2023
475	丝绸之路古钱币研究	杨富学、袁炜主编	兰州：甘肃文化出版社	2023
476	麦积山石窟第 4 窟研究	张铭著	兰州：甘肃教育出版社	2023
477	敦煌壁画风景研究（修订本）	赵声良著	北京：中华书局	2023
478	亲历中国考古·灿烂敦煌	樊锦诗、赵声良著	杭州：浙江文艺出版社	2023
479	榆林窟壁画乐舞图像研究	朱晓峰著	北京：文物出版社	2023
480	西千佛洞艺术	刘勤著	南京：江苏凤凰美术出版社	2023
481	敦煌：千载情缘的故事	香港文化博物馆、敦煌研究院编	香港文化博物馆	2023
482	敦行故远：故宫·敦煌特展	故宫博物院、敦煌研究院编	北京：故宫出版社	2023
483	"画"中有话：敦煌石窟百讲	刘文山、韩文君、郭瑶、边磊、杜冬梅编	长沙：湖南文艺出版社	2023
484	敦煌一粒砂	禚鹏志绘	兰州：甘肃文化出版社	2023
485	甘肃岷县大崇教寺文书整理与研究	彭晓静著	北京：文物出版社	2023
486	敦煌石窟全集·第二卷：莫高窟第256、257、259窟考古报告	敦煌研究院编	北京：文物出版社	2024
487	藏经洞敦煌艺术精品（大英博物馆）	赵声良主编	杭州：浙江古籍出版社	2024
488	陇南石窟	孙晓峰编著	上海：上海交通大学出版社	2024
489	敦煌两千年	王慧慧著	北京：北京化学化工出版社	2024
490	多彩莫高窟	王慧慧著	北京：北京化学化工出版社	2024
491	千年瑰宝守护人：莫高窟人的奋斗历程	敦煌研究院编	兰州：甘肃人民出版社	2024
492	从敦煌出发：吴健摄影艺术作品	吴健主编	南京：江苏凤凰美术出版社	2024
493	敦煌壁画中的儿童生活	杨秀清著	西安：未来出版社	2024
494	敦煌香花艺术	盛岩海、鲁雯著	兰州：甘肃民族出版社	2024

续表

序号	专著名称	作者	出版机构	出版年份
495	丝路光华：敦煌石窟艺术特展	敦煌研究院编	高雄：佛光山佛陀纪念馆	2024
496	不可错过的敦煌	殷博著	南京：江苏凤凰美术出版社	2024
497	春华秋实："敦煌班"四十周年作品集	敦煌研究院编	南京：江苏凤凰美术出版社	2024
498	传艺启新：敦煌图案艺术创新设计人才培训项目作品集	敦煌研究院编	南京：江苏凤凰美术出版社	2024
499	敦煌：从新石器时代到今天（汉英对照）	赵晓星著	北京：朝华出版社	2024
500	敦煌写本禅籍辑校	杨富学、张田芳、王书庆辑校	北京：文物出版社	2024

第四章

文化弘扬

敦煌研究院充分发挥六处石窟在科学、文化和艺术方面的宣传教育作用，坚持守正创新，推动学术研究成果展示与应用，积极推进敦煌文化创造性转化与创新性发展，提升游客的参观体验，建设展览展示平台和内容创作团队，认真履行国家一级博物馆职能，开展丰富多彩的社会公众教育活动；用全新的创意阐释石窟文化内涵，打造以石窟艺术为主题的文物展览与研学品牌，构建特色文创产品体系，推进文化与科技、教育、旅游等产业的深度融合，激发文化产业发展活力；坚持"引进来"和"走出去"相结合，加强对外文化交流与传播，不断创新文化弘扬方式，着力提升弘扬质量。

4.1
旅游管理与开放服务

　　80 年来，敦煌研究院在遗址的保护与开放管理方面开展了一系列的探索和实践，不断创新管理模式，完善服务设施，优化参观服务，促进服务质量和管理水平的同步提升，构建了基于游客承载量的石窟旅游开放的新模式。

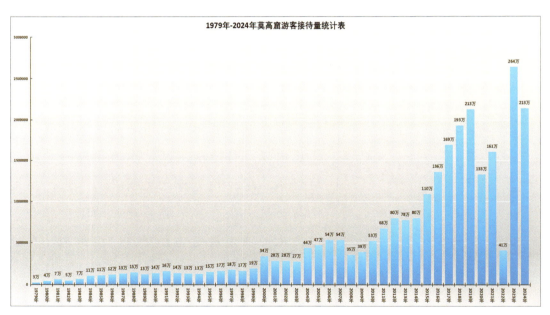

图 4.1.1　1979～2024 年莫高窟游客接待人数统计表（截至 2024 年 8 月 18 日）

　　截至 2024 年 8 月，敦煌研究院所辖六处石窟共计接待来自 100 多个国家和地区的游客 4397 万人次。其中，莫高窟自 1979 年开放以来接待游客近 2700 万人次，麦积山石窟自 1985 年开放以来接待游客 1248 万人次，炳灵寺石窟自 1980 年开放以来接待游客 225 万人次，榆林窟自 1998 年开放以来接待游客 90 万人次，西千佛洞自 1997 年开放以来接待游客 109 万人次，北石窟寺自 2013 年开放以来接待游客 25 万人次。

4.1.1 **探索阶段**（1944～1979）

1944 年，敦煌艺术研究所成立之初，为了规范当地百姓在莫高窟的烧香礼佛活动，相继制定了《千佛洞游览规约》《敦煌千佛洞安西万佛峡保管办法》《敦煌艺术研究所管理石窟壁画塑像及其他古迹摄制照片及电影暂行办法》《敦煌莫高窟志略》《拓印千佛洞碑碣管理办法》等洞窟管理规则以及进窟工作和参观办法。

图 4.1.2 1944 年，制定《千佛洞游览规约》

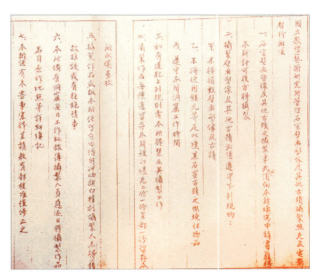

图 4.1.3 1944 年，制定《敦煌艺术研究所管理石窟壁画塑像及其他古迹摄制照片及电影暂行办法》

图 4.1.4 1944 年"四月初八"庙会当地香客在洞窟围墙外停放的马车

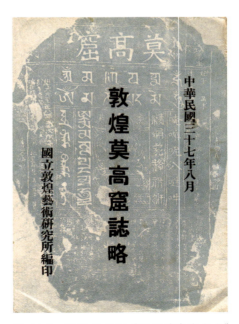

图 4.1.5 1948 年编印《敦煌莫高窟志略》

1950 年，敦煌文物研究所遴选出一批代表性洞窟用于参观考察，1955 年对开放洞窟编制内容说明牌，1978 年制定两种洞窟参观方案。

1978 年，国务院副总理方毅在视察敦煌莫高窟时，向常书鸿提出要加大对敦煌的开放和宣传力度，尤其要在宣传方面多下功夫。

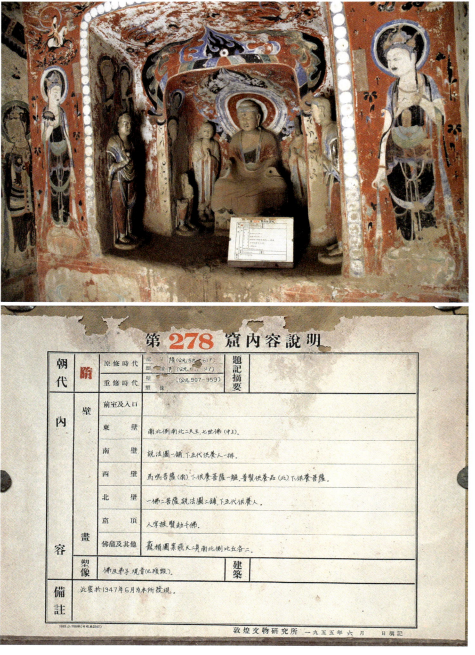

图 4.1.6　莫高窟第 278 窟设置的洞窟内容说明牌

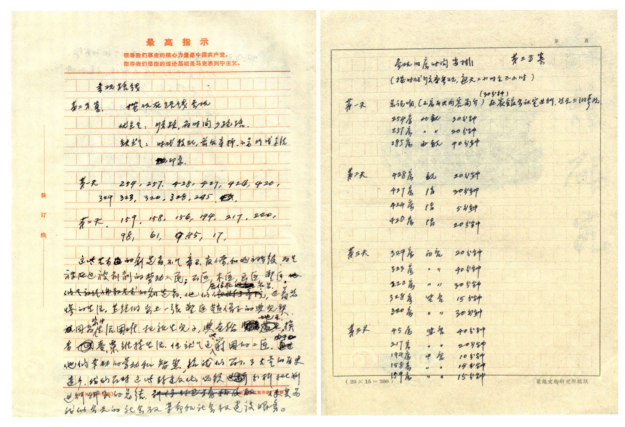

图 4.1.7　1978 年策划的洞窟参观方案

4.1.2 发展阶段（1979～2014）

1979 年，莫高窟正式对外开放，敦煌文物研究所制定了《敦煌莫高窟开放暂行办法》。

1982 年，国家物价局、文化部、国家旅游局联合印发《关于确定第一批特殊文物参观点甲种门票价格的通知》，莫高窟等五处遗址被列为第一批对外开放的特殊文物景点。敦煌文物研究所为分流游客制定了分区域的开放模式，实行甲票、乙票和外宾票的多票种参观制度。

图 4.1.8　莫高窟甲、乙票及优待券

1988 年，为满足文物工作者、专家学者、大中专院校师生和传统文化爱好者的参观需求，敦煌研究院遴选并增设了专业洞窟、调节洞窟和特殊保护洞窟（特窟）。

1998 年，随着游客大幅增长，为提升游客的参观质量，实行甲乙票并轨，向所有参观游客提供讲解服务。

1999 年，国务院公布了新的《全国年节及纪念日放假办法》，为应对"黄金周"大客流，敦煌研究院探索实行值守洞窟的接待方式。

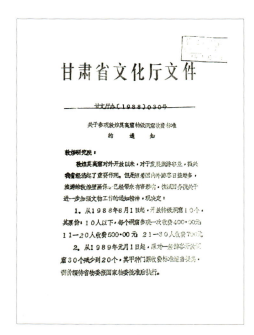

图 4.1.9　1988 年，甘肃省文化厅对敦煌莫高窟特级洞窟收费标准的批复文件

进入 21 世纪，随着西部大开发政策实施，旅游业蓬勃发展，为缓解超大客流的接待压力，敦煌研究院设计推出了"双向单循环"参观游线，有效减轻了洞窟的承载压力，提升了游客的参观体验。

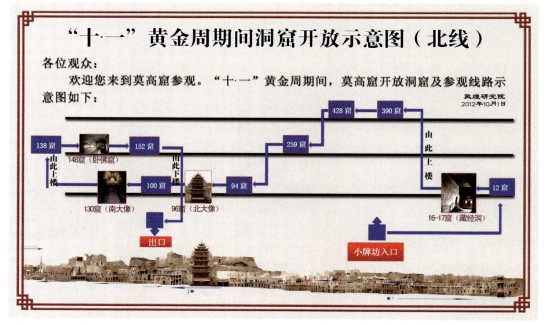

图 4.1.10　莫高窟游线示意图

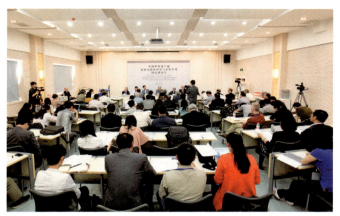

图 4.1.11 2013 年，中国世界遗产地游客承载量研究与游客管理国际研讨会在敦煌举办

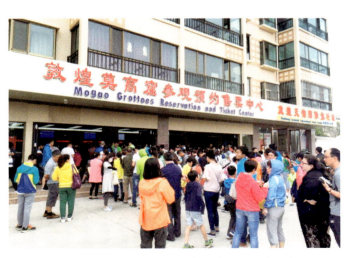

2001 年起，敦煌研究院与国内外相关科研机构合作开展游客承载量研究。根据洞窟容量、文物病害、文物价值、环境因素（相对湿度、二氧化碳等）、游客数量、停留时间等多种因素，核定莫高窟游客承载量。

从 2002 年开始，敦煌研究院按照《敦煌莫高窟保护总体规划》中的相关要求，持续开展游客调查研究工作，编写完成《游客调查规范手册》。截至 2023 年，累计完成各类游客调查近 50 次，回收有效调查问卷 7 万余份，归纳整理游客有效意见建议 4000 余条。

莫高窟游客调查问卷（B类票）

尊敬的女士/先生：

您好！欢迎您来莫高窟参观游览！

我们诚挚邀请您填写这份调查问卷，以便了解您的参观需求与体验感受。您的意见和建议将有助于我们不断提升文化遗产地的旅游管理水平与游客服务质量。

您的积极参与就是对文化遗产最贴心的呵护！

敦煌研究院·莫高窟开放管理委员会

一、基本信息

1. 您来自：______省（自治区、直辖市）______市（县）
2. 您的性别：□ 男 □ 女
3. 您的年龄：□ 15岁以下 □ 16-22岁 □ 23-30岁 □ 30-40岁 □ 40-50岁 □ 50-60岁 □ 60-70岁 □ 70岁以上
4. 您的学历：□ 高中及以下 □ 大专 □ 本科 □ 研究生及以上
5. 您的职业：□ 公务员 □ 农民 □ 军人与警察 □ 学生 □ 商人 □ 企业员工 □公司职员 □ 个体从业人员 □自由职业者 □ 科研工作者 □ 教育工作者 □ 医务工作者 □ 文化艺术工作者 □如果您从事其他的职业，请具体填写______

二、参观动机与参观方式

6. 您来莫高窟参观的主要目的是：（多选题）
□ 慕名而来，到此一游 □ 对敦煌的历史文化感兴趣，提升自己的文化艺术修养 □ 旅游爱好者，喜欢周游世界，增广见闻 □ 带孩子增长见识，学习传统文化经典 □ 工作需要，专程考察学习 □ 探亲访友或出差路过，顺道参观 □ 休闲度假 □ 其他，请具体填写______
7. 您参观游览莫高窟的方式是：（多选题）
□ 自助旅游 □ 随团旅游 □ 单位或学校组织 □ 独自旅行 □ 与家人同行 □ 与朋友同行 □ 其他，请具体填写______
8. 您是乘坐哪种交通工具抵达敦煌的？（单选）
□ 火车 □ 长途客运汽车 □ 飞机 □自驾车(□自行车 □摩托车 □房车)
9. 这是您第一次参观游览莫高窟吗？

1/3

图 4.1.12 游客调查问卷

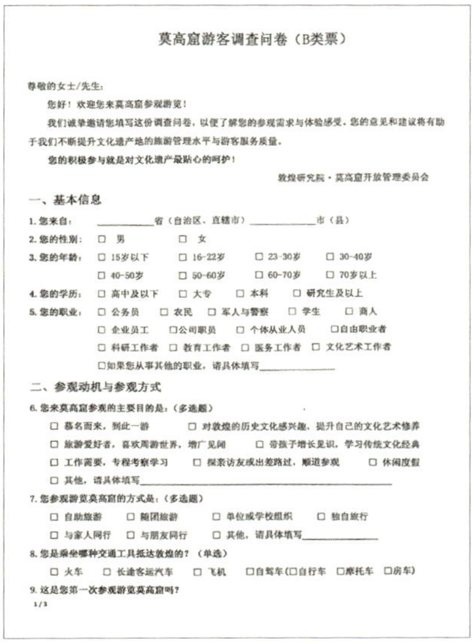

2003 年，敦煌研究院试行针对旅行社团队的莫高窟参观预约制度，并于 2005 年在敦煌市区设立“莫高窟参观预约中心”，提供电话预约服务。随着莫高窟开放服务信息化管理工作的深入，2007 年，参观预约方式由人工预约发展为网络预约。

4.1.3 创新阶段（2014 年至今）

2014 年 8 月，莫高窟数字展示中心建成投运，以“单日总量控制、门票网络预约、数字洞窟展示、实体洞窟参观”为主要内容的莫高窟旅游开放新模式正式运行。

图 4.1.13 2015 年设立敦煌市区莫高窟参观预约售票中心

莫高窟数字展示中心是莫高窟保护利用工程的核心子项目。2003 年，全国政协委员、敦煌研究院院长樊锦诗在全国政协十届一次会议上提交《建设敦煌莫高窟游客服务中心的建议》提案，2007 年获得国家发展改革委批准立项，2008 年开始设计，2010

图 4.1.14　2014 年 9 月 10 日，敦煌莫高窟保护利用工程竣工启用仪式

图 4.1.15　莫高窟数字展示中心外景

年开工建设。

　　2014 年，敦煌研究院成立莫高窟数字展示中心，以"科学规范管理，专业优质服务，高效有力保障"为目标，正式开展场馆运营管理工作。

图 4.1.16　主题电影《千年莫高》

图 4.1.17　球幕电影《梦幻佛宫》

　　为实现新模式运行管理的规范化和制度化，先后编写《莫高窟数字展示中心开放运营手册》和《数字展示中心员工工作手册》等一系列管理文件。

图 4.1.18　《莫高窟游客中心运营手册》《莫高窟数字展示中心员工服务用语手册》《莫高窟数字展示中心工作手册》

为更加广泛地推广新模式，敦煌研究院精心编制中、英双语导览册，拍摄宣传片，建立莫高窟旅游"百度体验馆"，开发预约购票APP，升级改造敦煌莫高窟参观预约售票中心，积极拓展宣传渠道，及时发布莫高窟旅游开放信息。

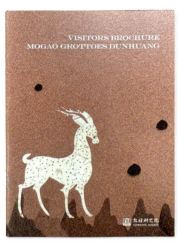

图 4.1.19　编制《莫高窟参观导览册》（中英文版）

2014 年，敦煌研究院成立莫高窟开放管理委员会，设置莫高窟开放管理调度指挥中心，依托平安石窟系统、莫高窟监测预警系统、预约调度系统、导游管理系统、车辆调度系统，运用大数据与可视化技术，最大程度实现"资源共享、信息互通、指挥高效、响应及时"的运行管理目标。

图 4.1.20　莫高窟旅游开放调度中心

依托敦煌文化遗产管理实践和经验，敦煌研究院先后编制了《石窟寺开放管理导则》、国家标准《文物保护单位开放服务规范》以及地方标准《文物保护单位游客调查规范》。

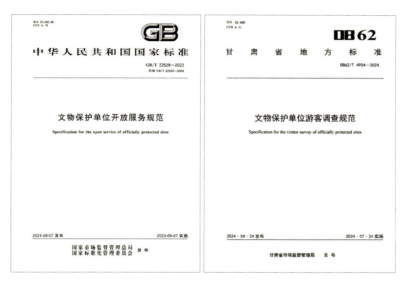

图 4.1.21 《文物保护单位开放服务规范》和《文物保护单位游客调查规范》

敦煌研究院积极推进智慧景区建设，构建高效的管理平台，通过有效整合信息化系统、服务资源及管理要素，实现智慧管理与服务的新突破。自 2014 年莫高窟参观预约网上线以来，实现了用户线上分时预约，全员实名预约，开通了多种支付方式，部署了自助售票设备，增加了人证核验检票功能，为游客参观提供了更加高效、便捷的服务。

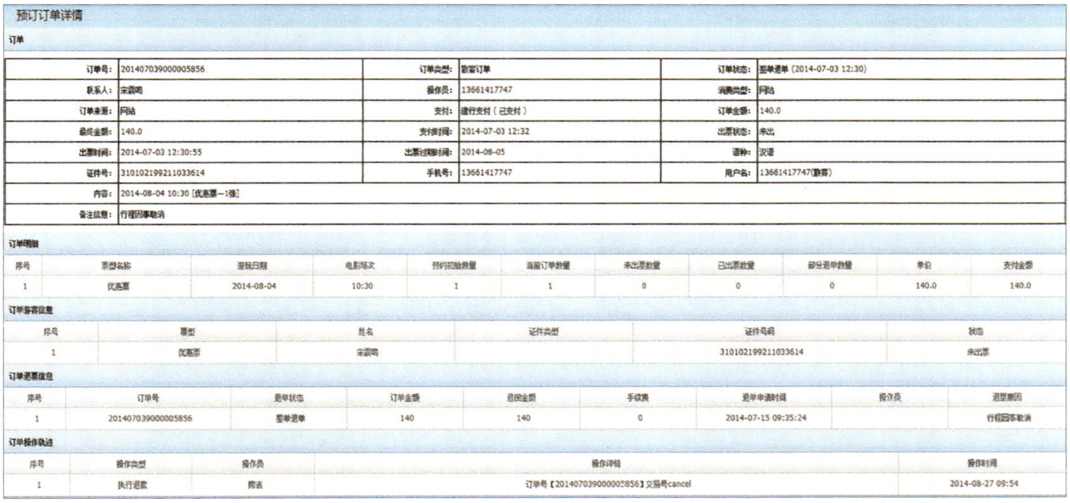

预订订单详情

订单

订单号：	201407039000005856	订单类型：	散客订单	订单状态：	整单退单（2014-07-03 12:30）
联系人：	宋[illegible]鸣	操作员：	13661417747	消费类型：	网站
订单来源：	网站	支付：	建行支付（已支付）	订单金额：	140.0
最终金额：	140.0	支付时间：	2014-07-03 12:32	出票状态：	未出
出票时间：	2014-07-03 12:30:55	出票过期时间：	2014-08-05	语种：	汉语
证件号：	310102199211033614	手机号：	13661417747	用户名：	13661417747(散客)
内容：	2014-08-04 10:30［优惠票—1张］				
备注信息：	行程因事取消				

订单明细

序号	票型名称	游玩日期	电影场次	预约初始数量	当前订单数量	未出票数量	已出票数量	部分退单数量	单价	支付金额
1	优惠票	2014-08-04	10:30	1	1	0	0	0	140.0	140.0

订单游客信息

序号	票型	姓名	证件类型	证件号码	状态
1	优惠票	宋[illegible]鸣		310102199211033614	未出票

订单退票信息

序号	订单号	退单状态	订单金额	退回金额	手续费	退单申请时间	操作员	退票原因
1	201407039000005856	整单退单	140	140	0	2014-07-15 09:35:24		行程因事取消

订单操作轨迹

序号	操作类型	操作员	操作详情	操作时间
1	执行退款	[illegible]	订单号【201407039000005856】交易号cancel	2014-08-27 09:54

图 4.1.22　2014 年 7 月 3 日中午 12 点 30 分首张预约订单产生

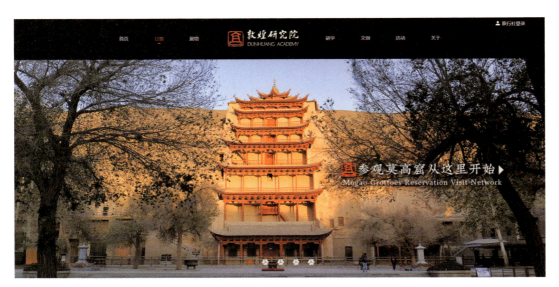

图 4.1.23　莫高窟参观预约网

图 4.1.24　自助售票设备和人证核验系统

通过召开旅游政策说明会，与旅行社签署《敦煌市旅行社诚信经营承诺书》，发布《致旅行社的一封信》，建立协调配合机制，引导广大游客以及旅行社提前掌握政策信息。

2015年，为有效应对莫高窟暑期超大客流，最大限度满足游客的参观需求，敦煌研究院实行"预约+应急"的旺季大客流应急模式。为进一步规范和加强应急参观管理，2018年莫高窟应急票全面实现线上预约。

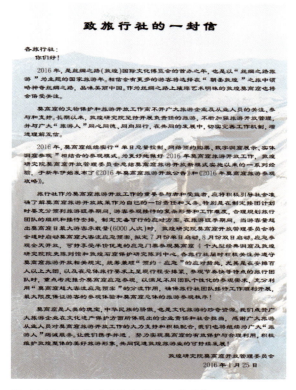

图 4.1.25　发布《致旅行社的一封信》

图 4.1.26　莫高窟应急参观

2022 年，全面更新升级了数字展示中心影院系统，采用性能卓越的激光投影设备、画面自动融合系统及国际领先的播放控制系统，以高分辨率的图像和绚丽的色彩为游客呈现敦煌石窟艺术魅力，增强沉浸式体验。

图 4.1.27　升级后的影院系统

为向游客提供人性化、精细化服务，不断优化景区旅游开放服务基础设施，持续提升服务品质，搭建应急遮阳棚，布设高压微雾降温设备，新建人行地下通道，扩建公共卫生间，增设应急停车场，完善景区标识导览系统，开设绿色通道，开通参观预约咨询服务热线，提供行李寄存、宠物寄存、医疗救助等便民服务，全面提升了游客服务质量。

图 4.1.28　应急停车场

图 4.1.29　莫高窟参观预约咨询服务

图 4.1.30　宠物寄存服务

2016 年至今，敦煌研究院圆满完成了六届丝绸之路（敦煌）国际文化博览会参会嘉宾的莫高窟参观考察任务，共计接待嘉宾 1.1 万人次。

图 4.1.31　丝绸之路（敦煌）国际文化博览会参会嘉宾在莫高窟参观

2024 年莫高窟参观预约网升级"一院六地"门票预约管理功能，实现了院辖六处石窟门票查询、预约、支付、信息发布等一站式服务。

图 4.1.32　莫高窟参观预约网界面

针对游客日益增长的文化体验需求，敦煌研究院于2017年提出建设集数字展示、文化体验、游客服务为一体的莫高窟数字展示中心项目（二期）。2019年该项目获得甘肃省发展改革委批复，2022年开工建设，2024年12月建成投运。

图 4.1.33　莫高窟数字展示中心项目（二期）效果图

图 4.1.34　2024年12月，莫高窟数字展示中心项目（二期）建成投运

4.2
石窟讲解与培训

讲解员的专业素质决定着遗产价值的展示效果，自 1979 年莫高窟正式对外开放以来，敦煌研究院通过多元化的培训方式，着力打造专业化讲解团队，为中外游客提供优质的石窟讲解服务。

4.2.1 石窟讲解

（一）兼职讲解（1944～1979 年）

1944 年敦煌艺术研究所成立之初，讲解工作由研究所的研究人员兼职担任。

图 4.2.1　1956 年，史苇湘在四月初八庙会期间用广播向群众介绍莫高窟

图 4.2.2　1961 年，张学荣为赛福鼎·艾则孜讲解洞窟

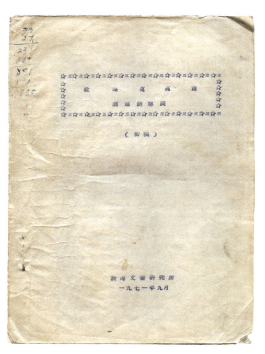

图 4.2.3　1971 年，敦煌文物研究所组织编写的《敦煌莫高窟洞窟讲解词》

（二）专职讲解（1979 年至今）

1979 年，莫高窟正式对外开放。敦煌文物研究所增设了接待室，负责国内外游客及专业人士的接待讲解工作。1981 年，敦煌文物研究所面向全社会公开招聘了第一批专职讲解员。

1982 年莫高窟被确定为第一批对外开放的特殊文物景点，1987 年莫高窟被批准列入世界文化遗产名录。为应对不断增多的外国游客，敦煌研究院随之开始培养外语讲解人才，至今已拥有一支能够熟练运用中、英、日、韩、法、德六种语言的专业讲解队伍。

图 4.2.4　1981 年，樊锦诗与敦煌文物研究所公开招录的第一批专职讲解员

图 4.2.5　2006 年敦煌研究院讲解员合影

图 4.2.6　2024 年文化弘扬部全体员工合影

　　20 世纪 90 年代初，敦煌研究院率先在文博系统推行讲解员管理体制改革，在讲解员岗位职责、选拔标准、培训流程、考核晋升等方面建立了科学的管理机制，先后制定了《讲解员等级评定管理办法》《讲解员培训管理制度》《讲解员行为准则与规范》等规章制度，使讲解员队伍的管理逐渐实现了制度化。

图 4.2.7　2001 年敦煌研究院讲解员定级考试

　　经过多年的培训和实践，讲解员能够撰写专业的讲解词，并为不同类型的游客提供生动的讲解服务，做到"常讲常新，因人施讲"。

图 4.2.8　讲解员为游客提供讲解服务

图 4.2.9　讲解员编写的中文、外文讲解词

　　为了不断提升讲解员的专业素养，敦煌研究院积极组织讲解员参加各类讲解技能大赛。先后在国家、省市举办的各类比赛中取得优异成绩，累计荣获国家级荣誉 16 次、省级荣誉 79 次，市级表彰 31 次。

图 4.2.10　讲解大赛获奖证书

表 4.2.1 敦煌研究院讲解员讲解大赛获奖（厅局级及以上）列表（2016 年至今）

序号	获奖人	荣誉名称	颁奖机构	授奖年份
1	李嘉丽	全国科普讲解大赛三等奖	科学技术部	2016
2	李嘉丽	甘肃省科普大赛一等奖	甘肃省科学技术厅 甘肃省科学技术协会	2016
3	何靓	甘肃省科普大赛二等奖	甘肃省科学技术厅 甘肃省科学技术协会	2016
4	吴雪婷	甘肃省科普大赛三等奖	甘肃省科学技术厅 甘肃省科学技术协会	2016
5	陈海燕	甘肃省科普大赛一等奖	甘肃省科学技术厅 甘肃省科学技术协会	2017
6	边磊	甘肃省科普大赛三等奖	甘肃省科学技术厅 甘肃省科学技术协会	2017
7	高兆男	甘肃省科普大赛三等奖	甘肃省科学技术厅 甘肃省科学技术协会	2017
8	周颖	"中国故事——甘肃博物馆优秀讲解案例展示推介活动"甘肃博物馆专业组二等奖	甘肃省博物馆协会	2017
9	魏欣阳	"中国故事——甘肃博物馆优秀讲解案例展示推介活动"甘肃博物馆专业组三等奖	甘肃省博物馆协会	2017
10	边磊	"中国故事——甘肃博物馆优秀讲解案例展示推介活动"甘肃博物馆专业组三等奖	甘肃省博物馆协会	2017
11	何靓	"中国梦 劳动美"——学习贯彻习近平新时代中国特色社会主义思想和党的十九大精神职工演讲比赛一等奖	甘肃省博物馆协会	2018
12	陆帅洋	全国科普讲解大赛三等奖	科学技术部	2018
13	陆帅洋	甘肃省科普大赛一等奖	甘肃省科学技术厅 甘肃省科学技术协会	2018
14	陈海燕	甘肃省科普大赛二等奖	甘肃省科学技术厅 甘肃省科学技术协会	2018
15	靳晖	甘肃省科普大赛三等奖	甘肃省科学技术厅 甘肃省科学技术协会	2018
16	颜智宵	甘肃省科普大赛三等奖	甘肃省科学技术厅 甘肃省科学技术协会	2018
17	华明婷	甘肃省科普大赛一等奖	甘肃省科学技术厅 甘肃省科学技术协会	2019
18	詹文花	庆祝中华人民共和国成立 70 周年演讲比赛一等奖	甘肃省文物局	2019
19	吴嘉瑶	甘肃省科普大赛三等奖	甘肃省科学技术厅 甘肃省科学技术协会	2020

序号	获奖人	荣誉名称	颁奖机构	授奖年份
20	班锐	甘肃省科普大赛三等奖	甘肃省科学技术厅 甘肃省科学技术协会	2020
21	赵轩	庆祝中国共产党成立 100 周年全国博物馆讲解员大赛三等奖	中国博物馆协会	2021
22	赵轩	庆祝中国共产党成立 100 周年甘肃省博物馆纪念馆讲解员大赛一等奖	甘肃省文物局	2021
23	何靓	庆祝中国共产党成立 100 周年甘肃省博物馆纪念馆讲解员大赛一等奖	甘肃省文物局	2021
24	陆帅洋	庆祝中国共产党成立 100 周年甘肃省博物馆纪念馆讲解员大赛二等奖	甘肃省文物局	2021
25	何嫱	庆祝中国共产党成立 100 周年甘肃省博物馆纪念馆讲解员大赛三等奖	甘肃省文物局	2021
26	陆帅洋	各省市区社科普及基地讲解员大赛三等奖	各省社科联	2022
27	韩文婷	甘肃省科普大赛二等奖	甘肃省科学技术厅 甘肃省科学技术协会	2022
28	吴嘉瑶	甘肃省科普大赛二等奖	甘肃省科学技术厅 甘肃省科学技术协会	2022
29	吴嘉瑶	全国百佳讲解员	中国文物学会 中国文物报社	2022
30	赵轩	全国百佳讲解员	中国文物学会 中国文物报社	2022
31	赵轩	首届"博协杯"全国博物馆讲解大赛三等奖	中国博物馆协会	2023
32	韩文婷	各省市区社科普及基地讲解员大赛二等奖	各省社会科学界联合会	2023
33	韩文婷	甘肃省社科普及基地讲解员大赛一等奖	甘肃省社会科学界联合会	2023
34	吴念	甘肃省科普大赛三等奖	甘肃省科学技术厅 甘肃省科学技术协会	2023
35	陆帅洋	庆祝中华人民共和国成立 75 周年——全省博物馆纪念馆讲解员大赛博物馆组一等奖	甘肃省文物局 甘肃省博物馆协会	2024
36	吴嘉瑶	庆祝中华人民共和国成立 75 周年——全省博物馆纪念馆讲解员大赛博物馆组二等奖	甘肃省文物局 甘肃省博物馆协会	2024
37	吴嘉瑶	甘肃省社科普及基地讲解员大赛一等奖	甘肃省社会科学界联合会	2024
38	李嘉丽	甘肃省社科普及基地讲解员大赛一等奖	甘肃省社会科学界联合会	2024
39	靳晖	庆祝中华人民共和国成立 75 周年——全省博物馆纪念馆讲解员大赛博物馆组二等奖	甘肃省文物局 甘肃省博物馆协会	2024

续表

序号	获奖人	荣誉名称	颁奖机构	授奖年份
40	何靓	庆祝中华人民共和国成立75周年——全省博物馆纪念馆讲解员大赛博物馆组二等奖	甘肃省文物局 甘肃省博物馆协会	2024
41	靳晖	甘肃省科普大赛三等奖	甘肃省科学技术厅 甘肃省科学技术协会	2024

2016年起，敦煌研究院正式启动了志愿讲解员的选聘工作，通过严格的培训与考核，志愿讲解员成为敦煌石窟讲解力量的有效补充。

图4.2.11　志愿者讲解

4.2.2 讲解培训

敦煌研究院坚持"请进来、走出去"相结合的培训方式，主要围绕敦煌学相关知识、讲解技巧、服务礼仪以及外语等内容展开，通过集中授课、小组研讨、模拟讲解、实地演练的方式对理论知识和讲解技能进行扎实有效的培训。此外，每年的旅游淡季还邀请相关专家讲授最新的研究成果和学术动态，不断充实讲解员的专业知识储备。2016年随着敦煌研究院"一院六地"管理格局的形成，讲解培训工作也更加趋于同步统一。

　　20 世纪 80 年代开始，敦煌研究院每年定期选派优秀讲解员到国内各大专院校进修外语，并积极与国外相关机构开展合作，共同培养外语人才。通过多年的努力，外语讲解员人数占比高达 70%，覆盖六种语言。此外，为了进一步提升讲解服务水平，还与其他文博机构相互交流学习，有效促进了讲解员队伍的建设与发展。

图 4.2.12　2008 年，彭金章为讲解员培训北区石窟及密教知识

图 4.2.13　2022 年，"一院六地"讲解员培训班

图 4.2.14 2022 年，纪念中日邦交正常化 50 周年线上特别交流活动

图 4.2.15 2019 年，敦煌研究院与日经新闻社合作培养的日语讲解员

图 4.2.16 2014 年，培训甘肃酒泉东风航天城讲解员

4.3

文化展陈展览

4.3.1 现地展馆

除实体洞窟外，敦煌研究院还设有 5 处场馆，分别是敦煌石窟保护研究陈列中心、敦煌藏经洞文物陈列馆、敦煌研究院院史陈列馆以及敦煌研究院美术馆和敦煌艺术馆。"一中心四展馆"为观众提供了丰富多元的文化体验，对缓解洞窟参观压力，提升游客满意度发挥了重要作用。

图 4.3.1　敦煌石窟文物保护研究陈列中心外景

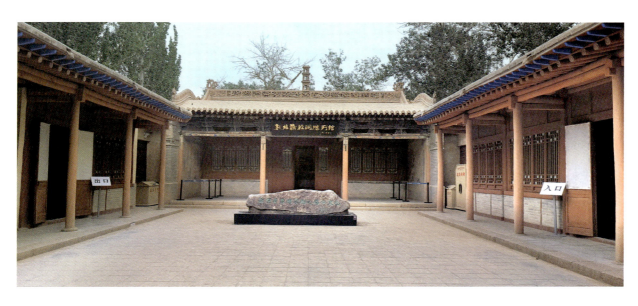

图 4.3.2　敦煌藏经洞文物陈列馆外景

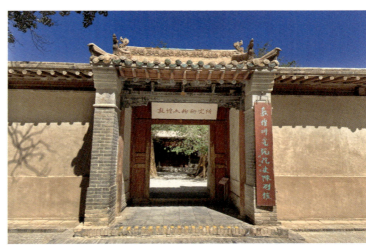

图 4.3.3　敦煌研究院院史陈列馆外景

图 4.3.4　敦煌研究院美术馆外景

敦煌艺术馆是敦煌研究院在兰州设立的用于传播敦煌石窟艺术的专业展馆。2007 年开馆，2022 年改造升级，2023 年免费开放，同年被评为"兰州市优秀科普基地"。

图 4.3.5　敦煌艺术馆外景

4.3.2 展览展陈

自 1944 年至今，敦煌研究院分别在北京、上海、广州、南京等国内 30 多个省市以及英、法、美、日、意大利、土耳其等 20 多个国家举办了 300 余场展览，出版展览图录 30 余册。展览多次荣获相关奖项，其中"飞天神韵·莫高精神——敦煌文化艺术巡展"入选"2022年度国家文物局'弘扬中华优秀传统文化，培育社会主义核心价值观'主题展览重点推介项目"；"丝路光华——敦煌石窟艺术特展"获"第二十一届（2023 年度）全国博物馆十大陈列展览精品推介国际"及"港澳台合作奖"。

图 4.3.6　1948 年 8 月，"敦煌艺术展"在南京、上海举办

图 4.3.7　1951 年 10 月，"敦煌文物展览"在故宫首次举办

图 4.3.8　1956 年 10 月，"敦煌艺术展"在印度和缅甸举办，这是敦煌艺术第一次走出国门

图 4.3.9　1957 年 1 月，"中华人民共和国敦煌艺术展览会"在波兰华沙举办

图 4.3.10　1982 年 4 月 8 日，"中国敦煌壁画展"在日本多地巡展

图 4.3.11　2000 年 7 月，"敦煌艺术大展"在中国历史博物馆举办

图 4.3.12　2008 年 1 月，"盛世和光——敦煌艺术大展"在中国美术馆开幕

图 4.3.13　2010 年 10 月，敦煌壁画艺术精品公益巡展走进乌兹别克斯坦，开展"新丝路上的蓝色集装箱·一带一路建设"国际文化经济交流项目

图 4.3.14　2014 年 8 月，敦煌研究院首场数字展览"敦煌艺术走出莫高窟暨敦煌研究院建院 70 周年数字敦煌展"在敦煌艺术馆举办

图 4.3.15　2016 年 5 月，"敦煌石窟：丝绸之路上的佛教艺术展"在美国盖蒂艺术中心举办

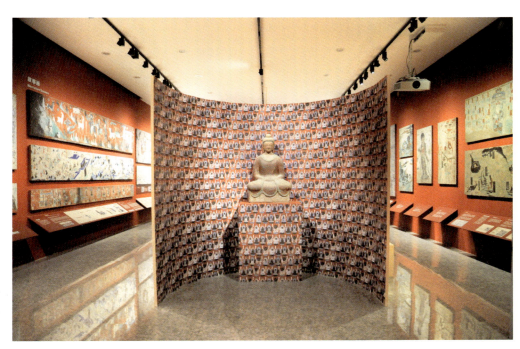

图 4.3.16　2016 年 9 月，"1650——文明的回响"特展在敦煌研究院美术馆举办

图 4.3.17　2017 年 5 月，"丝路·敦煌壁画精品展走进联合国"在维也纳举办

图 4.3.18　2019 年 4 月，"敦煌壁画艺术精品高校公益巡展"走进云南大学

图 4.3.19　2019 年 10 月，"中韩缘·佛教艺术展"在榆林窟举办

图 4.3.20　2021 年 9 月 17 日，"敦行故远：故宫敦煌特展"在故宫博物院举办

图 4.3.21 "飞天神韵·莫高精神——敦煌文化艺术巡展"在国内共举办 47 场

图 4.3.22 2023 年 12 月,"丝路光华——敦煌石窟艺术特展"在台湾佛光山佛陀纪念馆举办

图 4.3.23 2024 年 5 月,"丝路光华——敦煌石窟艺术特展"荣获第二十一届(2023 年度)全国博物馆十大陈列展览精品推介"国际及港澳台合作奖"

表 4.3.1　展览列表

序号	开展时间	展览名称	展览地点	获奖情况
1	1945 年 8 月	敦煌艺术展览	重庆中苏文化协会	
2	1946 年 1 月	常书鸿父女画展	兰州物产馆	
3	1946 年 2 月	潘洁兹人物侍女、敦煌艺术展览	兰州物产馆	
4	1946 年 2 月	周绍淼、乌密风敦煌千佛洞图案壁画画展	兰州物产馆	
5	1946 年 4 月	董希文敦煌壁画展	兰州物产馆	
6	1948 年 8 月	敦煌艺展	南京国立中央研究院	
7	1948 年 9 月	敦煌艺展	上海大新公司	
8	1951 年 4 月	敦煌文物展览	故宫午门	
9	1951 年 10 月	敦煌艺术展览	印度德里、孟买、缅甸曼德拉	
10	1952 年 9 月	敦煌壁画临摹作品展	兰州	
11	1955 年 9 月	敦煌艺术展览	故宫奉先殿	
12	1956 年 10 月	佛教文物展	印度德里	
13	1957 年 2 月	敦煌艺术展	波兰华沙	
14	1957 年 3 月	敦煌艺术展	捷克斯洛伐克布拉格	
15	1958 年 1 月	中国敦煌艺术展	日本东京、京都	
16	1959 年 10 月	敦煌莫高窟·安西榆林窟艺术展览	故宫弘义阁	
17	1961 年 9 月	敦煌飞天、供养人专题展览	故宫博物院	
18	1962 年 2 月	敦煌艺术展和四个专题展览	上海博物馆、上海美术馆	
19	1979 年 6 月	敦煌壁画艺术和井上靖的诗情展	日本东京	
20	1982 年 4 月	中国敦煌壁画展	日本东京、大阪、京都、北九州岛、秋田、名古屋、仙台、札幌等八个城市巡回展出	
21	1983 年 2 月	中国敦煌壁画展	法国巴黎自然史博物馆	
22	1984 年 10 月	中国敦煌壁画艺术展	甘肃省博物馆	
23	1985 年 10 月	中国敦煌艺术展	日本东京、福冈、长野、静冈、奈良巡回展出	
24	1987 年 1 月	中国敦煌壁画艺术展	河南省博物馆	
25	1988 年 1 月	中国敦煌—西夏王国展	日本下关、广岛、大阪、神户、高知、京都、静冈、东京等 8 城市巡回展	
26	1991 年 12 月	敦煌壁画艺术展	印度新德里英迪拉·甘地国立艺术中心	

序号	开展时间	展览名称	展览地点	获奖情况
27	1992 年 2 月	中国敦煌古代科学技术展	台湾省高雄、台北	
28	1992 年 11 月	中国敦煌古代科学技术展	广州博物馆	
29	1993 年 4 月	敦煌壁画艺术展	香港会展中心	
30	1994 年 8 月	敦煌石窟艺术展	敦煌研究院陈列中心	
31	1995 年 7 月	迎香港回归中华敦煌艺术展	香港中国文物展览馆	
32	1996 年 7 月	敦煌艺术展	中国历史博物馆	
33	1996 年 9 月	敦煌艺术展	上海刘海粟美术馆	
34	1996 年 10 月	沙漠中的美术馆—永恒的敦煌	日本东京都美术馆，福冈县立美术馆，神户市立博物馆	
35	1997 年 7 月	敦煌艺术展	日本长崎、大阪	
36	1998 年 2 月	敦煌莫高窟展	日本久留米井筒屋	
37	1999 年 4 月	沙漠中明珠——敦煌石窟特展	台中自然科学博物馆	
38	1999 年 9 月	敦煌石窟艺术展	联合国教科文组织巴黎总署	
39	2000 年 7 月	纪念敦煌藏经洞发现暨敦煌学一百周年——敦煌艺术大展	中国历史博物馆	
40	2000 年 7 月	敦煌石窟展	甘肃省博物馆	
41	2000 年 9 月	敦煌石窟艺术展	美国纽约贾维茨国际会展中心	
42	2000 年 12 月	敦煌艺术展	上海徐汇区龙华旅游城	
43	2001 年 4 月	敦煌——2001 广东特展	广东美术馆	
44	2001 年 8 月	敦煌石窟	日本文化学园博物馆	
45	2001 年 9 月	敦煌美术展	日本岐阜、冈山、佐贺、横滨等城市巡展	
46	2004 年 5 月	丝绸之路展莫高窟第 45 窟复制洞窟参展	英国国家图书馆	
47	2004 年 6 月	中国敦煌艺术展	法国尼斯市亚洲艺术馆	
48	2005 年 3 月	敦煌艺术大展	台湾高雄市美术馆、历史博物馆	
49	2005 年 9 月	石破天惊——敦煌的发现与 20 世纪中国美术史观的变化与美术语言的发展专题展	深圳关山月美术馆	
50	2005 年 9 月	抗战中的文化责任——西北艺术文物考察团六十周年纪念展	广东美术馆	
51	2005 年 10 月	敦煌艺术展	泰国曼谷	
52	2007 年 6 月	世界文化遗产展	沈阳世博园	

序号	开展时间	展览名称	展览地点	获奖情况
53	2007 年 8 月	敦煌壁画艺术继承与创新美术作品展暨图片展	敦煌研究院院陈列中心	
54	2007 年 8 月	敦煌之梦——段文杰先生敦煌艺术研究60 年成就展	兰州敦煌艺术馆	
55	2008 年 1 月	盛世和光——敦煌艺术大展	中国美术馆	
56	2008 年 7 月	敦煌艺术大展	天津博物馆	
57	2008 年 7 月	奥运祥云小屋敦煌展	北京奥运村	
58	2007 年 12 月	法国巴黎敦煌花雨展	法国中国文化交流中心	
59	2009 年 4 月	德国敦煌花雨展	中国驻德国柏林文化交流中心	
60	2010 年 5 月	上海世博会敦煌艺术展	上海世博会	
61	2010 年 8 月	莫高余馥——饶宗颐敦煌书画艺术特展	敦煌研究院陈列中心	
62	2010 年 12 月	丝绸之路大文明展	韩国首尔国立博物馆	
63	2011 年 4 月	"敦煌文化在我身边——文化遗产知识进校园"公益活动宣传展	常州市局前街小学、朝阳中学、外国语中学、实验初级中学	
64	2011 年 5 月	解读尘封的历史记忆——来自莫高窟北区的考古挖掘报告	敦煌研究院陈列中心	
65	2011 年 5 月	历程	敦煌研究院陈列中心	
66	2011 年 5 月	沙漠瑰宝	敦煌研究院陈列中心	
67	2011 年 7 月	博蕴华光——敦煌艺术展	深圳关山月美术馆	
68	2011 年 9 月	敦煌意象——中日岩彩画展	敦煌研究院陈列中心	
69	2011 年 10 月	敦煌韵·丝路情——敦煌艺术展	上海世博会博物馆	
70	2011 年 10 月	敦煌旧影	敦煌研究院老美术馆	
71	2012 年 12 月	"2012 莫高杯——魅力天祝"摄影展	敦煌研究院敦煌艺术馆	
72	2012 年 4 月	敦煌岩彩画展	敦煌研究院敦煌艺术馆	
73	2012 年 5 月	甘肃省 2012 年科技活动周	酒泉市政广场	
74	2012 年 11 月	印象敦煌——中国文化展	土耳其共和国伊斯坦布尔市米玛尔·锡南美术大学文化艺术中心	
75	2013 年 4 月	丝路佛光	美国纽约华美协进社中国美术馆	
76	2013 年 5 月	丝路梵音——龟兹与敦煌石窟壁画临摹精品展	敦煌研究院美术馆	
77	2013 年 9 月	敦煌壁画艺术精品高校公益巡展走进中国人民大学	中国人民大学	

续表

序号	开展时间	展览名称	展览地点	获奖情况
78	2013 年 10 月	敦煌壁画艺术精品高校公益巡展走进中央民族大学	中央民族大学	
79	2013 年 10 月	垂衣裳——敦煌服饰艺术展	北京服装学院	
80	2013 年 11 月	敦煌壁画艺术精品高校公益巡展走进首都师范大学	首都师范大学	
81	2013 年 11 月	敦煌壁画艺术精品高校公益巡展走进中央美术学院	中央美术学院	
82	2013 年 12 月	煌煌大观——敦煌艺术大展	浙江美术馆	
83	2014 年 1 月	敦煌壁画艺术精品高校公益巡展走进清华大学美术学院	清华大学	
84	2014 年 3 月	敦煌壁画艺术精品高校公益巡展	中央美术学院	
85	2014 年 4 月	敦煌壁画艺术精品高校公益巡展走进北京服装学院	北京服装学院	
86	2014 年 5 月	心灯——李其琼先生纪念展	敦煌研究院美术馆	
87	2014 年 8 月	敦煌艺术走出莫高窟——敦煌研究院建院 70 周年数字敦煌展	敦煌研究院敦煌艺术馆	2014 年度甘肃省宣传思想文化工作创新奖
88	2014 年 8 月	丝路拾珍——中国敦煌文化艺术展	蒙古国乌兰巴托美术馆	
89	2014 年 9 月	段文杰先生纪念展	敦煌研究院院史陈列馆	
90	2014 年 9 月	敦煌研究院保护历程展	敦煌研究院院史陈列馆	
91	2014 年 10 月	敦煌壁画艺术精品高校公益巡展暨敦煌壁画临摹展	天津美院	
92	2015 年 4 月	敦煌壁画艺术精品高校公益巡展走进北华大学	吉林北华大学	
93	2015 年 5 月	敦煌壁画艺术精品高校公益巡展走进吉林通化师范学院	吉林通化师范学院	
94	2015 年 6 月	敦煌壁画艺术精品高校公益巡展走进吉林艺术学院	吉林艺术学院	
95	2015 年 8 月	丝路瑰宝——敦煌艺术大展	常州博物馆	
96	2015 年 11 月	敦煌壁画艺术精品公益巡展走进山东美术馆	山东美术馆	
97	2015 年 11 月	心灵的歌——敦煌艺术展	上海喜马拉雅美术馆	
98	2015 年 12 月	敦煌壁画艺术精品公益巡展走进淄博	齐都文化城 齐鲁美术馆	
99	2015 年 12 月	文明的回响——敦煌展	中央美术学院（太庙）	

续表

序号	开展时间	展览名称	展览地点	获奖情况
100	2016 年 3 月	敦煌壁画艺术精品高校公益巡展走进武汉大学	武汉大学	
101	2016 年 4 月	敦煌壁画艺术精品高校公益巡展走进河西学院	张掖河西学院	
102	2016 年 5 月	敦煌壁画艺术精品公益巡展走进青岛二中	青岛二中	
103	2016 年 5 月	敦煌石窟——中国丝绸之路上的佛教艺术	美国盖蒂保护研究所	
104	2016 年 6 月	敦煌壁画艺术精品公益巡展走进高台博物馆	高台博物馆	
105	2016 年 8 月	敦煌壁画艺术精品公益巡展走进酒泉博物馆	酒泉博物馆	
106	2016 年 9 月	敦煌壁画艺术精品高校公益巡展走进西北师范大学	西北师范大学	
107	2016 年 9 月	"千年敦煌"敦煌壁画艺术精品高校巡展	北京大学	
108	2016 年 9 月	1650——文明的回响	敦煌研究院美术馆	
109	2016 年 9 月	梦幻莫高多维数字节目展演	甘肃敦煌国际会展中心	2016 年度甘肃省宣传思想文化工作创新提名奖
110	2016 年 10 月	丝路明珠，数字永恒——数字敦煌成果展	俄罗斯莫斯科中国文化中心	
111	2016 年 10 月	丝路拾珍——敦煌文化艺术展高校巡展	台中师大、屏东大学、中兴大学	
112	2016 年 10 月	敦煌壁画艺术精品高校公益巡展走进天津城建大学	天津城建大学	
113	2016 年 12 月	敦煌壁画艺术精品公益巡展走进虹口	上海虹口朱屺瞻艺术馆	
114	2016 年 12 月	千年敦煌·走进深大	深圳大学	
115	2016 年 12 月	丝路之魂·敦煌艺术展	成都博物馆	
116	2016 年 12 月	"艺海存真·敦煌"数字展	敦煌研究院敦煌艺术馆	
117	2017 年 3 月	敦煌壁画艺术精品高校公益巡展走进同济大学	同济大学	
118	2017 年 4 月	"丝绸之路上的敦煌"数字展	中共中央党校	
119	2017 年 4 月	敦煌风华再现——续说石窟故事特展	台中自然科学博物馆	
120	2017 年 5 月	丝绸之路上的宗教艺术：敦煌佛教石窟	英国王储传统艺术学院	
121	2017 年 5 月	丝路·敦煌壁画艺术精品展走进联合国	维也纳联合国	
122	2017 年 6 月	敦煌壁画艺术精品高校公益巡展走进东南大学	南京东南大学	

续表

序号	开展时间	展览名称	展览地点	获奖情况
123	2017 年 6 月	古道新知——丝绸之路文化遗产保护科技成果展	中国丝绸博物馆	
124	2017 年 8 月	心灯——段文杰先生诞辰一百周年展	敦煌文博会	
125	2017 年 9 月	故宫千里江山——中国青绿山水画展	故宫博物院	
126	2017 年 9 月	丝路秘宝——阿富汗国家博物馆珍品展	敦煌研究院陈列中心	
127	2017 年 9 月	"敦煌：丝绸之路上的东西方文化融合"数字展	美国布莱恩特大学	
128	2017 年 9 月	敦煌壁画艺术精品高校公益巡展走进内蒙古师范大学	内蒙古师范大学	
129	2017 年 10 月	敦煌壁画艺术精品公益巡展走进良渚	杭州良渚文化村大屋顶美术馆	
130	2017 年 10 月	丝路拾珍——敦煌壁画艺术高校巡展	西北大学	
131	2017 年 11 月	敦煌壁画艺术精品高校公益巡展走进兰州财经大学	兰州财经大学	
132	2017 年 12 月	敦煌壁画艺术精品高校公益巡展走进上海海事大学	上海海事大学	
133	2017 年 12 月	神秘敦煌文化展	深圳华侨城	
134	2018 年 1 月	丝路明珠——敦煌石窟在威尼斯展	意大利威尼斯	
135	2018 年 3 月	华戎交汇·丝路华章——敦煌壁画艺术精品高校公益巡展	四川大学	
136	2018 年 5 月	敦煌壁画艺术精品高校公益巡展·"一带一路"在汕头大学	汕头大学	
137	2018 年 6 月	丝路瑰宝——敦煌壁画艺术精品展	德国杜伊斯堡	
138	2018 年 7 月	数码敦煌——天上人间的故事	香港文化博物馆	
139	2018 年 7 月	"数码敦煌——天上人间的故事"数字敦煌展	香港文化博物馆	
140	2018 年 9 月	守望敦煌·敦煌壁画艺术精品高校公益巡展——上海交通大学站	上海交通大学	
141	2018 年 10 月	守望敦煌·敦煌壁画艺术精品高校公益巡展——上海财经大学站	上海财经大学	
142	2018 年 11 月	丝路流年——敦煌壁画展	厦门	
143	2018 年 12 月	守望敦煌·敦煌壁画艺术精品高校公益巡展——东华大学站	东华大学	

序号	开展时间	展览名称	展览地点	获奖情况
144	2018 年 12 月	丝路艺术——乌中德三国艺术联展	乌兹别克斯坦国家美术馆	
145	2018 年 9 月	千年万象——敦煌石窟艺术台湾高校巡展	中国台湾	
146	2018 年 9 月	信仰所成——藏传佛教唐卡工艺展	敦煌研究院陈列中心	
147	2018 年 10 月	平山郁夫的丝路世界——平山郁夫丝绸之路美术馆文物展	敦煌研究院陈列中心	全国博物馆十大陈列展览精品推介活动"国际及港澳台合作入围奖"
148	2018 年 7 月	书写的温度——从古代文献到书籍艺术	敦煌研究院陈列中心	
149	2018 年 4 月	丝路敦煌——幸福生存	上海中心大厦	
150	2018 年 6 月	乐者敦和·大音煌盛——敦煌壁画乐舞专题展	上海徐汇艺术馆	
151	2018 年 9 月	锦绣丝路 天籁敦煌——敦煌石窟艺术文化创意展	敦煌文博园	
152	2018 年 9 月	传统壁画的复制与修复研究暨作品展	四川美术学院	
153	2019 年 4 月	觉色敦煌：1650 敦煌大展	上海宝龙美术馆	
154	2019 年 5 月	丝路孔道——甘肃文物菁华展	中国国家博物馆	
155	2019 年 6 月	丝路岁月：大时代下的小故事	杭州丝绸博物馆	
156	2019 年 1 月	"敦煌不再遥远——走进河北"数字敦煌展	河北博物院	
157	2019 年 3 月	丝路华章·丝绸之路上的敦煌——敦煌壁画艺术精品高校公益巡展	陕西师范大学	
158	2019 年 4 月	敦煌·穿越千年的永恒——敦煌壁画艺术精品高校公益巡展	云南大学	
159	2019 年 4 月	亘古长存·沙漠中的美术馆——敦煌壁画艺术精品高校公益巡展	河北大学	
160	2019 年 5 月	灿烂文化·共同守望——敦煌壁画艺术精品高校公益巡展	中国矿业大学	
161	2019 年 6 月	璀璨佛宫·千年莫高——敦煌壁画艺术精品高校公益巡展	山西大学	
162	2019 年 7 月	丝绸之路上的文化交流——吐蕃时期艺术珍品展	敦煌研究院陈列中心	全国博物馆十大陈列展览精品推介活动"国际及港澳台合作入围奖"

续表

序号	开展时间	展览名称	展览地点	获奖情况
163	2019 年 9 月	穿越千年的华章——敦煌壁画艺术精品高校公益巡展	中国科学技术大学	
164	2019 年 10 月	"丝路明珠、数字永恒"数字敦煌展	以色列特拉维夫	
165	2019 年 10 月	"敦煌不再遥远——走近南京"展览	南京第二届中国（南京）文化与科技融合交易博览会	2019 中国南京文化和科技融合成果展览交易会"最美设计奖"
166	2019 年 11 月	华戎交汇·盛世丝路——敦煌壁画艺术精品高校公益巡展	兰州理工大学	
167	2019 年 11 月	博纳四方——敦煌研究院馆藏珍品展	敦煌研究院陈列中心	
168	2019 年 12 月	人间净土·千年佛宫——敦煌壁画艺术精品高校公益巡展	昆明世博园中国馆	
169	2019 年 12 月	中国敦煌文化遗产摄影展	阿曼马斯喀特	
170	2019 年 12 月	"大盛敦煌"敦煌艺术大展	北京世纪坛	
171	2019 年 12 月	"敦煌不再遥远——走进摩洛哥"数字敦煌展	摩洛哥拉巴特中国文化中心	
172	2020 年 1 月	飞天神韵·莫高精神——敦煌文化艺术巡展	甘肃金昌市博物馆	
173	2020 年 6 月	飞天神韵·莫高精神——敦煌文化艺术巡展	甘肃省博物馆	
174	2020 年 6 月	一花一世界：丝绸之路文物故事	中国丝绸博物馆	
175	2020 年 7 月	中韩缘：佛教艺术拓片专题展	敦煌研究院文创中心	
176	2020 年 7 月	塞外驼铃——馆藏关山月 1940 年代西北写生与敦煌临画专题展	敦煌研究院陈列中心	
177	2020 年 8 月	飞天神韵·莫高精神——敦煌文化艺术巡展	甘肃平凉市博物馆	
178	2020 年 8 月	涨海推舟 千帆竞渡	敦煌研究院陈列中心	
179	2020 年 8 月	历程——讲述石窟背后的故事展	敦煌研究院文创中心	
180	2020 年 9 月	飞天神韵·莫高精神——敦煌文化艺术巡展	河南嘉峪关城市博物馆	
181	2020 年 10 月	丝路佛光——敦煌、云冈、龙门石窟艺术联展	洛阳博物馆	
182	2020 年 10 月	飞天神韵·莫高精神——敦煌文化艺术巡展	甘肃张掖市博物馆	

续表

序号	开展时间	展览名称	展览地点	获奖情况
183	2020 年 10 月	敦煌研究院文化和科技融合成果展	南京 2020（中国）南京文化和科技融合成果交易博览会	2020（中国）南京文化和科技融合成果交易博览会"最佳组织奖"
184	2020 年 11 月	敦煌研究院文化创意设计成果展	成都第七届成都创意设计周	
185	2020 年 11 月	一勺·莫高——敦煌石窟艺术展	中国人民大学	
186	2020 年 11 月	妙音莫高——敦煌乐舞专题展	武汉音乐学院	
187	2020 年 12 月	觉色敦煌——丝路文明的回响艺术展	海南省博物馆	
188	2021 年 2 月	飞天神韵·莫高精神——敦煌文化艺术巡展	甘肃阿克塞县哈萨克民族博物馆	
189	2021 年 2 月	情系敦煌——段文杰、段兼善父子作品展	甘肃省博物馆	
190	2021 年 3 月	飞天神韵·莫高精神——敦煌文化艺术巡展	甘肃白银市博物馆	
191	2021 年 3 月	丝路华光——敦煌、麦积山石窟艺术展	河南安阳博物馆	
192	2021 年 3 月	历程——讲述敦煌石窟艺术背后的故事	北大红楼橱窗	
193	2021 年 3 月	飞天神韵·莫高精神——敦煌文化艺术巡展	北京大学红楼橱窗	
194	2021 年 4 月	全国"互联网＋旅游"发展论坛暨 2021 河南智慧旅游大会展览	郑州	
195	2021 年 4 月	博纳四方——敦煌研究院馆藏珍品展	敦煌研究院陈列中心	
196	2021 年 4 月	东亚文化之都·中国敦煌活动年展览	敦煌文博会 C1 展厅	
197	2021 年 4 月	飞天神韵·莫高精神——敦煌文化艺术巡展	甘肃天祝藏族自治县博物馆	
198	2021 年 4 月	东亚文化之都·中国敦煌活动年展览	敦煌研究院陈列中心	
199	2021 年 4 月	永远的敦煌·莫高守望——敦煌壁画艺术精品公益巡展	四川绵阳市博物馆	
200	2021 年 4 月	飞天神韵·莫高精神——敦煌文化艺术巡展	甘肃肃北蒙古族自治县博物馆	
201	2021 年 5 月	飞天神韵·莫高精神——敦煌文化艺术巡展	甘肃武威市博物馆	
202	2021 年 5 月	飞天神韵·莫高精神——敦煌文化艺术巡展	甘肃肃北蒙古族民俗博物馆（走进草原）	
203	2021 年 5 月	千年营造——敦煌建筑之美	北京园林博物馆	

序号	开展时间	展览名称	展览地点	获奖情况
204	2021 年 5 月	飞天神韵·莫高精神——敦煌文化艺术巡展	甘肃靖远县博物馆	
205	2021 年 6 月	飞天神韵·莫高精神——敦煌文化艺术巡展	甘肃武威市西夏博物馆	
206	2021 年 6 月	飞天神韵·莫高精神——敦煌文化艺术巡展	甘肃天水市麦积区博物馆	
207	2021 年 8 月	琉光溢彩——平山郁夫丝绸之路美术馆藏古玻璃器展	敦煌研究院陈列中心	
208	2021 年 8 月	丝路瑰宝	敦煌艺术馆	
209	2021 年 9 月	千孔洞窟，万象之上——敦煌壁画艺术精品公益巡展	北京市鼎石学校	
210	2021 年 9 月	飞天神韵·莫高精神——敦煌文化艺术巡展	甘肃临夏回族自治州博物馆	
211	2021 年 9 月	敦行故远——故宫·敦煌特展	北京故宫博物院	
212	2021 年 9 月	"千年丝路，梦幻长江"敦煌壁画艺术精品公益巡展	武汉园博园（长江文明馆）	
213	2021 年 9 月	飞天神韵·莫高精神——敦煌文化艺术巡展	甘肃庆阳陇东古石刻艺术博物馆	
214	2021 年 9 月	觉色敦煌——敦煌文化艺术线上展	线上展	
215	2021 年 10 月	飞天神韵·莫高精神——敦煌文化艺术巡展	甘肃酒泉市博物馆	
216	2021 年 12 月	交流·互鉴——敦煌石窟与河西走廊的丝路艺术	深圳博物馆	
217	2021 年 12 月	飞天神韵·莫高精神——敦煌文化艺术巡展	甘肃会宁县博物馆	
218	2021 年 12 月	"觉色敦煌 莫高精神"敦煌石窟艺术展	敦煌研究院敦煌艺术馆	
219	2022 年 12 月	"万象敦煌 神隐黔贵"敦煌壁画艺术精品公益展	贵州美术馆	
220	2022 年 1 月	飞天神韵·莫高精神——敦煌文化艺术巡展	四川乐山市美术馆	
221	2022 年 1 月	飞天神韵·莫高精神——敦煌文化艺术巡展	福州海峡文化艺术中心	
222	2022 年 3 月	飞天神韵·莫高精神——敦煌文化艺术巡展	甘肃灵台县博物馆	
223	2022 年 3 月	飞天神韵·莫高精神——敦煌文化艺术巡展	甘肃礼县博物馆	
224	2022 年 3 月	飞天神韵·莫高精神——敦煌文化艺术巡展	四川峨眉山市美术馆	
225	2022 年 3 月	丝路华光：粤陇文物精品联展	广东鲁迅纪念馆	
226	2022 年 4 月	千年营造——敦煌壁画中的建筑之美	敦煌研究院陈列中心	

序号	开展时间	展览名称	展览地点	获奖情况
227	2022 年 5 月	从敦煌到延安——石窟数字艺术影像展	延安革命地纪念馆	
228	2022 年 5 月	飞天神韵·莫高精神——敦煌文化艺术巡展	甘肃肃北盐池湾乡乌兰布勒格村	
229	2022 年 5 月	飞天神韵·莫高精神——敦煌文化艺术巡展	甘肃肃北额尔德尼民族民俗博物馆	
230	2022 年 5 月	飞天神韵·莫高精神——敦煌文化艺术巡展	甘肃肃北县小学	
231	2022 年 5 月	万里千年——敦煌石窟考古特展	武汉大学	
232	2022 年 5 月	千年营造——敦煌壁画中的建筑之美	敦煌研究院陈列中心	甘肃省"弘扬中华优秀传统文化、培育社会主义核心价值观"主题展览重点推介项目
233	2022 年 5 月	飞天神韵·莫高精神——敦煌文化艺术巡展	江苏盐城市博物馆	
234	2022 年 5 月	飞天神韵·莫高精神——敦煌文化艺术巡展	甘肃临洮县博物馆	
235	2022 年 5 月	飞天神韵·莫高精神——敦煌文化艺术巡展	中国建筑陶瓷博物馆	
236	2022 年 6 月	飞天神韵·莫高精神——敦煌文化艺术巡展	甘肃金塔县博物馆	
237	2022 年 6 月	飞天神韵·莫高精神——敦煌文化艺术巡展	甘肃陇西县博物馆	
238	2022 年 7 月	飞天神韵·莫高精神——敦煌文化艺术巡展	甘肃高台县博物馆	
239	2022 年 7 月	云衣霓裳：敦煌唐代服饰文化暨创新设计展	敦煌研究院文创中心	
240	2022 年 8 月	飞天神韵·莫高精神——敦煌文化艺术巡展	南京大报恩寺遗址博物馆	
241	2022 年 8 月	灿烂记忆：从美索不达米亚到犍陀罗东方文明古国冶金术展	敦煌研究院陈列中心	
242	2022 年 8 月	飞天神韵·莫高精神——敦煌文化艺术巡展	甘肃成县美术馆	
243	2022 年 8 月	敦煌：千载情缘的故事	香港文化博物馆	全国博物馆十大陈列展览精品推介活动"国际及港澳台合作入围奖"
244	2022 年 8 月	文明的印记——敦煌艺术大展	北京民生现代美术馆	
245	2022 年 9 月	飞天神韵·莫高精神——敦煌文化艺术巡展	甘肃通渭博物馆	

序号	开展时间	展览名称	展览地点	获奖情况
246	2022 年 10 月	春华秋实敦煌班 40 周年作品展	敦煌研究院文创中心	
247	2022 年 10 月	飞天神韵·莫高精神——敦煌文化艺术巡展	甘肃庆阳市博物馆	
248	2023 年 1 月	飞天神韵·莫高精神——敦煌文化艺术巡展	甘肃安定区博物馆	
249	2023 年 1 月	飞天神韵·莫高精神——敦煌文化艺术巡展	甘肃华亭市博物馆	
250	2023 年 2 月	甲骨·坠简·藏经·秘档——中国古文献四大发现展	中国国家图书馆	
251	2023 年 2 月	飞天神韵·莫高精神——敦煌文化艺术巡展	甘肃甘南州文化馆、博物馆	
252	2023 年 2 月	飞天神韵·莫高精神——敦煌文化艺术巡展	甘肃环县博物馆	
253	2023 年 3 月	"敦煌美学与世界的连接"敦煌壁画艺术精品公益展	中欧国际商学院北京校区	
254	2023 年 3 月	飞天神韵·莫高精神——敦煌文化艺术巡展	甘肃榆中县博物馆	
255	2023 年 3 月	此心归处——敦煌艺术临摹与精神传承	苏州博物馆	
256	2023 年 4 月	披沙拣金——敦煌研究院馆藏文物撷英展	敦煌研究院陈列中心	
257	2023 年 4 月	飞天神韵·莫高精神——敦煌文化艺术巡展	甘肃漳县博物馆	
258	2023 年 4 月	敦煌不再遥远——数字敦煌展走进澳门	澳门	
259	2023 年 5 月	第十九届中国（深圳）国际文化产业博览交易会	深圳	
260	2023 年 5 月	飞天神韵·莫高精神——敦煌文化艺术巡展	甘肃陇南市博物馆	
261	2023 年 5 月	"釉见敦煌"敦煌主题瓷板画艺术展	江西省博物馆	
262	2023 年 5 月	只此敦煌——敦煌石窟艺术特展	青岛城阳区博物馆	
263	2023 年 6 月	汉字颂——中国汉字文化特展	成都博物馆	
264	2023 年 6 月	妙音莫高——敦煌乐舞专题展	甘肃金昌市博物馆	
265	2023 年 6 月	飞天神韵·莫高精神——敦煌文化艺术巡展	甘肃定西岷县博物馆	
266	2023 年 7 月	敦煌的语言——敦煌壁画艺术与新媒体展	安徽美术馆	
267	2023 年 7 月	丝路都会——丝绸之路上的敦煌	杭州中国丝绸博物馆	

序号	开展时间	展览名称	展览地点	获奖情况
268	2023 年 7 月	"行知敦煌 一眼千年"敦煌壁画艺术精品公益巡展	长春红旗创新大厦	
269	2023 年 7 月	飞天神韵·莫高精神——敦煌文化艺术巡展	甘肃红西路军安西战役纪念馆	
270	2023 年 7 月	飞天神韵·莫高精神——敦煌文化艺术巡展	甘肃张掖山丹县文化馆	
271	2023 年 9 月	寻境敦煌——数字敦煌沉浸展	敦煌莫高窟	
272	2023 年 9 月	"敦煌石窟数字展览"2023 中国（南京）文化和科技融合成果交易会	南京	
273	2023 年 9 月	典范高地展	敦煌文博会	
274	2023 年 9 月	世界遗产——大丝绸之路展	东京富士美术馆、福冈亚洲美术馆、东北历史博物馆、爱媛县美术馆、冈山县立美术馆、京都文化博物馆	
275	2023 年 9 月	"多彩敦煌·古今宁波"敦煌壁画艺术精品高校公益巡展	浙大宁波理工学院	
276	2023 年 10 月	敦煌的星空	上海天文馆	
277	2023 年 11 月	念念敦煌——数字敦煌走进爱达邮轮	上海	
278	2023 年 12 月	丝路光华——敦煌石窟艺术展	台湾佛光山	全国博物馆十大陈列展览精品推介活动国际及港澳台合作奖
279	2024 年 1 月	沙与海的对话	中国船政文化城	
280	2024 年 3 月	"丝路情·飞天梦"敦煌壁画艺术精品公益巡展	贵州茅台学院	
281	2024 年 6 月	"千年莫高·万里丝路"敦煌壁画艺术精品高校公益巡展	南京东南大学	
282	2024 年 8 月	石室宝藏——藏经洞陈列展	敦煌研究院藏经洞陈列馆	"博物馆里读中国——弘扬中华优秀传统文化培育社会主义核心价值观"主题展览推介项目

4.4
社会公众教育

为了更好地弘扬石窟文化，敦煌研究院积极探索，努力提升公共服务和社会教育水平，扩大文化惠民影响，普及科技知识。针对不同社会群体的差异化文化需求，开展丰富多彩的社会公众教育活动，让敦煌文化更好地走近大众。

4.4.1 社会公众教育品牌打造

敦煌研究院打造了敦煌文化进校园、敦煌文化驿站、莫高窟小小讲解员、"博物馆之旅·体验的快乐""莫高精神——1650 知多少""小小守护者""敦煌石窟艺术六进"等品牌社会公众教育，取得了良好的社会反响，有效地拓展了各处石窟文化的传播途径，推动中华优秀传统文化的创造性转化与创新性发展。

图 4.4.1 "莫高精神——1650 知多少"荣获"全国文博社教优秀案例"

图 4.4.2　敦煌文化驿站公益讲座项目被中共甘肃省委宣传部授予"2015 年度全省宣传思想文化工作创新提名奖"

图 4.4.3　遇见敦煌色彩——矿物质颜料制作壁画及壁画绘画体验课荣获"第二届（2022）全国文博社教优秀案例"

表 4.4.1　重要社会教育活动列表

序号	项目名称	荣誉称号
1	敦煌文化驿站公益讲座	中共甘肃省委宣传部授予"2015 年度全省宣传思想文化工作创新提名奖"
2	九色鹿的故事	2018 年中国博物馆协会举办的"2015～2017 年度中国博物馆青少年教育课程优秀案例推介展示活动"中荣获"'优秀'教学设计奖"
3	博物馆之旅·体验的快乐——敦煌彩塑制作技艺体验课程	2019 年入选由"甘肃省文物局举办的甘肃省博物馆纪念馆社会教育示范项目"
4	莫高精神——1650 知多少	2021 年度中国文物报社与中央电视台教育频道举办的"首届全国十佳文博社教案例"评选中获优秀案例奖
5	指尖上的敦煌——九色鹿纸影绘本	联合国教科文组织亚太遗产中心"2022 年全球世界遗产教育创新案例奖——探索之星"奖
6	遇见敦煌色彩——矿物质颜料制作壁画及壁画绘画体验课	2022 年度全国文博社教优秀案例
7	情景剧"白居易带您诗话敦煌"	2023 年全国青少年文化遗产知识展演大赛三等奖
8	大观敦煌 籽籽同心	2023 年国家民委"三交"活动优秀案例

4.4.2 社会公众教育开展

敦煌研究院利用"4·18 古迹遗址日""5·18 国际博物馆日""6·10 文化和自然遗产日"等纪念日和节假日，通过线上与线下相结合的方式持续开展各类社会公众教育活动，先后走进多处博物馆、企业、机关、社区、军营等，共组织了千余场主题式、分众化社会公众教育活动。

表 4.4.2　社会教育活动开展列表

序号	项目活动	开展时间	参与人次	参与单位
1	科普大讲坛	2018～2019 年	1000	上海科技馆
2	莫高窟志愿者	2016～2024 年	210	敦煌学院
3	敦煌文化驿站	2015～2024 年	3000	游客及本地市民
4	小小讲解员	2014～2024 年	2000	甘肃各石窟寺周边学校
5	我在上海说敦煌	2021 年	2000	上海各企业、大专院校
6	我在绵阳说敦煌	2022 年	3000	绵阳各高中、大专院校
7	敦煌学子冬游莫高	2023～2024 年	12510	敦煌市属中小学、青海油田小学

续表

序号	项目活动	开展时间	参与人次	参与单位
8	大观敦煌 籽籽同心	2023～2024 年	1000	甘肃省少数民族自治县
9	石窟艺术"六进"	2009～2024 年	125800	各地区机关、军营、社区、学校、企业、乡村
10	博物馆之旅·快乐体验	2009～2024 年	23000	公众
11	第 43 窟壁画修复工作的现场讲解及"古代石窟艺术"专题讲座	2017 年 6 月 10 日	650	游客及本地市民
12	走进麦积山石窟游学	2018 年 3 月 25 日	800	天水市二中高三年级组师生团体兰州长风小学
13	作为文化中枢的博物馆——传统的未来	2019 年 5 月 18 日	1000	瑞应寺广场
14	莘莘学子免费畅游麦积山	2019 年 6～7 月	600	石窟现场
15	变革中的文化遗产	2023 年 4 月 18 日	2000	麦积山石窟在广场
16	6·10 文化和自然遗产日	2023 年 6 月 10 日	800	甘肃省林业职业技术学院林业工程学院，天水麦积山风景名胜区仙人崖景区
17	龙腾虎跃新气象，同喜同乐游麦积—麦积山石窟喜迎新春	2024 年 2 月 10～12 日	10000	麦积山石窟广场
18	4·18 国际古遗址日	2024 年 4 月 18 日	1000	麦积山石窟广场
19	"国宝"石窟守护人	2020～2024 年	330	石窟领域权威专家、守护人计划研学考察团成员
20	小小守护者	2021～2024 年	150	北京人大附中、北京师范大学庆阳附属学校、庆阳市周边学校
21	国际古迹遗址日	2018～2024 年	3100	石窟、永靖县城
22	国际博物馆日	2016～2024 年	3300	石窟、永靖县文旅部门、临夏州文旅部门
23	文化和自然遗产日	2016～2024 年	3600	石窟、永靖县文旅部门
24	寻迹敦煌龙 欢腾庆新春	2024 年	104	参观游客
25	弦扬国韵 乐咏千年	2024 年	128	参观游客
26	国际博物馆日之文物普法	2024 年	1500	参观游客
27	保护文物 传承文明——文物保护普法宣传及有奖竞答	2024 年	210	参观游客

图 4.4.4　敦煌文化进校园

图 4.4.5　2023 年全国青少年文化遗产知识展演大赛

图 4.4.6　"我在家乡说敦煌"系列活动

图 4.4.7　"大观敦煌　籽籽同心"旅游促进各民族交往交流交融系列活动

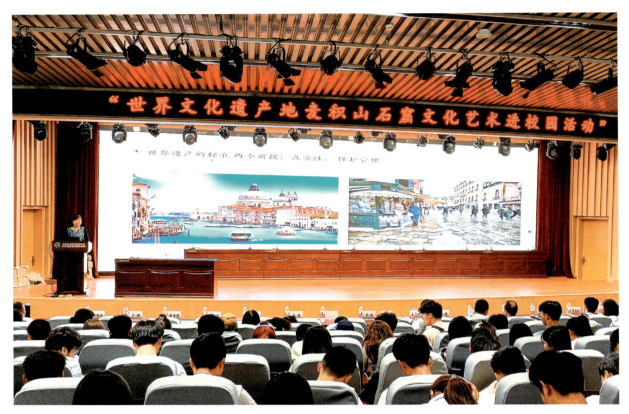

图 4.4.8　麦积山石窟艺术研究所开展社会公众教育活动

图 4.4.9　炳灵寺文物保护研究所开展博物馆日活动

图 4.4.10　榆林窟文物保护研究所开展社会公众教育活动

图 4.4.11　西千佛洞文物保护研究所开展社会公众教育活动

图 4.4.12　北石窟寺文物保护研究所首届"小小守护者"公益活动

图 4.4.13　兰州艺术馆开展博物馆日活动

4.5
文化研学研修

　　敦煌研究院以敦煌文化为核心，通过转化院内科研成果、研发主题研学研修课程、举办专业技术培训、对接院外专家团体考察、开展各类研学研修活动，品牌化发展，多元化研发，精细化服务，推动文化事业和产业协同高质量发展。

4.5.1 敦煌文化研学

　　2018 年以来，敦煌研究院成功打造了"莫高学堂"文化研学品牌，构建了特色文化研学体系。组织编写出版敦煌石窟研学读本——《莫高学堂丛书》，相继推出世界遗产与青少年、九色鹿星空、莫高梦·泥胚典藏、摇曳唐风、遇见·敦煌色彩、飞天剪纸、素手写经、模拟壁画修复体验课等 10 余个研学单

图 4.5.1　莫高学堂青少年暑期亲子营

图 4.5.2 霓裳佛国 摇曳唐风

图 4.5.3 莫高梦·泥胚典藏

品，开发"同走河西走廊、共赏甘肃石窟""陇东石窟研学班"等特色研学线路，开设"莫高学堂"云课堂。累计开展研学 4000 余场，体验人数逾 10 万人次。

图 4.5.4　举办莫高学堂云课堂系列讲座

2019 年，敦煌研究院被联合国教科文组织亚太地区世界遗产培训与研究中心（苏州）认定为"世界遗产青少年教育基地"。2021 年，莫高学堂被世界研学旅游组织认定为"合作认证基地"，被评为"亚太地区世界遗产青少年教育优秀案例"。《莫高学堂丛书》荣获 2021 年一季度清华大学出版社文科类"十佳好书"。"莫高学堂成人班"入选"2023 年全国文化遗产旅游百强案例"。

图 4.5.5　敦煌研究院被联合国教科文组织亚太地区世界遗产培训与研究中心（苏州）认定为"世界遗产青少年教育基地"

图 4.5.6　莫高学堂被世界研学旅游组织认定为"合作认证基地"

图 4.5.7　2021 年 8 月，"莫高学堂"研学项目被评为"亚太地区世界遗产青少年教育优秀案例"

4.5.2 敦煌艺术研修

　　甘肃鸿文敦煌艺术研修中心主要承担美术、敦煌学、文物保护与修复、文物数字化等相关技术培训与研修工作，以及院外专家和高校师生团体考察敦煌石窟对接审批工作。自 2014 年成立以来，共为院外专家和高校师生团体审批办理 1255 批 32104 人次的石窟考察，成功举办了文物保护、美术研究、丝路文化及敦煌学相关高层次培训班、研修班。

表 4.5.1 甘肃鸿文研修中心承办培训班、研修班一览表

序号	培训班名称	主办单位	培训内容	培训人数	培训时间	培训时长
1	首届"敦煌重彩（岩彩）"高级研修班	敦煌研究院	敦煌壁画临摹技法及"敦煌重彩"创作技法及其应用	31 人	2014 年 7 月 10 日～8 月 30 日	50 天
2	"石窟讲解和游客管理高级"研修班	甘肃省文物局、甘肃省博物馆协会、敦煌研究院	遗产地的开放管理模式、解员培训、接待技巧、参赛讲解词的撰写	103 人	2015 年 4 月 9～22 日	13 天
3	"敦煌石窟解密与探寻"研修班	敦煌研究院、台湾新北华梵大学	佛教考古、石窟寺艺术	56 人	2017 年 4 月 1～7 日	6 天
4	从巴米扬到敦煌——丝绸之路文化艺术研究班	敦煌研究院	丝路文化、丝绸之路上历史地理、佛教文化和佛教艺术的演变	180 人	2017 年 11 月 19～27 日	7 天
5	"如是敦煌"《雅典·敦煌·奈良——亚欧丝绸之路上的文化艺术互动》研修班	敦煌研究院	国际敦煌学、佛教思想史、东亚艺术、中亚考古、希腊文化艺术	205 人	2018 年 7 月 19～25 日	6 天
6	阿旃陀与敦煌——丝绸之路文化艺术研究班	敦煌研究院	丝路文化、丝绸之路上历史地理、佛教文化和佛教艺术的演变	85 人	2018 年 10 月 23～30 日	7 天
7	从波斯波利斯到敦煌——丝绸之路文化艺术研究班	敦煌研究院	丝路文化、丝绸之路上历史地理、佛教文化和佛教艺术的演变	101 人	2019 年 11 月 10～17 日	7 天
8	首届敦煌研究院"一院六地"讲解员培训班	敦煌研究院	讲解员礼仪规范、文物保护、石窟考古、文化价值、艺术价值	100 人	2022 年 3 月 1～10 日	10 天
9	品读经典——丝路文化艺术研究班	敦煌研究院	宗教、历史、民族文化、图像研究和文献研究	158 人	2022 年 11 月 10～18 日	8 天
10	国家文物局文物保护标准化能力提升培训班	国家文物局	国家标准化政策解读、文物保护国家和行业标准制修订管理、标准立项评估和审查要点及案例分析、文物保护标准研制能力提升、文物保护地方标准化建设、文物保护团体和企业标准化建设、敦煌研究院标准化建设	52 人	2023 年 4 月 18～20 日	3 天
11	叙利亚"一带一路"倡议下加强文物保护研修班	中央文化和旅游管理干部学院、敦煌研究院	丝路文化、古代壁画保护与修复、土遗址保护与修复、文物数字化	25 人（叙利亚籍）	2023 年 11 月 3～7 日	5 天
12	阿富汗考古与文物保护高级人才研修班	中央文化和旅游管理干部学院、敦煌研究院	丝路文化、古代壁画保护与修复、土遗址保护与修复、文物数字化	25 人（阿富汗籍）	2023 年 11 月 19～24 日	5 天

续表

序号	培训班名称	主办单位	培训内容	培训人数	培训时间	培训时长
13	新疆文物保护利用系列培训班	敦煌研究院、新疆维吾尔自治区文化和旅游厅	文物保护理念、古代壁画保护与修复、土遗址保护与修复、遗产地管理	200人	2022 年 12 月 23 日~2023 年 3 月 25 日	4期 共 32 天
14	"东西部文博系列人才交流共学"培训班	甘肃省文化和旅游厅、敦煌研究院	文物保护、文物数字化、遗产地管理	50人	2023 年 11 月 12~18 日	6天
15	从撒马尔罕到敦煌——丝绸之路文化艺术研究班	敦煌研究院	丝路文化、丝绸之路上历史地理、佛教文化和佛教艺术的演变	85人	2023 年 10 月 16~21 日	5天
16	成都佛教协会文物保护培训班	敦煌研究院、成都佛教协会	敦煌石窟文化、文物保护、文物数字化	45人	2024 年 5 月 24~29 日	5天
17	阿富汗考古与文物保护高级人才研修班	中央文化和旅游管理干部学院、敦煌研究院	丝路文化、古代壁画保护与修复、土遗址保护与修复、文物数字化	25人（阿富汗籍）	2024 年 8 月 18~22 日	4天

图 4.5.8　2022年，"品读经典——丝路文化艺术研究班"在敦煌举办

图 4.5.9　2023年，"东西部文博系列人才交流共学"培训班在敦煌举办

　　研修中心先后组织举办了多个敦煌文化考察研习营，连续多年举办"香港青年敦煌实习计划""敦煌文化守望者"等各项文化志愿服务项目，累计161人次，共计9期。其中"敦煌文化守望者案例"先后荣获"上海年度十佳公益项目"称号，入选"2022年度全国博物馆志愿服务典型案例名单""2023年全国学雷锋志愿服务'四个100'先进典型宣传推选最佳志愿服务项目"。

图 4.5.10　2024 年，第四期"香港青年敦煌实习计划"开班仪式

图 4.5.11　2024 年，第五期"敦煌文化守望者"志愿者研习营

4.6
文化弘扬与传承创新

借助数字媒体技术，敦煌研究院打造众多优质数字传播品牌，策划推出文化与科技融合创新项目，让丰富的敦煌壁画"活"起来、"动"起来，结合当代的创意设计理念，扩大优质敦煌文创产品供给，借助主流媒体扩大敦煌文化的社会影响力，让敦煌文化更好地融入大众生活。

4.6.1 敦煌文化普及读物

为满足广大游客的文化需求，敦煌研究院努力将"一院六地"各石窟专家学者的学术成果转化为大众喜闻乐见、通俗易懂的中华优秀传统文化普及读物。

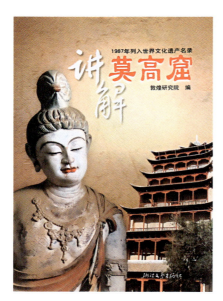

图 4.6.1 《讲解莫高窟》

图 4.6.2 《莫高学堂丛书》

图 4.6.3 《写给青少年的敦煌故事》

图 4.6.4 《敦煌岁时节令》

图 4.6.5 《"画"中有话：敦煌石窟百讲》

图 4.6.6 《丝路上的敦煌》儿童绘本

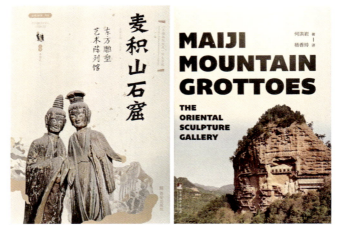

图 4.6.7 《东方雕塑艺术陈列馆——麦积山石窟》（中英文版）

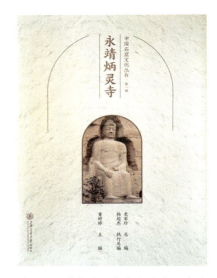

图 4.6.8 《中国石窟文化丛书·永靖 炳灵寺》　　图 4.6.9 《高峡平湖的石室造像·炳 灵寺石窟》　　图 4.6.10 《西千佛洞艺术》

4.6.2 拓展文化弘扬新途径

　　近年来，敦煌研究院积极探索敦煌文化的创造性转化和创新性发展，不断创新敦煌文化弘扬途径和模式，全面构建敦煌文化新媒体国际传播体系，初步实现敦煌文化的全方位推介、全球性传播。

　　深入挖掘敦煌文化的时代价值，借助数字媒体技术，探索敦煌文化创新发展新路径，持续推出系列化、多元化、高质量的数字产品，相继打造"飞天"专题游览线路，研发"云游敦煌""数字藏经洞"等 10 余个数字传播产品，推

图 4.6.11　2022 年 1 月 1 日起，"飞天"专题游览线路试运行

出"敦煌岁时节令""云赏敦煌"等系列短视频，开发《这就是敦煌》等音频节目。通过对文化资源的科学利用和共享互动，为传统文化的传播注入新活力，先后获得国际奖项，国家级、省部级奖项 30 余项。

图 4.6.12　超时空参与式博物馆"数字藏经洞"

图 4.6.13　2020 年 2 月，敦煌研究院"云游敦煌"小程序正式上线

图 4.6.14 《敦煌岁时节令》网络纪录片

图 4.6.15 "敦煌莫高窟官方虚拟人"伽瑶

图 4.6.16 "寻境敦煌"数字敦煌沉浸展

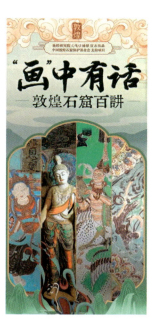

图 4.6.17 系列音、视频节目

　　通过自有官方网站、微信、微博、抖音、快手、哔哩哔哩等平台，以及脸书、推特、照片墙等海外社交媒体账号，开展互动式、场景式的多元融合传播。与人民日报、新华社等国家级新闻单位共同推出文化纪录片、新闻访谈等多种类型的宣传产品，提升敦煌文化的国际影响力。敦煌文化的媒体曝光量达百亿级，受众已覆盖全国各地及全球 120 多个国家和地区。

图 4.6.18 敦煌研究院官方媒体平台

图 4.6.19 敦煌文化环球连线——走进使领馆活动之走进中国驻汉堡总领馆

图 4.6.20 敦煌文化环球连线——走进瑞士

图 4.6.21 文博探索节目《国家宝藏》第三季

积极探索敦煌文化国际传播的路径，通过精准布局和运营官方海外社交媒体账号，借助国内主流媒体海外社媒平台扩大敦煌文化声量，制作"明月话金秋"等主题的系列多语种视频，举办"敦煌文化环球连线""敦煌文化周"等活动，有效拓宽了敦煌文化国际传播体系，提升了中华优秀传统文化的国际认知度。

表 4.6.1　文化传播创新项目一览表

序号	项目名称	类别
1	"飞天"专题游览线路	AR 特色游线
2	数字敦煌开放素材库	线上开放共享平台
3	数字藏经洞	线上体验项目
4	"寻境敦煌"数字敦煌沉浸展	VR 虚拟体验
5	敦煌岁时节令	线上专题 / 纪录片
6	云游敦煌	专题小程序

序号	项目名称	类别
7	敦煌仙子伽瑶	数字虚拟人
8	敦煌仙子和她的朋友们	网络动漫
9	莫高学堂：神奇敦煌开讲啦！	线上音频课程
10	出发啦！敦煌	线上音频课程
11	壁画里的古诗词	线上音频课程
12	这就是敦煌！	线上直播课程
13	"画"中有话：敦煌石窟百讲	线上专题 / 音频课程
14	云赏敦煌	线上系列短视频
15	敦煌师父	纪录片
16	云赏西千佛洞	线上系列短视频
17	云赏北石窟寺	线上系列短视频

4.6.3 文化创意

2016 年，敦煌研究院被确定为全国首批文化文物单位文化创意产品开发试点单位。同年 9 月，设立了文化创意研究中心，负责敦煌研究院文化遗产活化利用研究、创意转化研发及品牌授权合作管理工作。开展文创运营模式探索研究，制订了院内文创项目审核的标准和流程，编制了对外的《敦煌研究院授权指导》《敦煌研究院品牌视觉识别手册》等文件，不断健全文创工作流程和管理制度、优化文创运营模式，走出高质量、高水准、富有特色的敦煌文化创意事业发展道路。

图 4.6.22 文创管理相关文件

基于对敦煌石窟的学术研究积累和"数字敦煌"的海量资源，通过深入挖掘，充分阐释敦煌文化艺术的丰富内涵和多元价值，结合当代创意设计，形成高品质文化创意项目和产品。围绕核心品牌"敦煌研究院"及子品牌"如是燉煌""念念燉煌""守护敦煌""绝色敦煌"等，通过"自主设计+委托生产"、IP授权开发、品牌合作开发等方式扩大敦煌文化优质文创产品供给，推出了生活家居、创意展示、联名设计、创意出版等 20 多个品类，总计 2000 多款产品。

图 4.6.23　青绿山水茶具

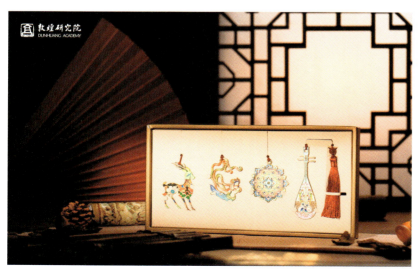

图 4.6.24　惜韶华金属书签套装

图 4.6.25 敦煌有礼·稚乐礼

图 4.6.26 重温经典·敦煌DIY手摇音乐盒

图 4.6.27 2023 年端午节"五福礼"

第五章

管理服务

　　80 年来，几代莫高窟人"以真实完整地保护，并负责任地传承利用莫高窟的文化价值"为使命，用匠心呵护遗产，以文化滋养社会，围绕敦煌文化遗产"保护、研究、弘扬"中心工作，总结形成了"基于价值完整性的平衡发展质量管理模式"，并在此基础上导入"卓越绩效"的理念，率先在全国文博单位中探索建立"全面质量管理体系"，有效缓解了文物保护与开放利用的矛盾，初步形成了"一院六地"保护、研究、弘扬事业平衡协调高质量发展的新格局。1998 年，莫高窟被评为"中国世界遗产保护管理先进单位"，2010 年在巴西召开的世界遗产委员会第 34 届会议上，莫高窟被誉为"有效保护与可持续旅游管理方法的典范"。2017 年敦煌研究院荣获"甘肃省人民政府质量奖"，2018 年荣获"中国质量奖""亚洲质量创新奖"。2022 年，敦煌研究院被联合国教科文组织授予"杰出贡献奖"。

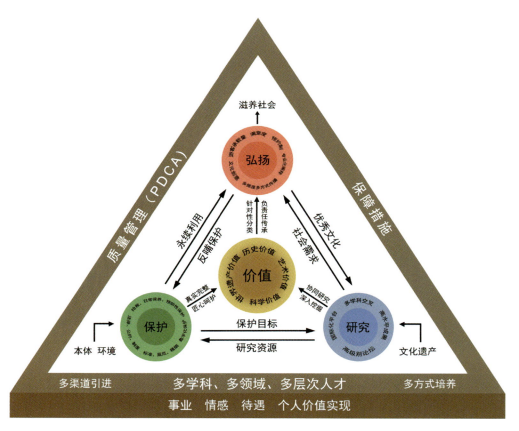

图 5.1　基于价值完整性的平衡发展质量管理模式

图 5.2　2018 年，敦煌研究院荣获"第三届中国质量奖"

图 5.3　2018 年，敦煌研究院荣获"亚洲质量创新奖"

图 5.4　2022 年 9 月，敦煌研究院被联合国教科文组织授予"杰出贡献奖"

5.1

安全保卫

　　20 世纪 40～80 年代初，莫高窟的安全保卫工作主要由地方部队或公安驻守，直到敦煌研究院时期，成立了内部专职保卫机构。工作职能也从原来单一的文物保卫发展到现在的综合安全管理，逐步建立了人防、物防、技防三位一体的安全防范系统。莫高窟区域成立有保卫处，麦积山石窟、炳灵寺石窟、北石窟寺、榆林窟、西千佛洞 5 处石窟均成立保卫科，负责各石窟的文物安全保卫工作。

图 5.1.1　20 世纪 80 年代保卫科成立初期合影

图 5.1.2　保卫处职工合影

图 5.1.3　麦积山石窟艺术研究所保卫科职工合影

图 5.1.4　榆林窟文物保护研究所
保卫科人员训练场景

图 5.1.5　炳灵寺文物保护研究所
保卫科人员训练场景

图 5.1.6　北石窟寺文物保护研究
所保卫科人员训练场景

图 5.1.7　西千佛洞文物保护研
究所保卫科人员训练场景

图 5.1.8　保卫处组织窟区安全
巡查

图 5.1.9　莫高窟消防专项演练

图 5.1.10　榆林窟消防专项
演练

图 5.1.11　维持参观秩序

图 5.1.12　参观入口检票

图 5.1.13　1996 年 1 月，保卫处被国家文物局评为"文物安全保卫工作先进集体"

图 5.1.14　2024 年 6 月，保卫处被国家文物局授予第六届"最美文物安全守护人"

图 5.1.15　2018 年 2 月，敦煌研究院保卫处被评为"2017 年度厅直文化系统安全工作先进集体"

从 20 世纪 90 年代开始，莫高窟、麦积山石窟、炳灵寺石窟、北石窟寺、榆林窟和西千佛洞累计实施 11 项安消防工程，目前 6 处石窟已全部实现安全防范系统全覆盖、消防设施全覆盖，文物安全预警能力和管理效率大幅提升，实现人力防范、实体防范和技术防范的有机结合，基本达到精准化预警、智能化防控、信息化管理的目标，初步建成联通"一院六地"的敦煌研究院应急指挥中心。

图 5.1.16　1998～2007 年间使用的莫高窟安防设施

图 5.1.17　2023 年投入使用的莫高窟应急指挥中心

图 5.1.18　2004 年建成的西千佛洞安防系统

图 5.1.19　2015 年升级改造后的西千佛洞安防系统

图 5.1.20　2002 年建成的榆林窟安防系统

图 5.1.21　2019 年升级改造后的榆林窟安防系统

图 5.1.22　麦积山石窟早期安防系统

图 5.1.23　2021 年升级改造后的麦积山石窟安防系统

图 5.1.24　炳灵寺早期安防系统

图 5.1.25　2023 年升级改造后的炳灵寺安防系统

图 5.1.26　北石窟寺早期安防系统

图 5.1.27　2019 年升级改造后的北石窟寺安防系统

5.2
科研管理

　　敦煌研究院高度重视科研管理工作，不断健全完善科研管理制度，组织制定全院事业发展规划、敦煌学研究高地建设规划和科研课题申报指南等设计规划，并编制印发《敦煌研究院科研发展统计报告》，持续推动全院科研管理规范化发展。

图 5.2.1　近年来制定出台的科研及事业发展规划

加强学术交流与平台管理，举办系列学术活动，持续做好国家文化与科技融合示范基地、国家文物局文博人才培训基地、甘肃省社会科学普及示范基地等文物领域科研基地（平台）的运行管理工作。80 年来，先后组织院内专家学者赴中亚五国、印度、巴基斯坦等国家以及河南、河北、新疆等地开展学术考察，举办重大学术会议 100 余场次，逐步形成"敦煌论坛""莫高讲堂""敦煌读书班"等学术品牌，并打造了"流失文物追索返还管理"培训班等一系列精品培训项目。

图 5.2.2　敦煌研究院年度学术报告会

图 5.2.3　2017 年，伦敦大学韦陀（Roderick Whitfield）教授进行学术讲座

图 5.2.4　2022 年，敦煌研究院第五届学术委员会召开第一次会议

图 5.2.5　2017 年，依托敦煌研究院成立甘肃省古代壁画与土遗址保护标准化技术委员会

　　加强知识产权管理，积极探索构建敦煌研究院文物数字资源版权保护与开放利用管理体系以及商标品牌管理体系，并设立"敦煌研究院版权服务站"，开展版权宣传、作品登记、维权援助等服务工作。截至目前，全院已获颁各类专利180项、软件著作权32件、洞窟摄影作品著作权74个，注册商标220余件，联名合作企业40余家，有效处理维权事项30余项。2024年，敦煌研究院荣获"2023年度十大著作权人"称号。

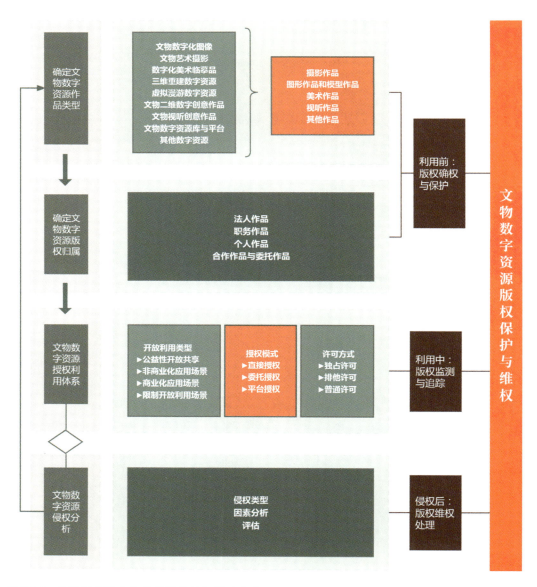

图 5.2.6　敦煌研究院文物数字资源版权管理体系

图 5.2.7　敦煌研究院商标注册证

图 5.2.8　2024 年，敦煌研究院荣获"2023 年度十大著作权人"称号

图 5.2.9　近年来敦煌研究院取得的数字资源著作权登记证书

5.3

人才建设

　　敦煌研究院始终坚持"人才强院"战略，千方百计引才、聚才、兴才，先后申报获批国家级引才引智示范基地、文博行业首批博士后科研工作站，并建立健全人才互派交流、定向培养和延退返聘等工作机制，持续完善人才引进、培养、评价、激励等制度体系。通过甘肃省委宣传部等九部门《关于加强敦煌研究院人才队伍建设的若干措施》等多项政策的叠加实施，人才补贴、经费配套、科研绩效、编制使用等各项人才保障水平不断提升，全院先后入选国家级、省级人才工程 54 人次，引进高层次、急需紧缺人才 23 人，自主培养高级职称专业技术人才 126 人，逐步建立起一支特色鲜明、体系完善的专业化人才队伍。

　　1944 年敦煌艺术研究所成立之初，受敦煌艺术的感召，十多位美术、摄影、文献等专业人员来到敦煌。1950 年新中国成立后，敦煌文物研究所通过国家组织分配等方式，人才队伍得到扩充。

图 5.3.1　1946 年，敦煌艺术研究所工作人员合影

图 5.3.2　1965 年，常书鸿、段文杰、樊锦诗等同志在敦煌城内办事处合影

　　改革开放后，在党和国家的大力支持下，敦煌研究院通过"分配、调动、转干、招工、引进"等多种方式不断扩充人才队伍，更多青年学子和专业人员汇聚敦煌。

图 5.3.3　1981 年 12 月，敦煌文物研究所向甘肃省文化局报告面向全国征聘人才的情况

图 5.3.4　1993 年 8 月，敦煌研究院印发《关于职工培训学习有关问题的通知》

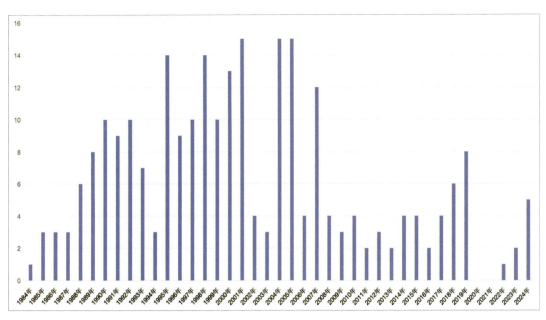

图 5.3.5 1984～2024 年，历年选送专业人员国外进修学习情况

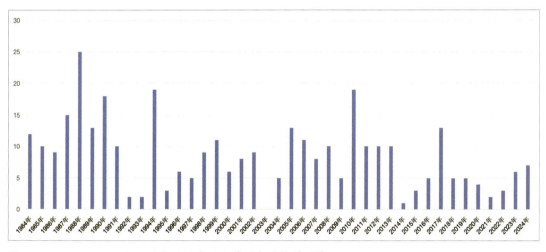

图 5.3.6 1984～2024 年，历年选送专业人员国内进修学习情况

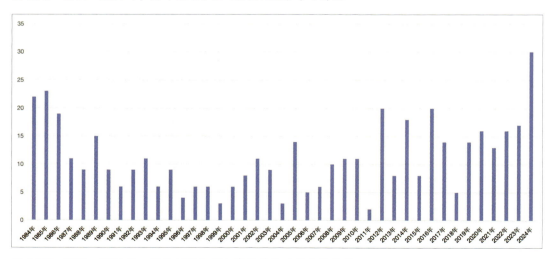

图 5.3.7 1984～2024 年，历年招聘和调入事业单位工作人员情况

党的十八大特别是 2019 年以来，敦煌研究院认真贯彻落实习近平总书记在敦煌研究院座谈时的重要讲话精神，不断优化完善人才制度体系，紧紧围绕省委宣传部等九部门联合印发的《关于加强敦煌研究院人才队伍建设的若干措施》，从"引、育、留、用"等方面，持续加强人才队伍建设。

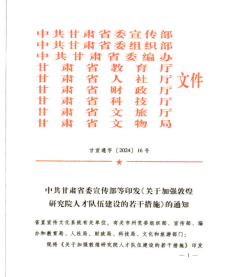

图 5.3.8　2024 年 2 月，甘肃省委宣传部等九部门联合印发《关于加强敦煌研究院人才队伍建设的若干措施》

图 5.3.9　2022 年 8 月，敦煌研究院自主开展博士研究生考核招聘

图 5.3.10　2023 年 10 月，在北京大学开展校园招聘和人才宣介活动

5.4
基础设施

80 年来，在党和政府的关心支持下，敦煌研究院的办公、生活条件逐渐得到改善。特别是改革开放以后，国家投入加大，敦煌研究院的面貌发生了翻天覆地的变化。

5.4.1 敦煌艺术研究所时期

图 5.4.1　20 世纪 40 年代，敦煌艺术研究所中寺办公区

图 5.4.2　1944 年，敦煌艺术研究所修建的职工宿舍

图 5.4.3　20 世纪 40~80 年代，莫高窟生活用水主要依赖大泉河人工取水

5.4.2 敦煌文物研究所时期

图 5.4.4 20 世纪 50 年代，敦煌文物研究所继续在中寺办公

图 5.4.5 20 世纪 50 年代，敦煌文物研究所新建的办公室

图 5.4.6 20 世纪 40～60 年代，牛车、马车是主要的交通工具

图 5.4.7 1954 年，文化部调拨给敦煌文物研究所一辆吉普车

图 5.4.8 1955 年，玉门油矿免费为莫高窟中寺到下寺的路段铺设柏油路

图 5.4.9 1958 年，敦煌文物研究所修建了新招待所，2000 年拆除

图 5.4.10　1958 年 8 月，敦煌文物研究所职工在整修输水渠道

图 5.4.11　1958 年 10 月，莫高窟水利发电站试车发电

图 5.4.12　20 世纪 60 年代，敦煌文物研究所职工植树场景

图 5.4.13　1963 年 9 月，敦煌文物研究所自办小学全体师生合影。李承仙（左）、龙时英（中）、王佩忠（右）

图 5.4.14　1973 年，敦煌文物研究所上报给甘肃省文化组的有关修路建桥的请示报告

图 5.4.15　20世纪 70 年代，敦煌文物研究所办公室，1985 年以后作为保卫科办公室使用，2018 年拆除

图 5.4.16　1975～1976 年，由萧默设计、孙儒僩负责施工，修建了作为行政、保护、美术等办公室的美术馆

5.4.3 敦煌研究院时期

图 5.4.17　1981 年，邓小平视察莫高窟后，国家财政拨出 300 万元专款，用于敦煌研究院在莫高窟新区建设办公楼、会议室、食堂、宿舍、锅炉房等基础设施

图 5.4.18　1981 年新建的职工宿舍

图 5.4.19　1994 年，修建了位于敦煌市区的新家属院

图 5.4.20　1994 年，建成兰州院部办公楼

图 5.4.21　2000～2003 年，先后在莫高窟建成 1#、2#、3#职工公寓

图 5.4.22　20 世纪 80 年代莫高窟的燃煤锅炉供暖设施　　图 5.4.23　2004 年建设的莫高窟地源热泵系统

图 5.4.24　2024 年新建的低温空气热泵机组

图 5.4.25 2016 年敦煌研究院职工食堂改建前后

图 5.4.26　1996 年建成莫高窟自备供水站，2023 年新建敦煌市至莫高窟的市政专用供水管道

图 5.4.27　20 世纪 80 年代莫高窟正式通电，2022 年新建莫高窟供电线路、变电站和内部配电网

图 5.4.28　2018 年，对莫高窟窟前道路、大牌坊广场进行了铺装亮化，对北区道路、水电等进行了改造提升

图 5.4.29 2016 年，实施榆林窟国家文化和自然遗产保护设施项目

图 5.4.30 2019 年，实施炳灵寺石窟文物保护利用设施建设项目

图 5.4.31　2024 年，对北石窟寺游客服务设施和周边环境进行改造提升，并布置广场文化石

图 5.4.32　2019 年，实施麦积山石窟艺术研究所科研基地文物保护中心项目

5.5

制度建设

多年来，敦煌研究院坚持用制度管事管权管人，不断健全完善制度体系，目前已基本构建了一套全方位多层次的内控制度体系，包含精细化规章制度 100 余项，涵盖决策议事、科研管理、人事管理、财务管理、采购管理、资产管理、建设项目管理、合同管理、知识产权管理、安全管理、档案管理、后勤管理、审计监督等各项业务领域，贯穿决策、执行、监督各个环节，实现了内部管理活动有章可循、有规可依，为整体提升全院管理水平和风险防范能力提供了制度保障。

表 5.5.1 管理服务规章制度一览表

序号	制度名称	发布年份
1	敦煌研究院专业研究人员外出参加学术会议管理办法（试行）	2010
2	关于办理因公出国（境）审批手续的规定	2010
3	敦煌研究院新录用工作人员见习期管理办法（试行）	2012
4	敦煌研究院安全管理委员会工作条例	2013
5	敦煌研究院院级领导干部直接联系群众的工作规定	2014
6	敦煌研究院保密工作管理制度	2016
7	敦煌研究院信息公开保密审查制度（试行）	2016
8	敦煌研究院学术著作出版资助管理办法（试行）	2016
9	敦煌研究院学术文库管理办法（试行）	2016
10	敦煌研究院专业技术人员在外兼职管理办法（试行）	2016
11	敦煌研究院专业技术人员申请高级专业技术职务科研成果送审办法（试行）	2016
12	合同制工作人员基本工资标准及发放办法	2016
13	敦煌研究院安全管理工作"党政同责、一岗双责"制度实施细则	2017

续表

序号	制度名称	发布年份
14	敦煌研究院安全管理制度（试行）	2017
15	敦煌研究院安全工作"党政同责、一岗双责"制度实施办法	2017
16	敦煌研究院院级科研课题经费管理办法	2017
17	敦煌研究院优秀学术成果奖励办法	2017
18	敦煌研究院接待院外专家学者及高校师生团体考察敦煌石窟管理规定	2017
19	敦煌研究院目标管理责任考核办法（试行）	2017
20	敦煌研究院科研项目图书购置管理办法（试行）	2017
21	敦煌研究院高级人才公寓管理暂行办法	2017
22	敦煌研究院党总支（党支部）纪检委员、部门（单位、企业）纪检监察联络员管理办法（暂行）	2018
23	敦煌研究院作风建设投诉反映问题受理制度	2018
24	敦煌研究院访问学者管理办法	2018
25	敦煌研究院值班管理制度	2018
26	敦煌研究院正高职称专家科研专项经费管理办法	2018
27	敦煌研究院获奖成果配套奖励办法	2018
28	敦煌研究院社科类科研课题成果奖励办法	2018
29	敦煌研究院党建活动经费使用暂行办法	2019
30	敦煌研究院博士后管理工作办法（试行）	2019
31	敦煌研究院职工疗休养管理工作实施办法（试行）	2019
32	敦煌研究院廉政谈话实施办法（试行）	2019
33	敦煌研究院信访约谈和函询实施办法（试行）	2019
34	敦煌研究院学术委员会章程（2019年修订本）	2019
35	敦煌研究院基层工会经费使用暂行办法	2019
36	敦煌研究院民主党派和党外知识分子联谊会活动经费使用暂行办法	2020
37	敦煌研究院国家安全人民防线建设小组工作细则（试行）	2020
38	敦煌研究院党委网络意识形态工作责任制实施细则	2020
39	敦煌研究院学术成果出版资助管理办法（试行）	2020
40	敦煌研究院考古野外工作津贴管理办法（试行）	2020
41	敦煌研究院危险源辨识和风险评估管理制度	2020
42	敦煌研究院风险隐患管理制度	2020
43	敦煌研究院安全检查制度	2020

序号	制度名称	发布年份
44	敦煌研究院国家重点研发计划项目管理办法	2020
45	敦煌研究院财务管理暂行办法	2020
46	敦煌研究院科研经费管理办法	2020
47	敦煌研究院经费报销支出管理暂行办法	2020
48	敦煌研究院会计档案管理办法	2020
49	敦煌研究院管理服务部门领导干部轮岗交流办法（试行）	2020
50	敦煌研究院党委意识形态工作责任制实施细则	2021
51	敦煌研究院高层次人才引进管理办法（试行）	2021
52	敦煌研究院人才发展计划实施办法（试行）	2021
53	敦煌研究院进入洞窟（莫高窟）工作管理办法（试行）	2021
54	敦煌研究院固定资产管理办法	2021
55	敦煌研究院资金管理办法（试行）	2021
56	敦煌研究院科研发展基金管理办法（试行）	2021
57	敦煌研究院劳务酬金管理办法（试行）	2021
58	敦煌研究院院级科研课题申报立项指南（2021～2025 年）	2021
59	敦煌研究院干部教育及学习培训管理办法	2021
60	敦煌研究院退休人员返聘管理办法（试行）	2021
61	敦煌研究院国旗升降使用管理办法	2021
62	敦煌研究院院属文化企业管理办法（试行）	2021
63	敦煌研究院职工奖励性绩效工资（岗位津贴）发放办法	2021
64	敦煌研究院内部审计工作规定（试行）	2021
65	敦煌研究院工程项目竣工结算审核办法（试行）	2021
66	敦煌研究院专题办公会议事规则（试行）	2021
67	敦煌研究院意识形态领域重大风险和突发事件应急工作预案	2022
68	敦煌研究院平安石窟建设管理办法（试行）	2022
69	敦煌研究院数字资源院内使用管理办法（试行）	2022
70	敦煌研究院品牌对外授权使用管理办法（试行）	2022
71	敦煌研究院商标管理办法（试行）	2022
72	敦煌研究院数字资源对外授权使用管理办法（试行）	2022
73	莫高窟旅游开放管理应急预案——极端天气（试行）	2022
74	敦煌研究院专业技术内部等级岗位任职条件（试行）	2022

序号	制度名称	发布年份
75	敦煌研究院办公用房管理办法	2022
76	敦煌研究院院级科研课题管理办法	2022
77	敦煌研究院预算管理办法	2022
78	敦煌研究院基本支出预算管理实施细则	2022
79	敦煌研究院项目支出预算管理实施细则	2022
80	敦煌研究院收入管理办法	2022
81	敦煌研究院会议费管理办法	2022
82	敦煌研究院票据管理办法	2022
83	敦煌研究院合同管理办法	2022
84	敦煌研究院干部人事档案管理规定	2023
85	敦煌研究院干部选拔任用工作纪实办法	2023
86	中共敦煌研究院委员会工作规则	2023
87	敦煌研究院选拔领导干部实施办法	2023
88	敦煌研究院"三重一大"事项集体决策制度实施细则（试行）	2023
89	敦煌研究院新闻宣传管理制度	2023
90	中共敦煌研究院委员会意识形态工作责任制考核办法（试行）	2023
91	敦煌研究院院长办公会议事规则	2023
92	敦煌研究院大额资金管理规定	2023
93	敦煌研究院直属事业单位财务管理办法（试行）	2023
94	敦煌研究院采购管理办法	2023
95	敦煌研究院领导干部（职工）因私出国（境）证件管理办法	2023
96	敦煌研究院档案征集管理办法（试行）	2023
97	敦煌研究院文博系列职称代表性成果评审办法	2023
98	敦煌研究院科研项目（课题）绩效奖励管理办法	2023
99	敦煌研究院固定资产管理实施细则（试行）	2023
100	敦煌研究院职工考勤和请（休）假管理办法	2024
101	敦煌研究院差旅费管理办法	2024
102	敦煌研究院建设项目管理办法（试行）	2024
103	敦煌研究院建设项目跟踪审计实施办法	2024
104	敦煌研究院公务卡管理办法	2024
105	敦煌研究院莫高窟重点保护区交通安全管理办法	2024

续表

序号	制度名称	发布年份
106	敦煌研究院项目预算评审管理办法（试行）	2024
107	敦煌研究院预算绩效管理办法（试行）	2024
108	敦煌研究院科研经费管理办法	2024
109	敦煌研究院国家重点研发计划项目经费管理办法	2024
110	敦煌研究院部分科研项目经费使用"包干制"管理办法	2024

近年来，敦煌研究院立足"管理制度化，制度流程化，流程信息化"目标，运用现代信息技术手段，创新管理模式，大力推动信息化建设，先后搭建了OA办公系统、财务综合服务平台、人力资源管理、图书管理、档案管理等信息系统，在增强内控刚性约束的同时提高了管理工作效率。

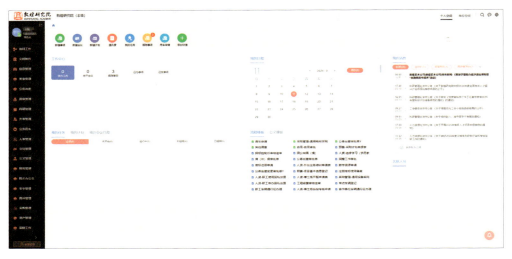

图 5.5.1　2021 年上线运行敦煌研究院OA办公系统

图 5.5.2　2023 年上线运行财务网上综合服务平台

图 5.5.3　2023 年上线运行人力资源管理系统

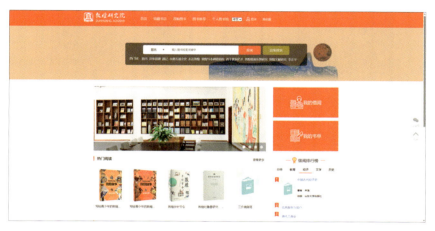

图 5.5.4　2023 年上线运行图书管理系统

图 5.5.5　2023 年上线运行档案管理系统

　　为进一步健全完善内部监督制约机制，增设纪检室和审计处，构建"财会监督+审计监督+纪检监督"三位一体监督体系，实现了政治监督与业务监督的深度融合，日常监督与专项监督的有机结合，确保了各项内控制度及管理决策的有效贯彻执行。

第六章

党的建设

　　80 年来，在中国共产党的坚强领导下，敦煌研究院持续加强党的建设，党的基层组织不断健全完善，党员队伍不断发展壮大。1954 年发展了第 1 名共产党员，1956 年建立党小组，1958 年成立党支部，1979 年成立敦煌文物研究所党委。发展到今天，敦煌研究院党委下设 1 个党总支，27 个党支部，共有 403 名党员。在省委、省政府的关心支持下，在上级主管部门的指导帮助下，敦煌研究院党委紧紧围绕保护、研究、弘扬中心任务和工作大局，与时俱进、改革创新、攻坚克难、锐意进取，充分发挥党组织战斗堡垒作用和党员先锋模范作用，有力推动全院文化遗产各项事业取得长足进步。先后涌现出"全国优秀共产党员""全省先进基层党组织""全省标准化先进党支部""全省优秀共产党员""全省脱贫攻坚先进个人""全省党委办公系统先进个人"等一批全国全省先进典型，先后有 70 余名党员被评为省直机关或省直文博系统优秀共产党员和优秀党务工作者称号，10 余个党支部被评为省直文博系统先进基层党组织和标准化建设示范党支部。

图 6.1　1958 年 7 月，敦煌文物研究所成立党支部，隶属敦煌县委机关党总支

1964 年，常书鸿当选第三届全国人大代表。

1978 年，常书鸿当选第五届全国人大代表。

1983 年，段文杰当选第六届全国政协委员。

1987 年，樊锦诗当选党的十三大代表。

1988 年，常书鸿当选第七届全国政协委员。

1988 年，段文杰当选第七届全国政协委员。

1993 年，樊锦诗当选第八届全国政协委员。

1998 年，樊锦诗当选第九届全国政协委员。

2003 年，樊锦诗当选第十届全国政协委员。

2008 年，樊锦诗当选第十一届全国政协委员。

2013 年，樊锦诗当选第十二届全国政协委员。

2017 年，王旭东当选党的十九大代表。

2018 年，苏伯民当选第十三届全国人大代表。

2022 年，赵声良当选党的二十大代表。

2023 年，汪万福当选第十四届全国人大代表。

图 6.2　2016 年 10 月，敦煌研究院召开党员大会选举产生了中国共产党敦煌研究院第一届委员会

图 6.3　2021 年 6 月 26 日，敦煌研究院举行"百年荣光歌颂党·千年石窟莫高情"庆祝中国共产党成立 100 周年文艺晚会

图 6.4　2022 年 11 月，党的二十大代表、省委宣讲团成员、敦煌研究院党委书记赵声良为省内高校师生作党的二十大精神宣讲报告

图 6.5　2024 年 5 月 8~9 日，敦煌研究院召开党员大会，选举产生了中国共产党敦煌研究院新一届委员会和纪律检查委员会

图 6.6　2024 年 7 月 2 日，敦煌研究院党委组织开展"弘扬莫高精神　守护文化宝藏"治沙护窟主题实践活动

图 6.7 1986 年，樊锦诗同志被评为"全国优秀共产党员"并出席全国先进党支部和优秀共产党员事迹经验交流会

图 6.8 2006 年 6 月，敦煌研究院党委被评为"全省先进基层党组织"

图 6.9 2021 年 9 月，保卫处党支部被评为"全省标准化先进党支部"

图 6.10 2021 年 6 月，吴健同志被评为"甘肃省优秀共产党员"称号

图 6.11 2021 年 5 月，康晓东同志被评为"全省脱贫攻坚先进个人"

敦煌研究院历来十分重视发挥工会组织的桥梁纽带作用，1955年成立敦煌文物研究所工会委员会，后来更名为敦煌研究院工会委员会。院工会在党的坚强领导下，在上级工会组织的关心指导下，积极履行工会职能，团结引领广大职工主动作为，维护职工合法权益，推动职工书屋建设，积极组织开展丰富多彩的职工文体活动，有力推进基层工会组织规范化建设。先后获得"全国巾帼文明岗""全国工人先锋号""全国三八红旗集体""全国模范职工之家"和"甘肃省五一巾帼奖""甘肃省模范职工小家"等荣誉称号，并涌现出"大国工匠""全国五一劳动奖章""全国三八红旗手"和"甘肃省五一劳动奖章""甘肃省三八红旗手"等全国全省先进典型。

图 6.12　1955 年，敦煌文物研究所成立工会委员会

图 6.13　2007 年 12 月，敦煌研究院召开第一次工会会员大会

图 6.14 2024 年 5 月，敦煌研究院工会前往数字展示中心慰问一线职工

图 6.15 2024 年 5 月，敦煌研究院工会组织全院职工开展徒步越野比赛活动

图 6.16 莫高窟数字展示
中心青年书屋

图 6.17 总务处职工书屋

图 6.18 保卫处职工书屋

图 6.19 麦积山石窟艺术
研究所职工书屋

图 6.20　炳灵寺文物保护研究所职工书屋

图 6.21　北石窟寺文物保护研究所职工书屋

图 6.22　榆林窟文物保护研究所职工书屋

图 6.23　西千佛洞文物保护研究所职工书屋

图 6.24　2017 年 4 月，敦煌研究院文化弘扬部被授予"全国巾帼文明岗"称号

图 6.25　2019 年 4 月，敦煌研究院文化弘扬部被授予"全国工人先锋号"

图 6.26　2020 年 10 月，敦煌研究院文化弘扬部被授予"全国三八红旗集体"称号

图 6.27　2020 年 12 月，敦煌研究院工会委员会被授予"全国模范职工之家"称号

图 6.28　2024 年 4 月，李波同志被授予"全国五一劳动奖章"

图 6.29　2024 年 4 月，宋淑霞同志被授予"全国三八红旗手"称号

图 6.30　2009 年 4 月，敦煌研究院保卫处荣获"甘肃省五一劳动奖状"

图 6.31　2018 年 5 月，敦煌研究院文化弘扬部被授予"甘肃省五一巾帼奖"

图 6.32　2021 年 1 月，西千佛洞文物保护研究所工会小组被授予"甘肃省模范职工小家"称号

图 6.33　2020 年 3 月，宋淑霞同志荣获"甘肃省三八红旗手"荣誉称号

图 6.34　2018 年 4 月，李云鹤同志被授予"甘肃省五一劳动奖章"

图 6.35　2024 年 4 月，于宗仁同志被授予"甘肃省五一劳动奖章"

图 6.36　2024 年 4 月，乔兆广同志被授予"甘肃省五一劳动奖章"

图 6.37　2024 年 4 月，付有旭同志被授予"甘肃省五一劳动奖章"

　　1953 年，敦煌文物研究所成立了团支部，1986 年成立敦煌研究院团总支，2013 年成立敦煌研究院团委。团组织在党的坚强领导下，在上级团委的关心指导下，团结引领全院广大团员青年，大力传承弘扬莫高精神，组织开展了一系列内容丰富的特色主题实践活动，持续推进基层团组织规范化建设，不断提升引领力、组织力和服务力。先后涌现出"中国青年五四奖章集体""全国青年文明号""全国优秀共青团干部""团中央青年讲师团成员"和"全省五四红旗团委""甘肃青年五四奖章集体""甘肃省青年文明号""甘肃省青年岗位能手"等全国全省先进典型。

图 6.38　1965 年 8 月，敦煌文物研究所团支部赴肃北县开展"四好团支部"活动

图 6.39　2019 年 5 月 4 日，敦煌研究院团委召开第一次团员大会

图 6.40　2021 年 4 月，敦煌研究院团委组织开展"学习百年党史、追寻前辈足迹、传承莫高精神"徒步活动

图 6.41 2021 年 3 月 5 日，敦煌研究院团委组织团员青年在敦煌市开展学雷锋志愿服务活动

图 6.42 2024 年 4 月，敦煌研究院团委组织团员青年在莫高窟公墓开展 2024 年清明祭扫活动

图 6.43　2024 年 4 月，敦煌研究院文物数字化保护团队被授予"中国青年五四奖章集体"

图 6.44　2023 年 9 月，敦煌研究院文化弘扬部被授予"第 21 届全国青年文明号"

图 6.45　2024 年 4 月，敦煌研究院团委被授予"全省五四红旗团委"

图 6.46　2021 年 5 月，敦煌研究院文化弘扬部被授予"甘肃青年五四奖章集体"

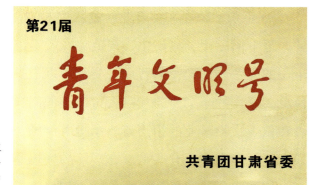

图 6.47　2023 年 8 月，敦煌研究院文化弘扬部被授予"第 21 届甘肃省青年文明号"

图 6.48　2022 年 5 月，田小强同志被授予"全国优秀共青团干部"称号

图 6.49　2023 年 6 月，王彦武同志被共青团甘肃省委授予第 21 届"甘肃省青年岗位能手"荣誉称号

图 6.50　2023 年 8 月，赵轩同志被聘为团中央"青年讲师团"成员

　　80 年来，敦煌文物事业经过几代人的薪火相传，逐渐从艰难起步到蓬勃发展，迈上国际化、科学化、规范化发展道路，历经沧桑的敦煌石窟重新焕发出璀璨的光芒。这光芒的背后，凝结着以常书鸿、段文杰、樊锦诗等为代表的几代莫高窟人的辛勤努力和巨大付出，他们自愿来到敦煌，成为敦煌石窟的守望者和敦煌文物事业的担当者，承担着保护、研究、弘扬敦煌文化艺术的使命和职责。他们当中，有些是享誉国际的敦煌学者，有些是名不见经传的默默耕耘者，他们肩负着同样的历史使命，怀揣着崇高的梦想，以坚实的脚步与不懈的探索精神坚守在风沙弥漫的茫茫戈壁，把自己毕生的精力奉献给了敦煌文物事业，历经挫折与磨难，砥砺坚守，结下了一生曲折、坚韧而又质朴的情缘。这种情缘在敦煌研究院 80 年的奋斗历程中，在文物研究和保护具体实践中，一步步积淀凝炼了一种代代相传的可贵的精神。

　　为了弘扬这种精神，从 1994 年起，敦煌研究院便有意识地对这种精神的命名和表述进行总结。之后，在敦煌研究院每逢十周年院庆等重大活动的方案、讲话稿、新闻报道等文献材料中，先后有施萍婷、常沙娜提出的"莫高窟

图 6.51　1955 年 8 月，敦煌文物研究所美术组研究临摹壁画

图 6.52　1978 年，常书鸿在莫高窟第 103 窟临摹壁画

精神"，柴剑虹提出的"常书鸿精神"等不同命名。1994 年"敦煌研究院建院五十周年纪念大会"上，甘肃省委书记阎海旺、国家文物局副局长马自树将这种精神内涵的提法，概括为"艰苦创业和无私奉献"；2004 年"敦煌研究院成立 60 周年暨常书鸿先生诞辰 100 周年纪念活动"开幕式上，甘肃省副省长李膺、国家文物局副局长童明康将之概括为"艰苦奋斗、无私奉献、开拓创新"；2007 年"段文杰先生从事敦煌文物和艺术保护研究终身成就奖颁奖大会"上，国家文物局副局长童明康将之概括为"艰苦奋斗、无私奉献、勇于进取"。2014 年，樊锦诗在"敦煌研究院成立 70 周年座谈会"上的讲话中明确将之命名为"莫高精神"，将其内涵概括为"坚守大漠、甘于奉献、勇于担当、开拓进取"："坚守大漠"是表示前辈们坚守在艰苦的荒漠戈壁中保护、研究和弘扬敦煌石窟艺术；"甘于奉献"是表示前辈们没有任何条件，甘心情愿守护敦煌石窟，即便去世后仍安息在宕泉河畔的墓地，与莫高窟相伴，守一不移；"勇于担当"是中国作为《保护世界文化和自然遗产公约》缔约国的承诺，中国的世界文化遗产一定做到有效保护，而敦煌研究院作为管理机构，就应该承担起有效保护的责任；"开拓进取"是要面向未来，持续不断地做好敦煌石窟的保护、研究、传承工作

的发展和创新。80 年来，几代莫高窟人便是凭着这种宝贵精神，把敦煌石窟的保护、研究、弘扬事业一步步发展壮大，推向新的时代！

图 6.53　1956 年 7 月，敦煌文物研究所美术所职工段文杰等临摹观无量寿经变

图 6.54　20 世纪 90 年代，樊锦诗与美国盖蒂保护研究所首席专家阿根组在莫高窟第 85 窟研究洞窟保护工作

　　2019 年 8 月 19 日，习近平总书记在敦煌研究院座谈时提到"70 年来，一代又一代敦煌人秉承'坚守大漠、甘于奉献、勇于担当、开拓进取'的莫高精神，在极其艰苦的物质生活条件下，在敦煌石窟资料整理和保护修复、敦煌文化艺术研究弘扬、文化旅游开发和遗址管理等方面做了大量工作，取得了不少重要研究成果"。2024 年 9 月 11 日，习近平总书记再次来到甘肃，亲临我院所管辖的天水麦积山石窟考察，希望文物工作者赓续"莫高精神"，潜心为国护宝，为传承创新中华优秀传统文化、增强中华文化影响力作出更大贡献。今天，"莫高精神"作为莫高窟人奋斗历程的精神结晶，已逐渐发展成为全国文物行业所共有的一种精神，发展成为了与时俱进的时代精神。

图 6.55　2019 年 11 月，樊锦诗为陕西省宣传思想文化系统宣讲"莫高精神"

近年来，敦煌研究院多次组织"莫高精神"宣讲团赴省内外文博机构、高校、机关事业单位等宣讲"莫高精神"，并成立课题研究组深入挖掘研究新时代赋予"莫高精神"的深刻内涵和时代价值，编辑出版"莫高精神"系列图书，策划推出"莫高精神"专题展览"飞天神韵·莫高精神——敦煌石窟文化艺术展"等，不断推动"莫高精神"绽放新的时代光芒。

图 6.56　赵声良为新入职年轻干部职工作《莫高窟人与莫高精神》专题讲座

图 6.57　飞天神韵·莫高精神——敦煌文化艺术巡展

图 6.58　莫高精神专题展览"飞天神韵·莫高精神——敦煌文化艺术巡展"现场

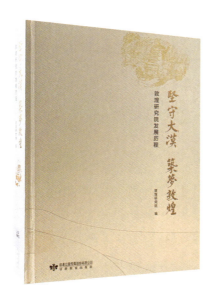

图 6.59　2020 年 12 月，莫高精神系列图书《坚守大漠　筑梦敦煌——敦煌研究院发展历程》出版发行

图 6.60　2024 年 6 月，莫高精神系列图书《千年瑰宝守护人：莫高窟人的奋斗历程》出版发行